es 1398
edition suhrkamp
Neue Folge Band 398

Die hier vorgelegten Essays gelten in Japan als eine der wichtigsten kritischen Untersuchungen der intellektuellen Struktur des modernen Japan und sind gleichzeitig selbst ein bedeutendes Dokument der japanischen Geistesgeschichte nach dem Kriege. Masao Maruyama vertritt die These, wonach die Tatsache, daß sich in Japan keine Denktradition gebildet hat, die die Rolle einer Koordinatenachse für die verschiedenen Ideen hätte übernehmen können, und die Tatsache, daß das wichtigste Ideengut der Welt aus den letzten tausend Jahren fast vollständig im Vorrat der japanischen Geistesgeschichte vorhanden ist, als ein und derselbe Prozeß zu begreifen sind. Der Titel *Denken in Japan* mag dem Leser zunächst etwas unklar erscheinen. Bewußt wurde die naheliegende, aber irreführende Übersetzung »Das japanische Denken« vermieden. Es geht hier nämlich nicht um einen Überblick über die japanische Geistesgeschichte, noch um eine Erörterung von historisch »unwandelbaren« Charakteristika des »japanischen Denkens«. Der Verfasser analysiert vielmehr einige zentrale Punkte der Situation des Denkens im modernen Japan und der geschichtlichen Voraussetzungen dieser Situation in ihrem strukturellen Zusammenhang.

Masao Maruyama
Denken in Japan

Herausgegeben und übersetzt
von Wolfgang Schamoni
und Wolfgang Seifert

Suhrkamp

edition suhrkamp 1398
Neue Folge Band 398
Erste Auflage 1988
© *Nihon no shisô (Denken in Japan)*
and *»De aru« koto to »suru« koto* 1961 by Masao Maruyama.
1961 in Japanisch publiziert von Iwanami Shoten Publishers, Tokyo.
© *Nihon no chishikijin* 1982 by Masao Maruyama.
© der deutschen Übersetzung
Suhrkamp Verlag Frankfurt am Main 1988
Deutsche Erstausgabe
Satz: Stahringer, Ebsdorfergrund
Druck: Nomos Verlagsgesellschaft, Baden-Baden
Umschlagentwurf: Willy Fleckhaus
Printed in Germany

2 3 4 5 6 – 93 92 91 90 89 88

Inhalt

Vorwort

Hier werden zum ersten Mal drei Aufsätze von Maruyama Masao (wir verwenden durchgängig die in Ostasien übliche Reihenfolge, in der der Familienname vorangestellt wird) vorgelegt: *Denken in Japan* (als einzelner Aufsatz unter dem Titel *Nihon no shisô* zum ersten Mal 1957 erschienen), *Die japanischen Intellektuellen* (in der Form, der diese Übersetzung folgt, erstmals 1982 unter dem Titel *Kindai Nihon no chishikijin* erschienen) sowie *Was man ist und was man tut* (unter dem Titel ›De aru‹ koto to ›suru‹ koto erstmals 1959 erschienen). Bevor wir einige Erläuterungen zu diesen Arbeiten geben, möchten wir den Autor vorstellen.

Maruyama Masao gilt in Japan wie auch international als einer der bedeutendsten japanischen Politikwissenschaftler. Der Schwerpunkt seiner Arbeit liegt auf der Geschichte der politischen Ideen seines Landes, aber er hat sich auch zu zentralen Fragen der politischen Philosophie, zum Gegenstand der Politischen Wissenschaft, zur Methodologie der politischen Ideengeschichte sowie zu spezifisch nicht-japanischen Problemen – wie z.B. der »Entstalinisierung« – geäußert. (Von Maruyama stammt auch die japanische Übersetzung von George H. Sabines *A History of Political Theory*, London 1937[1], rev. 1951[2].) Alle diese Arbeiten zeichnen sich durch einen im japanischen Kontext besonderen, neuen Ansatz aus, der sowohl gegen konservative Geschichtsinterpretationen als auch gegen den ökonomistischen Reduktionismus des orthodoxen Marxismus gerichtet ist und zum Ergebnis hatte, daß man in Japan von einer »Maruyama-Politologie« spricht. Zahlreiche Schüler setzten diesen Ansatz fort, einige entwickelten ihn weiter.

Darüber hinaus hat Maruyama, obgleich niemals mit einer politischen Partei oder Bewegung verbunden, häufig zu aktuellen politischen Problemen Nachkriegs-Japans seinen Standpunkt veröffentlicht. Stets fanden seine kritischen Stellungnahmen besonders in der Intelligenz, aber auch in der breiteren Öffentlichkeit lebhafte Resonanz. Hier wäre z.B. sein Essay *Einige Überlegungen zu Artikel IX der Verfassung* (1964, aufgenommen in *Thought and Behaviour in Modern Japanese Politics*, expanded ed., London 1969) zu nennen, vor allem jedoch haben seine Analysen des japanischen Faschismus lebhaftes Interesse hervorgerufen. Sein 1946 zum ersten Mal erschienener Aufsatz *Logik und Psyche des Ultranationalismus* (englische Übersetzung ebenda, London 1969) wurde zum auslösenden Faktor und Bezugspunkt einer bis heute andauernden Debatte über die zu bewältigende Vergangenheit Japans.

Die Kritiken und Stellungnahmen, die ernsthaften und die oberflächlichen Auseinandersetzungen mit Maruyamas Denken sind zu zahlreich, um sie hier wiedergeben zu können. Ein, wenn nicht der zentrale Punkt, um den sie kreisen, ist die Frage, ob Maruyama die westeuropäische bürgerliche Gesellschaft als »Modell« der japanischen Entwicklung sieht und dieser zugrunde legt – und insofern als japanischer Intellektueller europazentristisch denkt. Mit dieser Problematik hängt zusammen, daß das Denken Maruyamas in Japan vielfach der Richtung des »Modernismus« zugerechnet wird, wobei dessen Vertreter sich wiederum scharf von der Modernisierungstheorie abgrenzen.

Statt diese besonders seit Ende der sechziger Jahre heftiger geführte Auseinandersetzung hier darzustellen, möchten wir einige Markierungen in Maruyamas methodologischer Entwicklung benennen, so wie er sie selbst in *Auf der Suche nach einer Methode der Ideengeschichte – eine Erinnerung* (1978, Original japanisch) nachgezeichnet hat.

In diesem Rückblick auf den Prozeß, in dem er seine eigene Methode gesucht und entwickelt hat, führt der Autor verschiedene Wissenschaftler an, die ihn besonders während seines Studiums von 1933 bis 1937 angeregt oder beeinflußt haben. Maruyama war demzufolge, schon bevor er sich auf sein eigentliches Arbeitsgebiet – die Geschichte des politischen Denkens in Japan, im weiteren Sinne: Ostasien – konzentrierte und als Assistent 1937 mit »Wissenschaft als Beruf« beschäftigt war, einerseits mit Texten von Karl Marx, andererseits mit den Neukantianern bekannt geworden. 1933 war der Marxismus in Japan als politische und soziale Bewegung schon nicht mehr bedeutend, sondern wirkte eher als *intellectual movement* – so sieht es jedenfalls der Autor selber. Gerade als die marxistischen Ideen in Maruyamas Denken Wurzeln zu schlagen begonnen hatten, traten die in der Intelligenz vorherrschenden Strömungen – vom Kommunismus bis zum Liberalismus – geistig und politisch den Rückzug an. Diesen mit dem Hochkommen des Militarismus parallelen »Rückzug« muß man berücksichtigen, will man die weitere Entwicklung des Autors verstehen.

Welches Moment in der marxistischen Denkmethode, so wie

Maruyama sie rezipierte (als Quellentexte führt er neben Schriften zur Ökonomie die *Kritik der Hegelschen Rechtsphilosophie* und die *Deutsche Ideologie* an), aber hat ihn daran gehindert, sie vollständig zu übernehmen? Darauf antwortet er mit dem Hinweis, er habe bereits im Gymnasium eher zufällig, nämlich im Rahmen des Deutschunterrichts, neben Kuno Fischers *Geschichte der neueren Philosophie* H. Rickerts *Der Gegenstand der Erkenntnis* (Tübingen [6]1928) und W. Windelbands *Präludien* (Tübingen [8]1921) kennengelernt. In letzterem Band findet sich der Aufsatz *Immanuel Kant,* in dem eine Kritik der die europäische Erkenntnistheorie beherrschenden Abbildtheorie und Reproduktionslehre von Aristoteles bis zur modernen Metaphysik (Hume und Leibniz), d.h. bis zum Auftreten des Kantschen Kritizismus, gegeben wird. Obgleich dieser Aufsatz nicht als Stellungnahme zur marxistischen Erkenntnistheorie geschrieben wurde, habe er bei ihm doch als Schranke vor deren Übernahme gewirkt. Denn der ihm damals bekannte Marxismus, selbst dort, wo er kein simpler Materialismus war, fuße erkenntnistheoretisch doch letztlich auf der Reproduktionslehre. Auch Windelbands *Kritische oder genetische Methode?* (ebd.) habe dann sein Mißtrauen gegenüber solchen »empirisch« arbeitenden Historikern begründet, die das Dogma vertraten, eine bestimmte Schlußfolgerung induktiv aus der Anhäufung von »Fakten« ziehen zu können. Schon bei der Lektüre von Engels' *Der Ursprung der Familie, des Privateigentums und des Staats* ([1]1884) habe sich bei ihm Skepsis gegenüber der Wesensbestimmung etwa des Staates mittels einer genetischen Erklärung eingestellt. Seine Zweifel bezogen sich aber auch auf die psychologisch-genetische Methode W. Diltheys. Sinn und Genesis seien verschieden: deshalb habe ihn der Vorschlag der Neukantianer hinsichtlich dieses Problems sehr interessiert.

Auf die Entwicklung seines eigenen Ansatzes beim Studium der Ideen- und Geistesgeschichte übte Maruyama zufolge dann jedoch die Lektüre der deutschen Fassung von Karl Mannheims *Ideologie und Utopie* (Bonn 1929), zusammen mit weiteren Arbeiten dieses Autors wie *Das Problem der Soziologie des Wissens* (1925) und *Wissenssoziologie* (1931), einen nachhaltigen Einfluß aus, vor allem deshalb, weil er in Mannheims Wissenssoziologie »eine auch Erkenntnistheorie umfassende Gesellschaftstheorie« sah (Maruyama 1978, S. 17). Wenn Marxismus und Neukantianismus auf Maruyama zugleich attraktiv wirkten *und* Unzufriedenheit hervorriefen, so fand er in Mannheims Arbeiten eine Antwort auf die aufgetretenen Probleme, die er folgendermaßen beschreibt: »Bei der Lektüre der marxistischen Literatur war eines der für mich ungeklärten Probleme die Art der Beziehung zwischen ›genetischem Ansatz‹ und ›Wesensansatz‹ – wie erwähnt anläßlich der Lektüre von Engels. Die Theorie der Neukantianer weckte mein Interesse sicherlich deshalb, weil sie in bezug auf diese Frage die ›Grenzen‹ der genetischen Erklärung aufzeigte. Aber wenngleich die Logik der Neukantianer, in der scharf zwischen der genetischen Methode und dem Problem der transzendentalen Geltung der jeweiligen logischen, ethischen, künstlerischen Werte getrennt wurde, für mich erfrischend neu war, so fühlte ich doch beim Studium der Geschichte, besonders als die historische Entwicklung von Ideologien mein ›Hauptfach‹ wurde, daß ich bei einer solch völligen Trennung der beiden Ansätze sozusagen keinen Boden unter den Füßen hatte.« (Ebd.)

In dieser Situation habe Mannheims Unterscheidung zwischen »Faktizitätsgenesis« und »Sinngenesis« zur Klärung beigetragen. Am Beispiel der »Entstehung des Staates«: es sei zwischen der »Faktengeschichte« (politischer Geschichte und Wirtschaftsgeschichte) einerseits und Überlegungen zur historischen Entwicklung der Ideen und Theorien *über* den Staat zu unterscheiden. Im Falle der letzteren laute die Frage, innerhalb welchen historischen Prozesses in welcher Zeitsituation das denkende Subjekt (ob Einzelner oder Gruppe) ein Bewußtsein, einen »Ismus« oder eine Theorie *über* den Staat hat – wobei man außerdem wissen müsse, welcher sozialen Klasse, Berufsgruppe und »Generation« es angehört. Ohne diese sozialen Prozesse zu berücksichtigen, könne man das Problem der inneren Struktur solchen Bewußtseins oder »Ismus« nicht erörtern. Daß und wie Mannheim die Geistesgeschichte in den Zusammenhang der Sozialgeschichte stellt, ermöglichte Maruyama zufolge auch, die der Geistesgeschichte spezifischen Entwicklungsformen zu verdeutlichen: »Als eine der Geistesgeschichte eigene Entwicklungsform tritt das Anknüpfen an vorangegangene Denkstile oder Ideen nicht als sogenannte ›additive Synthesis‹ auf einer Linie auf – wie es in der Entwicklung der Naturwissenschaft der Fall ist, sondern als Verschiebung der Problemstellung – d.h. der Mittelpunkt, von dem aus das Denken organisiert und systematisiert wird, verändert sich. Ideen der Vergangenheit werden deshalb durch nachfolgende Ideen nicht ›überwunden‹ (dieser Gedanke selbst rechnet mit einer einlinigen Entwicklung) oder absorbiert, sondern umgekehrt erfahren die Ideen, die eigentlich › überwunden‹ sein sollten, mit den historischen Veränderungen eine *Neu*bewertung – wie ja geistesgeschichtlich auch öfters ›Restaurations‹bewegungen eines ›Zurück zu ...!‹ vorkommen.« (Ebd. S. 18)

Im Hinblick auf eine Methodologie der Ideengeschichte habe er dagegen von marxistischen Autoren keine entscheidenden Impulse erhalten, stellt Maruyama fest – mit der Ausnahme von Franz Borkenaus *Der Übergang vom feudalen zum bürgerlichen Weltbild. Studien zur Geschichte der Philosophie der Manufacturperiode* (Paris 1934). Daß dessen Ansatz von anderen Marxisten nicht weiterentwickelt wurde, hängt ihm zufolge mit grundsätzlichen Defiziten des Marxismus auf dem Gebiet der Ideen- und Geistesgeschichte zusammen. Die Unzufriedenheit damit und auch Kritik am Ansatz der Neukantianer ließen ihn Gedanken und Begriffe (z.B. »Denkstil« und »Aspektstruktur«) der Mannheimschen Wissenssoziologie übernehmen.

Max Webers *Gesammelten Politischen Schriften*, seiner Wirtschaftsgeschichte und der *Protestantischen Ethik* habe er zahlreiche Anregungen entnommen, z.B. die historischen Typen der Wirtschaftsethik und Kategorien wie Wucher- oder Pariakapitalismus; diese habe er bei der ideengeschichtlichen Einordnung der Städter in Edo »unterlegt«. (Die Lektüre anderer Weberscher Arbeiten erfolgte erst später.) Was Fragen der Methodologie angeht, so erwähnt Maruyama in seiner *Erinnerung*, daß er Weber in bezug auf die sozialwissenschaftliche Methode allgemein viel verdanke; was jedoch die Methodologie der Ideengeschichte betreffe, so sei für ihn z.B. die Webersche These des Zusammenhangs von sozialgeschichtlicher Entwicklung und besonderen Geisteshaltungen – nämlich daß beim Vorantreiben des menschlichen Verhaltens durch die Dynamik der Interessen die »Weltbilder« öfters die Rolle von Weichenstellern spielten und es eine Wahlverwandtschaft zwischen einer bestimmten Gesellschaftsschicht und einem bestimmten Typ von Religion (entwickelt in *Einleitung zur Wirtschaftsethik der Weltreligionen*) gebe – nach dem Studium der Mannheimschen Wissenssoziologie nicht besonders neu und überraschend gewesen (ebd. S. 23).

Ihren Niederschlag fand die hier angedeutete methodologische Entwicklung Maruyamas in den in Buchform erst 1952 veröffentlichten *Studien zur Geschichte der politischen Ideen in Japan*, bestehend aus drei Teilen: erstens »Die Besonderheit der Sorai-Schule in der Entwicklung des neuzeitlichen Konfuzianismus und ihr Verhältnis zur Nationalen Wissenschaft«, zweitens »›Natur‹ und ›menschliche Tat‹ im politischen Denken des neuzeitlichen Japan als Gegensatz unterschiedlicher Auffassungen von Institutionen«, und drittens »Frühformen des Nationalismus«. Die wissenschaftlich-politische Leistung des Autors bestand hier auch darin, daß er durch die historische Kritik hindurch das bis 1945 vorherrschende Dogma vom angeblich einzigartigen »Staatsorganismus« (kokutai) Japans unter den Bedingungen der Zensur auch akademischer Zeitschriften – diese Arbeiten erschienen zunächst zwischen 1940 und 1944 in der *Zeitschrift der Staatswissenschaftlichen Vereinigung* – und damit das damalige Herrschaftssystem angriff.

Es verwundert nicht, daß Maruyamas vor 1945 entwickelter methodologischer Ansatz zur Herausforderung für die marxistisch inspirierten Historiker werden mußte, als nach der Niederlage Japans kritische Analysen des sogenannten »Tennôsystems« veröffentlicht werden konnten. Seine Arbeiten zum japanischen Faschismus, dessen Herrschaftsgefüge bei ihm eben nicht allein aus den Gesetzmäßigkeiten der ökonomischen »Basis« erklärt wird, wirkten darüber hinaus auf Intellektuelle der verschiedensten Richtungen stimulierend.

Unter methodologischen Gesichtspunkten läßt sich bei Maruyama eine Kontinuität von 1936 bis in die fünfziger Jahre feststellen, für die nicht zuletzt auch der Einfluß der Hegelschen Philosophie verantwortlich ist. Im Vorwort zur englischen Ausgabe von *Denken und Verhalten in der Politik der Gegenwart* schreibt er: »Thus it was only at the university that I first encountered German idealism, more specifically when I attended the seminar of Professor Nambara in which he used Hegel's *Vernunft in der Geschichte* as a textbook. Hegel attracted me enormously (though Professor Nambara himself, as a neo-Kantian, was highly critical of Hegel's philosophy) and it was largely under the stimulus of such works as *Phaenomenologie des Geistes* that I wrote my pre-war articles on the intellectual history of Tokugawa Japan.« In den fünfziger Jahren rückte jedoch ein neuer Gedanke in den Vordergrund: die Veränderung von politischen Ideen aufgrund von Kulturkontakten. Fruchtbar gemacht wurde er z.B. in dem Aufsatz *Kaikoku – Öffnung des Landes. Japans Modernisierung* (1959). Später entwickelte Maruyama das Konzept von den »Prototypen« der jeweiligen Weltbilder, welche die »Japanisierung« der von außen hineinströmenden Ideen bewirken. Dieses Konzept wurde in *Alte Schichten des Geschichtsbewußtseins* (1972, Original japanisch) ausgeführt. Erst damit kam es, dem Autor zufolge, zur Negation der von hegelianischer und marxistischer Geschichtserkenntnis geprägten universalgeschichtlichen Lehre von den Entwicklungsstufen.

Wer den eingeschränkten Horizont einer Betrachtung Japans nur als ökonomischer Größe oder nur als reizvoll-unergründlich Anderes überschreiten will, wird an Maruyamas Arbeiten nicht vorbei können. Und wenn die Tatsache, daß wir mit mehreren Jahrzehnten Verspätung diese Arbeiten hier zur Kenntnis nehmen, zu Fragen nach den Gründen hierfür anregte, so wäre darüber hinaus sicher etwas für unser eigenes Geschichtsbewußtsein gewonnen.

Zu den hier vorgelegten Aufsätzen:

Denken in Japan, übersetzt von Wolfgang Schamoni, gilt in Japan seit seiner Erstveröffentlichung als eine der wichtigsten kritischen Untersuchungen der intellektuellen Struktur des modernen Japan und ist gleichzeitig selbst ein bedeutendes Dokument der japanischen Geistesgeschichte nach dem Kriege. Dieser Aufsatz und die von ihm ausgelösten kritischen Reaktionen stellen, für sich genommen, wieder einen lohnenden Gegenstand einer geistesgeschichtlichen Untersuchung dar, wozu hier jedoch weder der Raum ist noch der Übersetzer sich berufen fühlt.

Im Nachwort zur Buchveröffentlichung von *Denken in Japan* äußert sich der Verfasser auch direkt zu diesem Aufsatz und zu der dagegen gerichteten Kritik. Hier sei daraus ein für das Verständnis des Aufsatzes besonders wichtiger Abschnitt zitiert: »Ich möchte hier kurz auf die Frage der ›lebendigen Nutzung der japanischen geistigen Tradition‹ eingehen. Seit *Chôkokkashugi no ronri to shinri* (Logik und Psyche des Ultranationalismus, Mai 1946) sind meine Analysen in den Aufsätzen zum japanischen Faschismus und zum japanischen Nationalismus sowie in meinen Essays zur japanischen politischen Situation sowohl von meinen Kritikern wie auch von denen, die mir zustimmen, im großen und ganzen als Diagnosen des *Mangels* oder als *pathologische* Analysen der japanischen geistigen Struktur bzw. der Verhaltensformen der Japaner aufgenommen worden. Von mir aus gesehen ist dies Verständnis meiner Arbeit in gewissem Sinne richtig, in gewissem Sinne auch nicht. Ein falsches Verständnis bzw. ein offensichtliches Mißverständnis meiner Arbeit äußert sich etwa in der Meinung, ich lege *ausschließlich* Mängel und Krankheitssymptome bloß, oder ich ›idealisiere‹ Westeuropa und bewerte die Denktradition Japans nach der Differenz hierzu. Statt einer Antwort kann ich nur auf meinen kleinen Aufsatz über Kuga Katsunan (Erstveröffentlichung Februar 1947, jetzt in: *Meiji-shi kenkyû sôsho* Bd. 4, Ochanomizu shobô 1957 u. 1966) und den gleichfalls kurz nach Kriegsende veröffentlichten Aufsatz *Meiji kokka no shisô* (Das Denken im Meiji-Staat; März 1949 in dem Sammelband *Nihon shakai no shiteki kyûmei*, Iwanami shoten) verweisen. Aber eigentlich ist ja gerade die jenem Mißverstehen meiner Arbeit zugrundeliegende Haltung und Denkweise Gegenstand meiner Erörterungen. Diese Denkweise meine ich an verschiedenen Stellen – und auch gerade hier, in *Nihon no shisô* – analysiert zu haben. Wenn ich sage, jene Auffassung sei in gewissem Sinne zutreffend, so meine ich damit, daß jene Aufsätze alle von dem grundlegenden Motiv der *Selbstkritik* (ein sehr abgenutzes Wort, aber ich habe keinen anderen Ausdruck) eines Japaners, der durch die Kriegserfahrung hindurchgegangen ist, ausgehen, und darüber hinaus im Widerstand gegen eine Tendenz geschrieben wurden, jene in den dreißiger und vierziger Jahren für jeden sichtbaren krankhaften Phänomene als ›Unfall‹ oder Ausnahmeerscheinungen im Grab der Vergangenheit zu verschütten. Deshalb fiel der Akzent ganz selbstverständlich auf die geistesgeschichtliche Erforschung der strukturellen Gründe für diese krankhaften Phänomene. Dieses Motiv und dieses Interesse wurden von *Nihon no shisô* weitergeführt und bilden *eine* wesentliche Strömung auch in den anderen hier aufgenommenen Aufsätzen.« (S. 185 f.)

Ausdrücklich erklärt Maruyama seine Reserve gegenüber dem gerade in den fünfziger Jahren gerne geübten, allzu bequemen Hervorsuchen »positiver« Traditionsstücke aus dem japanischen »Erbe« als Ausgangspunkt für eine bessere Zukunft. Demgegenüber habe er versucht, »die Tatsache, daß sich in Japan *keine* Denktradition gebildet hat, die die Rolle einer Koordinatenachse für die verschiedenen Ideen hätte übernehmen können, *und* die Tatsache, daß das wichtigste Ideengut der Welt aus den letzten tausend Jahren fast vollständig im Vorrat der japanischen Geistesgeschichte *vorhanden* ist, als *ein und denselben* Prozeß zu begreifen, und den strukturellen Zusammenhang der sich daraus ergebenden verschiedenen geistesgeschichtlichen Probleme so weit wie möglich zu klären. Mag dies auch als ein sehr unbescheidenes Vorhaben erscheinen: *erst nach* diesem Versuch, von der Gegenwart aus die Denk-Vergangenheit Japans strukturell zu erfassen, fühlte ich mich ›erleichtert‹; es war mir, als ob ich nun einen Punkt erreicht habe, wo ich die bis dahin mühsam auf meinem Rücken mitgeschleppte ›Tradition‹ vor mich hin stellen und ›frei‹ ihre in die Zukunft weisenden Möglichkeiten hervorzusuchen vermöchte.« (S. 187)

Zum Titel dieses Aufsatzes: »Denken in Japan« mag dem Leser zunächst etwas unklar erscheinen. Bewußt wurde die naheliegende, aber irreführende Übersetzung »Das japanische Denken« vermieden. Es geht hier ja weder um einen Überblick über die japanische Geistesgeschichte noch um eine Erörterung von historisch »unwandelbaren« Charakteristika des »japanischen Denkens«. Der Verfasser analysiert vielmehr einige zentrale Punkte der Situation des Denkens im modernen Japan und der geschichtlichen Voraussetzungen dieser Situation in ihrem strukturellen Zusammenhang.

Was man ist und was man tut, übersetzt von Wolfgang Seifert, liegt ein Vortrag von Maruyama zugrunde, den er im Oktober 1958 vor dem Iwanami-Kulturforum gehalten hat. Der Text wurde dann in den 1961 erschienenen Band *Nihon no shisō* aufgenommen. Er zeigt den Autor als Aufklärer, der die mit dem Übergang Japans von einer status- zu einer leistungsgeprägten Gesellschaft auftretenden Probleme zeitkritisch in allgemeinverständlichen Worten diagnostiziert.

Die japanischen Intellektuellen, übersetzt von Wolfgang Seifert, war ursprünglich für ein Japan-Sonderheft der von J.-P. Sartre herausgegebenen Zeitschrift *Les Temps Modernes* geplant. (Sartre hatte 1966 eine Vortragsreise nach Japan unternommen und dieses Heft geplant, das im Februar 1969 auch erschien.) Wegen der Universitätskonflikte Ende der sechziger Jahre und einer schweren Krankheit mußte Maruyama die Arbeit an diesem Manuskript einstellen und auf seinen ursprünglich für ein europäisches Publikum geplanten Beitrag verzichten. Der Übersetzung liegt ein vor japanischen Kollegen gehaltener Vortrag zum gleichen Thema zugrunde. Maruyama hebt im Nachwort zu diesem Text hervor, daß es ihm hier nicht um die Denk*inhalte* der japanischen Intelligenz geht, sondern eher um sozusagen wissenssoziologische Überlegungen, und um das Problem der Entstehung und des Zerfalls der

»intellektuellen Gemeinschaft« im modernen Japan. Das historische Dilemma, dem die Denkstile der japanischen Intellektuellen ausgesetzt seien, wird am Schluß dieses Textes als das Problem eines *circulus vitiosus* von »Pseudo-Universalismus« und »Bodenständigkeitsdenken« charakterisiert. Obgleich der Autor die Periode ab Mitte der fünfziger Jahre hier nicht mehr einbezogen hat, dürften sich seine Überlegungen auch bis in die japanische Gegenwart hinein als fruchtbar erweisen.

Die Übersetzungen bemühen sich, möglichst eng am Original zu bleiben. Dabei ist nicht zu erwarten, daß auch im japanischen Original vom Leser volle Konzentration verlangende Texte im Deutschen leicht zu lesen sind. Besonders für den ersten Text gilt: Die häufig sehr langen Sätze wurden nach Möglichkeit auch im Deutschen intakt gelassen, da sie logisch zusammenhängende, dicht gefügte Einheiten sind, die nicht nach Belieben aufgelöst werden können. Maruyamas Stil gilt in Japan als »schwierig« und wird in angelsächsischen Ländern gern als »teutonic« bezeichnet. In dem Sinne, daß er einen ähnlichen stilistischen Rang hat wie beste deutsche wissenschaftliche Prosa, ist er zweifellos »teutonic«. Maruyama formuliert sehr präzise und kompakt, setzt aber gleichzeitig anschauliche Vergleiche und alltägliche Ausdrücke ein. Mit treffenden Wortzitaten ruft er beim japanischen Leser lebhafte Assoziationen hervor. Die zahllosen Einschübe, Anmerkungen, in Klammern oder Gedankenstrichen eingeschlossenen Nebengedanken lassen den Leser unmittelbar am Denkprozeß des Autors teilnehmen. Trotz des hohen theoretischen Niveaus erscheint dieser Aufsatz so dem Leser frisch und sogar spannend. Der Übersetzer ist sich bewußt, daß er diese stilistische Qualität des Originals nur sehr unvollkommen ins Deutsche herüberzuretten vermochte.

Einige deutliche Abweichungen gegenüber den Originaltexten beruhen auf nachträglich den Übersetzern übermittelten Wünschen des Autors.

Zum Schluß:

Daß wir überhaupt auf Maruyamas *Denken in Japan* und seine übrigen Arbeiten aufmerksam wurden, verdanken wir einem japanischen Freund: die erste Anregung, Maruyama zu lesen, kam von Prof. Shinohara Hajime vor vielen Jahren schon, wofür ihm an dieser Stelle herzlich gedankt sei.

Schließlich möchten beide Übersetzer Prof. Maruyama ihren Dank für die Erlaubnis, diese drei Texte zu übersetzen, aussprechen. Die freundliche Geduld und die verständnisvolle Kritik, mit der er über die Jahre hin unsere Arbeit begleitet hat, ließen uns manchmal die Schwierigkeit unserer Aufgabe und unsere eigene Unzulänglichkeit vergessen.

Wolfgang Seifert

Wolfgang Schamoni

Literatur

Als westliche Sekundärliteratur zu Maruyama
(mit Ausnahme von Nr. 14 Rezensionen) sind folgende Titel zu nennen:

1 Brown, William H.: *Nihon no shisô*, in: *Monumenta Nipponica* 14 (1960/61), S. 231-40

2 (Anon.): *Radical Essayist*, in: *The Times Literary Supplement*, 13. 9. 1963, S. 683.

3 Crick, Barnard: *A Japanese Political Science*, in: *New Society*, 9. 1. 1964, S. 30.

4 Blunden, Edmund: *Eight Corners and one Roof*, in: *Eastern Horizon*, January 1964.

5 Seidensticker, Edward: *Japan's Fallible Pope*, in: *National Review*, 3. 2. 1964.

6 Dore, Ronald: *Maruyama and Japanese Thought*, in: *New Left Review*, May-June 1964, S. 77-83.

7 Bolitho, Harold: *Studies in the Intellectual History of Tokugawa Japan*, in: *Monumenta Nipponica* 30 (1975), S. 317-8.

8 Huffmann, J. L.: *Modernism in Tokugawa Thought*, in: *Japan Foundation Newsletter*, Bd. 3, Nr. 2 (July 1975), S. 13-6.

9 Beasley, W. G.: *Argument for Absolutism*, in: *Times Literary Supplement*, 22. 8. 1975.

10 Nakai, Kate: *Studies in the Intellectual History of Tokugawa Japan*, in: *Harvard Journal of Asiatic Studies* 36 (1976), S. 307-20.

11 Bellah, Robert: *Studies in the Intellectual History of Tokugawa Japan*, in: *Journal of Japanese Studies* 3 (1977), S. 177-83.

12 Nakamura, Akira: *Maruyama Masao and the Ontology of Politics*, in: *The Japan Interpreter*, Bd. 12, Nr. 2 (Spring 1978), S. 260-5.

13 Lévi-Strauss, Claude: *Studies in the Intellectual History of Tokugawa Japan*, in: *Le Débat*, revue mensuelle, no. 1, Mai 1980 (Paris: Gallimard).

14 Müller, Rudolf Wolfgang: *Das sozialwissenschaftliche Japan und der Okzident*, in: *Leviathan. Zeitschrift für Sozialwissenschaft* Nr. 4/1984, S. 506-549.

Von Maruyama Masao liegen bisher folgende Arbeiten
in westlichen Sprachen vor:

1 *The Ideology and Movement of Japanese Fascism*, in: *Japan Annual of Law and Politics* 1, Second Division (1952) [Original Englisch].

2 *An Affection for the Lesser Names – An Appreciation of E. Herbert Norman*, Übers. R. Dore, in: *Pacific Affairs*, Bd. 30 (1957), S. 249-53 [= *Mainichi shinbun*, 18. u. 19. 4. 1957; Maruyama Masao: *Senchû to sengo no aida*, 1936-1957, *Misuzu shobô* 1976, S. 620-31].

3 *Introduction*, Übers. I. Morris, in: I. Morris: *Nationalism and the Right Wing in Japan. A Study of Post-War Trends*, London 1960, S. XVII-XXVII.

4 *Thought and Behaviour in Modern Japanese Politics*, Hg. I. Morris, verschiedene Übersetzer, London 1963, XVII + 344 S. (enthält S. XI-XVII eine Author's Introduction to the English Edition, diese im Original Englisch [= *Gendai seiji no shisô to kôdô*, 2 Bde., Tôkyô 1956/57, Teilübersetzung].

5 *Japanese Thought*, ohne Angabe des Übersetzers, in: *Journal of Social and Political Ideas in Japan*, Bd. 2, Nr. 1 (1964), S. 41-8 [= *Nihon no shisô*, Auszug]. Neudruck unter demselben Titel in: Irwin Scheiner (Hg.): *Modern Japan. An Interpretive Anthology*, New York–London 1974, S. 208-15.

6 *Patterns of Individuation and the Case of Japan: A Conceptual Scheme*, in: M. B. Jansen (Hg.): *Changing Japanese Attitudes toward Modernization*, Princeton 1965, S. 489-531 [Original Englisch].

7 *Die größte Paradoxie des 20. Jahrhunderts*, Übers. Klaus-A. Pretzell, in: *Kagami. Japanischer Zeitschriftenspiegel*, Bd.3, Heft 3 (1965), S. 103-106 [= *20-seiki saidai no paradokkusu: Sekai*, Okt. 1965, gekürzt].

8 *An Approach to the History of Thought – Its Types, Realms and Objects*, in: *Asian Cultural Studies*, Bd. 5 (Modern Japan), published by International Christian University, Tôkyô 1966 [= *Shisôshi no kangaekata ni tsuite – ruikei, han'i, taishô*, in: Takeda Kiyoko (Hg.): *Shisôshi no hôhô to taishô*, Tôkyô 1961].

9 *Fukuzawa, Uchimura, and Okakura – Meiji Intellectuals and Westernization*, ohne Angabe des Übersetzers, in: *The Developing Economies*, Bd. 4, Nr. 4 (Dec. 1966), S. 1-18 [= *Kaisetsu*, in: *Gendai Nihon bungaku zenshû*, Bd. 51, Tôkyô: Chikuma shobô 1957]. Neudruck unter demselben Titel in: Irwin Scheiner (Hg.): *Modern Japan. An Interpretive Anthology*, New York-London 1974, S. 233-47.

10 *Kaikoku – Öffnung des Landes, Japans Modernisierung*, Übers. Karl-Theo Humbach, in: *Saeculum* 18 (1967), S. 116-145 [= *Kôza gendai rinri* 11, 1959]. (Übersetzung aus dem Englischen).

11 *Thought and Behaviour in Modern Japanese Politics*, expanded edition, London 1969, XVII + 407 S. (Siehe auch Nr. 4 dieser Bibliographie.)

12 *Studies in the Intellectual History of Tokugawa Japan*, Übers. M. Hane, Tôkyô-Princeton 1974, XXXVII + 381 S. (enthält S. XV-XXXVII eine Author's Introduction to English Edition), übersetzt von Ronald Dore [= *Nihon seiji shisôshi kenkyû*, 1952].

13 *On Some Catchwords in the Early Meiji Politics*, in: *Report of the 2nd Kyushu International Conference*, Fukuoka 1967, S. 72-4.

14 *Denken in Japan (Nihon no shisô*, 1957), Übers. Wolfgang Schamoni, in: *Bochumer Jahrbuch zur Ostasienforschung (BJOAF)* 4 (1981), S. 1-70.

15 *Was lesen? (Nani wo yomubeki ka*, 1946), Übers. Klaus Kracht, in: *BJOAF* 4 (1981) [*Teikoku daigaku shinbun*, 23. 7. 1946; *Senchû to sengo no aida*, S. 268-70].

16 *Denken und Literatur im modernen Japan – Eine Fallstudie (Kindai Nihon no shisô to bungaku – Hitotsu no kêsu sutadi to shite*, 1959), Übers. Emiko Araki, Richard Barckhan, Hilaria Gössmann u. Dietrich Pier, in: *BJOAF* 5 (1982), S. 228-279.

17 *Was man ist und was man tut (»De aru« koto to »suru« koto*, 1961), Übers. Wolfgang Seifert, in: BJOAF 7 (1984) [*Nihon no shisô*, Iwanami 1961, S. 153-180].

18 *Logik und Psyche des Ultranationalismus*, Übers. Karl F. Zahl, in: Deutsche Gesellschaft für Natur- und Völkerkunde Ostasiens – OAG (Hg.), *Japan zwischen Orient und Okzident*, München 1988 [= *Chôkokkashugi no ronri to shinri*, in: *Gendai seiji no shisô to kôdô (zôhohan)*, Miraisha 1964, S. 11-28, erstmals: *Sekai*, Mai 1946].

19 *Die rechte Bewegung in Japan vor dem Zweiten Weltkrieg (Vorwort zur Studie von Dr. Morris)*, Übers. Wolfgang Seifert, in: Nishikawa Masao (Hg.), *Japan zwischen den Kriegen*, Hamburg 1988 [= *Senzen ni okeru Nihon no uyoku undô (Morisu hakushi no chôsho e no jobun)*, in: *Gendai seiji no shisô to kôdô (zôhohan)*, Miraisha 1964, S. 187-199]. (Vgl. auch Nr. 3 dieser Bibliographie).

20 *Nationalismus in Japan – geistiger Hintergrund und Perspektiven*, Übers. Wolfgang Seifert, in: U. Menzel (Hg.), *Der Japan-Reader*, Frankfurt am Main 1988 [= *Nihon ni okeru nashonarizumu – sono shisôteki haikei to tenbô*, in: *Gendai seiji no shisô to kôdô (zôhohan)*, Miraisha 1964, S. 152-170, erstmals: *Chûô Kôron*, Januar 1951].

Denken in Japan

Vorbemerkung

Ich werde häufig von ausländischen Wissenschaftlern, die sich mit Japan befassen, gefragt, ob es keine zusammenfassende Darstellung der japanischen »intellectual history« gebe. Eine Antwort fällt mir jedesmal schwer. Denn gesucht wird ja nicht eine Darstellung des politischen, sozialen oder philosophischen Denkens, sondern ein Werk, das diese einzelnen Gebiete zusammenfaßt und die Situation der »Intelligenz« in den einzelnen geschichtlichen Perioden sowie die historischen Wandlungen des Weltbildes verfolgt. Nach dem Zweiten Weltkrieg erschienen in Westeuropa und Amerika zahlreiche derartige Studien, und unter anderem dürfte auch dieser Umstand jene Frage veranlaßt haben. Es ist an und für sich eine interessante Frage, warum diese Forschungsrichtung nach 1945 wieder so zugenommen hat, aber in einem weiten Sinne ist diese Betrachtungsweise in der europäischen Forschung zur Geschichte des Denkens ja keineswegs neu oder ungewöhnlich: Es hat auch früher solche Arbeiten in den verschiedensten Formen etwa als »history of western ideas« oder als »Geistesgeschichte« gegeben.

In Japan finden wir zwar eine Forschungstradition zur Geschichte des Konfuzianismus oder des Buddhismus, Arbeiten jedoch, die die Entwicklung oder den historischen Zusammenhang der intellektuellen Struktur oder des Weltbildes eines bestimmten Zeitalters verfolgen, sind selten und haben auf jeden Fall noch keine feste Tradition. Tsuda Sôkichis *Studien zum Denken des japanischen Volkes in der Literatur*[1] beschränken sich zwar auf »Literatur«, sind aber eines der sehr seltenen frühen Beispiele für ein Bemühen in diese Richtung. Es gab einmal eine Zeit, da auch in Japan unter dem Einfluß Diltheys und anderer »Geistesgeschichte« Mode war, aber auch dies vermochte sich nicht als umfassende Betrachtung der japanischen Entwicklung durchzusetzen. Auch die *Studien zur japanischen Geistesgeschichte* von Watsuji Tetsurô[2], an sich sehr verdienstvoll, sind doch eher eine Sammlung von Einzeluntersuchungen. Als der Autor später die Summe seiner Forschung in der Form einer Gesamtdarstellung zog, war ihm dies nur als Geschichte des *ethischen* Denkens möglich.[3] Später wandelte sich dann die Kategorie »japanische Geistesgeschichte« von »*Geistesgeschichte* Japans« zu »Geschichte des *japanischen Geistes*« und geriet bekanntlich in eine erschreckend willkürliche und fanatische Richtung. Während die meisten von uns Titeln wie Friedrich Heers *Europäische Geistesgeschichte* (1953) oder Charles August Beards *The American Spirit* (1942) mit einem ganz normalen wissenschaftlichen Interesse zu begegnen vermögen, empfinden wir bei »Geschichte des japanischen Geistes« ein gewisses Unbehagen. Ein solches Verhalten einfach als Reaktion auf die Tendenz der Kriegsjahre anzusehen und unsere Überempfindlichkeit – »gebranntes Kind scheut das Feuer« – dafür verantwortlich zu machen, trifft nicht den Kern des Problems. Daß zusammenfassende Arbeiten zur japanischen Geistesgeschichte (verglichen mit der Zahl der Arbeiten zur politischen Geschichte, ja selbst zur Kulturgeschichte) ausgesprochen selten sind – obgleich es, angefangen bei der »Nationalen Schule« (kokugaku) der Edo-Zeit bis heute Abhandlungen über das *Wesen* des japanischen Denkens oder die *Eigenheit* des japanischen Geistes in allen möglichen Variationen gab und gibt –, diese Tatsache scheint ein Hinweis zu sein auf die Position und Situation des »Denkens« in der bisherigen Geschichte Japans.

Das soll nicht heißen, es habe nicht in allen Epochen einzelne tiefgehende philosophische Erörterungen gegeben, oder – wie manchmal sehr oberflächlich geschlossen wird – keine originären Denker. Aber niemand will sich so recht daran machen, anstatt sich auf ein Zeitalter zu beschränken oder eine bestimmte Schule oder religiöse Richtung herauszugreifen, die Entwicklung des »Denkens« in der japanischen Geschichte in seiner *Gesamtstruktur* zu erfassen. Der Grund hierfür liegt wohl – jenseits der Frage der Unterentwickeltheit der Forschung oder der irgendeiner Forschungsmethode zugeschriebenen Schwierigkeiten – im Charakter dieses Forschungsgegenstandes selbst. Wenn es schon recht schwierig ist, einzelne mit Kultur und Lebensstil einer bestimmten Epoche verschmolzene Vorstellungen – etwa »mujōkan« (Vergänglichkeitsgefühl) oder »giri« (Verpflichtung) oder »shusse« (Erfolg, Karriere) – nicht so sehr als komplexe gesellschaftliche Phänomene zu erfassen, sondern als Ideen von ihrem sozialen Kontext zu »abstrahieren« und in ihrer inneren Struktur plastisch darzustellen (Kuki Shûzôs *Die Struktur des ›iki‹*[4] dürfte wohl eines der erfolgreichsten Beispiele hierfür sein), so begeben wir uns auf noch weit unsichereren Boden, wenn wir zu klären versuchen, in welchem strukturellen Zusammenhang denn diese einzelne Idee zu anderen gleichzeitigen Vorstellungen steht und wie sich ihr Inhalt in der darauffolgenden Epoche wandelt. Selbst bei den rationaler formulierten Ideen der Gelehrten und »Denker« finden wir zwar Dialoge innerhalb des Rahmens ein und derselben Schulrichtung oder religiösen Gruppe; daß aber auf der Grundlage der gemeinsamen Vernunft verschiedene Standpunkte einander gegenübergestellt werden und daß *aus* dieser Auseinandersetzung *heraus* eine neue Entwicklung eingeleitet wird, das kommt, ich möchte nicht sagen, nie vor, ist aber beim besten Willen kaum als der Normalfall zu bezeichnen. Es gibt Beispiele wie das der frühen japanischen Christen des 16./17. Jahrhunderts, der sogenannten Kirishitan, die sofort nach Beginn der Missionsarbeit in einem Maße an Zahl und Stärke zunahmen, daß selbst die Missionare darüber erstaunt waren, und deren theologisches Verständnis sogar ein ausgesprochen hohes Niveau erreichte, die dann aber unter dem Zwang der äußeren Verhältnisse in kürzester Zeit an Einfluß verloren und nahezu spurlos aus der *Ideengeschichte* der folgenden Jahrhunderte verschwanden. Kurz – und zugegebenermaßen gefährlich vereinfachend – gesagt: In Japan hat sich keine als Kristallisationspunkt oder Koordinatenachse dienende geistige Tradition zu bilden vermocht, die die Vorstellungen und Ideen der verschiedenen Epochen ohne Ausnahme zueinander in Beziehung gesetzt hätte und im Verhältnis zu der sich alle weltanschaulichen Positionen – gegebenenfalls auch durch Negation – selbst *geschichtlich* eingeordnet hätten. Diese Situation ist weder zu beklagen noch zu glorifizieren, sondern sie ist zunächst einmal fest ins Auge zu fassen und von ihr ist auszugehen.

Karl Löwith hat einmal die japanische »Selbstliebe« dem europäischen Geist der Selbstkritik gegenübergestellt.[5] Was er zu sagen versuchte, widerspricht keineswegs der Nachkriegssituation, mag es auch äußerlich so scheinen, als habe man allen »Patriotismus« über Bord geworfen und sei auch geistig in »Selbstquälerei« verfallen. (Neuerdings sind in Zeitungen und Zeitschriften wieder Anzeichen eines Wiederauflebens jener »Selbstliebe« zu bemerken, was zeigt, daß dem nicht so ist.) Natürlich ist es nicht möglich, uns jetzt Hals über Kopf eine Tradition von der Bedeutung, wie sie das Christentum für Europa besitzt, zuzulegen. Und wir können selbstverständlich auch nicht einfach den Weg der europäischen Moderne nachgehen, welche sich ja in der Auseinandersetzung (d.h. nicht nur Ablehnung) mit dieser christlichen Tradition gebildet hat – selbst wenn wir die gesellschaftliche Basis außer acht ließen und uns auf das moderne *Denken* beschränkten. Das Problem liegt zu allererst darin, daß wir *selbst* den historischen Charakter der »Moderne« in Japan, welche *Super*modernes und *Vor*modernes in eigentümlicher Weise verbindet, *erkennen.* In diesem Rahmen hat auch der Vergleich mit Europa durchaus seine Berechtigung. Solange man jedoch nicht zwischen vergegenständlichendem Erkennen und unverantwortlichem Zuschauen zu unterscheiden vermag, so lange man dazu neigt, wissenschaftliche Analyse auf emotionale Reaktionen wie Beschimpfung, Lob oder Schlechtmachen bzw. alles auf eine Frage des Geschmackes zu reduzieren, so lange wird es für uns unmöglich sein, von der jetzigen Situation wirklich *los*zukommen und in Richtung auf etwas Neues aufzubrechen. Es müssen daher noch größere Anstrengungen unternommen werden, den eigentümlichen Charakter der »Moderne« in Japan in seiner inneren Struktur zu erfassen. Für das Gebiet des Denkens heißt das: Wir müssen uns bemühen, jene »Struktur« zu erfassen, deren Charakteristikum paradoxerweise gerade darin besteht, daß die verschiedensten Ideen, Denkformen und Weltanschauungen historisch unstrukturiert nebeneinander bestehen bleiben. Andernfalls werden – wie es wirklich geschehen ist – die Bezeichnungen Japans als »schon zu modern« oder »noch vormodern« nur immer wieder wechselweise »Reaktionen« hervorrufen.

Kehren wir zum Ausgangspunkt zurück: Angenommen, wir fänden bei der Untersuchung der bisherigen Situation des Denkens, der Formen seiner Kritik und der Art und Weise, wie fremdes Denken aufgenommen wurde, Momente, die die Akkumulation und systematische Konstruktion von Ideen behindert haben, dann könnten wir durch eine rückhaltlose kritische Aufarbeitung dieser Momente vielleicht die Fähigkeit erlangen (auch wenn wir nicht bis zu den letzten Wurzeln dieser Momente vordringen), zumindest einen ersten Schritt aus unserer bis heute andauernden chaotischen Geistessituation zu tun. Denn die Schaffung einer Tradition des Denkens ist ohne eine Umwälzung jener »Tradition«, die Dialog und Auseinandersetzung zwischen verschiedenen Ideen, Denkformen und Weltanschauungen verhindert, nicht vorstellbar.[*]

[*] *Exkurs:* Am deutlichsten, ja fast in der Form einer Karikatur, tritt diese

»Tradition«, die es schwer macht, die verschiedenen Ideen durch Auseinandersetzung und Akkumulation historisch zu strukturieren, in der Geschichte der großen intellektuellen Debatten Japans zutage. Es kommt nur äußerst selten vor, daß eine zu einer bestimmten Zeit heftige Kontroverse in der darauffolgenden Periode als »gemeinsamer Besitz« weitergeführt wird. Ob es sich nun um »das Wesen der Freiheit«, um »den künstlerischen und politischen Charakter der Literatur«, um »die Aufgabe der Intellektuellen« oder um »das Wesen der Geschichte« handelt – die gleiche Fragestellung erscheint in gewissen Abständen immer wieder als Thema der intellektuellen Diskussion. Naturgemäß kann es bei derartigen Auseinandersetzungen über Ideen keine absolut *endgültigen* Ergebnisse geben, aber bei vielen solcher Diskussionen in Japan vergißt man irgendwann, daß man z. B. diesen oder jenen Teil des Problems gelöst oder doch geklärt hat und daß bestimmte andere Teile des Problems noch ungelöst vor uns liegen. Wenn viel später dann aus irgendeinem Anlaß wieder eine Diskussion über im Grunde das gleiche Thema beginnt, geht man nicht etwa von dem Ergebnis der vorangegangenen Debatte aus, sondern nimmt jedesmal wieder die gesamte Problematik von Anfang an durch. Bei Themen wiederum, die sich auf mehr oder weniger grundlegende Fragen der Kultur oder der Weltanschauung beziehen, also doch von eher allgemeiner Natur sind und nicht nur Japan betreffen, diskutiert man nicht selten unter fast vollständiger Ignorierung des geistigen Hintergrundes, der in Europa in der Anstrengung vieler Jahrzehnte aufgehellt worden ist – während doch sonst europäische geistige Produkte in solchen Mengen hereinströmen! Das ist, von der »Ökonomie des Denkens« aus gesehen, ausgesprochen unsinnig. Hier zeigen sich die Folgen *erstens* jenes circulus vitiosus, der sich daraus ergibt, daß – auf der einen Seite – die japanische »akademische Welt« damit beschäftigt ist, als eine Art Einfuhrorganisation für ausländische Fertigwaren zu fungieren, und – auf der anderen Seite – vor allem in der Welt des Journalismus als Reaktion darauf ein Kult mit »Originalität« getrieben wird und irgendwelche fragmentarischen Einfälle maßlos überschätzt werden, wobei sich beide Seiten mit Verachtung begegnen; *zweitens* steht dahinter die Tatsache, daß in jeder Generation jede Gruppe mit der *zu ihrer Zeit gerade* starken Nation oder Geistesströmung in Europa in einer Art *Quer*verbindung gekoppelt ist und sich ein demgemäß in sich abgeschlossenes Europabild schafft, während die historischen *Längs*verbindungen des übernommenen Gedankengutes ignoriert werden; *drittens* hat dies seinen Grund darin (und das ist heutzutage die simpelste Ursache), daß jede Diskussion, sobald sie von den Massenmedien aufgegriffen wird, in den von diesen festgelegten Bahnen verläuft und sich immer mehr von der ursprünglichen Intention der Diskussionsteilnehmer entfernt. Sieht man aber andererseits, wie, etwa bei der berühmten Diskussion über Christentum und »kokutai« in den neunziger Jahren des 19. Jahrhunderts[6], in der Argumentation der Buddhisten und Konfuzianer gegen die Christen kaum Versuche einer *Weiterentwicklung* der gegen Ende der Edo-Zeit geführten Diskussionen – geschweige denn der Diskussionen zur Zeit der Kirishitan Anfang des 17. Jahrhunderts – zu finden sind, dann begreift man, daß die Frage allgemeiner zu stellen ist und das Problem des *Grundmusters* der japanischen Geistesgeschichte umfassen muß. Denn die »Diskussion« stellt selbstverständlich die ursprüngliche Form der Dialektik dar.

Häufig werden Konfuzianismus, Buddhismus und Shintô, welcher sich in »Symbiose« mit den beiden ersteren entwickelt hat, oder auch die »Kokugaku«[7] der Edo-Zeit als »traditionelle Denkrichtungen« bezeichnet und den zahlreichen, nach der Meiji-Restauration eingeströmten europäischen Denkrichtungen gegenübergestellt. Diese beiden »Genres« zu unterscheiden, ist an sich nicht falsch und kann sinnvoll sein. Sie jedoch als »Tradition« und »Nicht-Tradition« einander gegenüberzustellen, führt, fürchte ich, zu einem schwerwiegenden Mißverständnis. Indem das ausländische, d. h. aus dem Ausland eingeführte Denken in verschiedenster Weise in unseren Lebensstil und unser Bewußtsein aufgenommen worden ist und unserer Kultur einen unauslöschlichen Stempel aufgedrückt hat, ist auch dieses aus Europa stammende Denken bereits »Tradition« geworden. Mag es auch übersetztes, ja *falsch* übersetztes Denken sein: Es hat auf jeden Fall das Grundgerüst unserer Gedanken mitgeformt. Die Theoretiker des gegen die sogenannte westliche Zivilisation gerichteten Nationalismus (kokusuishugi) von Kihira Tadayoshi[8] bis Kanokogi Kazunobu[9] waren nicht in der Lage, allein mit dem Vokabular und den Kategorien der Verfasser des *Kaiten shishi*[10] oder des *Seiken igen*[11] ihre großartigen Theorien zu entwickeln. Sogar Minoda Munekis[12] fanatische Schriften über den »Weltanschauungskampf« ertrinken in Zitaten aus Büchern Wilhelm Wundts und Alfred Rosenbergs. Würde man die Formen unserer Denk- und Vorstellungsweisen in ihre verschiedenen Elemente zerlegen und deren jeweilige Genealogie verfolgen, so würden wir auf Buddhistisches, Konfuzianisches, Schamanistisches, Westliches, kurz auf Fragmente der verschiedensten Denkrichtungen stoßen, die ihre Spuren in unserer Geschichte hinterlassen haben. Das Problem liegt darin, daß diese alle ungeordnet nebeneinander bestehen und dabei ihre gegenseitigen logischen Beziehungen und die ihnen jeweils zukommenden Positionen völlig im unklaren bleiben. In bezug auf diese Grundsituation läßt sich kein substantieller Unterschied zwischen dem »traditionellen« Denken und dem seit der Meiji-Zeit eingeführten europäischen Denken feststellen. Daß das moderne Japan das geistige Erbe aus der Zeit vor der Meiji-Restauration so leicht *aufgegeben* und sich »europäisiert« hat, wird immer wieder beklagt (diese Klage ist seit der Meiji-Zeit schon stereotyp). Wenn aber jenes »traditionelle« Denken mit seinem jahrhundertealten Hintergrund wirklich »Erbe« und Tradition gewesen ist: Wieso wurden wir dann so leicht von den Wogen der »Europäisierung« verschlungen?[*]

* *Exkurs:* Im folgenden werde ich allerdings aus praktischen Gründen dem allgemeinen Gebrauch folgend alles nichteuropäische Denken wie Konfuzianismus, Buddhismus, Shintô usw. summarisch als »traditionelles Denken« bezeichnen. Sowohl hier als auch wenn ich von »Tradition« in bezug auf das Grundmuster der Kritik und der Entwicklung des Denkens spreche, meine ich damit natürlich etwas anderes als mit dem Wort »Tradition« in meiner eingangs angeführten These, daß sich in Japan nie so recht eine Tradition des Denkens gebildet hat.

Wenngleich es grundsätzlich eine historische Kontinuität in der Art der Aufnahme von Ideen und in deren Wechselbeziehungen im Innenleben der Japaner gibt, so unterscheidet sich doch der Hintergrund vor und nach der Meiji-Restauration erheblich, sowohl was die geistige Gesamtsituation der Nation als auch was das Denkverhalten der Individuen betrifft: Das entscheidende Ereignis der *Öffnung des Landes* (kaikoku) lag dazwischen. Hier ist nicht die substantielle Verschiedenheit von »traditionellem« und später eingeströmtem Denken gemeint, die sich ja im übrigen von selbst versteht. Es geht auch nicht einfach um die Quantität und Vielfalt der Ideen, denen man sich nach der Meiji-Restauration gegenübersah. Die »Öffnung des Landes« bedeutete vielmehr zweierlei: Sich selbst der *Außenwelt,* d.h. der internationalen Gesellschaft zu öffnen, aber zugleich auch das eigene Land *gegen* diese als Einheitsstaat *abzugrenzen.* Vor diese doppelte Aufgabe gestellt zu sein, war das gemeinsame Schicksal aller »Nachzüglervölker« Asiens. Das einzige asiatische Land, das von diesem Schicksal nicht überwältigt wurde, sondern sich selbständig einen Ausweg bahnte, war im 19. Jahrhundert Japan.

Aber gerade deshalb mußten jene Probleme in explosiver Weise an die Oberfläche treten, die sich aus der Tatsache ergaben, daß Japan keine widerstandsfähige Denktradition als geistige Achse (wie sie z.B. der Konfuzianismus für China darstellte) besaß. Zwar wurden nun die das eigene Land von anderen Ländern abgrenzenden institutionellen Kriterien wie Staatsgebiet, Staatsangehörigkeit und eine dem Ausland gegenüber souveräne Staatsgewalt festgelegt und eilig ein zentralistischer Staat mit dem Tennô an der Spitze (wenngleich die Zentralgewalt anfangs in ihrer Substanz noch keineswegs genügend gefestigt war) geschaffen. Zugleich aber – oder besser: noch schneller – strömte das Denken Europas und Amerikas durch die geöffneten Tore in ganzer Breite herein, so daß die auf Einheit hinwirkende Ordnung des Staatslebens und der in das Geistesleben hereinbrechende, »ungeordnete« Wirbelsturm neuer Ideen einen lebhaften Kontrast bildeten. Ab und zu allerdings fanden sich beide Seiten unter der Fahne »Zivilisation und Fortschritt« (bunmei kaika) zu einer Art kontrapunktischem Duett zusammen. Es übersteigt den Rahmen dieser Studie, den historischen Integrationsprozeß nachzuzeichnen, den dieses Verhältnis bis zur Legitimierung durch das Tennôsystem (ideologisch ausgedrückt: durch die kokutai-Ideologie) durchlief. Auf die innere Verbindung zwischen dem von Itô Hirobumi und anderen ingeniös geschaffenen »modernen« Staat und dem Grundmuster des Denkens in Japan werde ich später zu sprechen kommen.

An dieser Stelle möchte ich nur festhalten, daß das traditionelle Denken nach der Meiji-Restauration seinen fragmentarischen Charakter noch verstärkt hat und daß es nicht als Ausgangsbasis funktionierte, von der aus man die verschiedenen neuen Ideen von innen heraus hätte ordnen oder sich direkt mit dem fremden Denken hätte auseinandersetzen können. Hierin liegt der Grund für die Tatsache, daß trotz der riesigen Differenzen zwischen den *Inhalten* der verschiedenen Geistesströmungen und den von ihnen eingenommenen Positionen gerade in der Art und Weise ihrer Rezeption eine Kontinuität zwischen »Vormoderne« und »Moderne« besteht. Die darin begründeten Phänomene möchte ich im folgenden eingehender darstellen.

I

Mag das traditionelle Denken mit der Modernisierung Japans auch auf den ersten Blick verschwunden sein, es bleibt in unserem Lebensgefühl und Bewußtsein latent anwesend. Schon viele

Schriftsteller und Historiker haben darauf hingewiesen, wie weit Bewußtsein und Denken der modernen Japaner unter der modischen europäischen Verkleidung z.B. noch von Vergänglichkeitsgefühl, von »mono no aware«[13], von der Totenweltvorstellung des autochthonen japanischen Glaubens oder von der konfuzianischen Ethik bestimmt werden. Gerade weil die Vergangenheit nicht bewußt objektiviert und in die Gegenwart »aufgehoben« worden ist, sickert sie unbemerkt, sozusagen *aus dem Hintergrund* wieder in diese ein. Daß das Denken nicht als Tradition akkumuliert wird und daß das »traditionelle« Denken kaum greifbar und ohne System wieder eindringt, das sind im Grunde genommen zwei Seiten derselben Sache. Es besteht die Tendenz, die in bestimmter zeitlicher Reihenfolge nach Japan gekommenen Ideen im Inneren des Individuums nur räumlich umzuarrangieren und sie sozusagen zeitlos koexistieren zu lassen, wobei sie ihre historische Strukturiertheit verlieren. Kobayashi Hideo[14] hat mehrfach bemerkt, Geschichte sei letztlich Erinnerung. Diese Aussage verbindet sich unmittelbar mit einer konsequenten Negation des Gedankens einer historischen Entwicklung, oder genauer: der Entwicklungsidee in ihrer nach Japan verpflanzten Form. Aber zumindest im Hinblick auf das Grundmuster der Aufeinanderfolge der verschiedenen Ideen im geistigen Leben Japans und der Japaner hat diese These einen *gewissen* wahren Kern. Das Neue, ja sogar das eigentlich Heterogene wird ohne genügende Auseinandersetzung mit der Vergangenheit übernommen und gewinnt deshalb so unglaublich rasch die Oberhand. Da die Vergangenheit nicht als Vergangenheit mit der Gegenwart konfrontiert, sondern einfach beiseite geschoben wird oder in tiefere Bewußtseinsregionen absinkt und »vergessen« wird, bricht sie bei bestimmten Gelegenheiten plötzlich als »Erinnerung« wieder hervor.

Das zeigt sich insbesondere in Zeiten einer nationalen oder politischen Krise. Die Rückkehr des Individuums bzw. der japanischen Gesellschaft zur »Tradition« erinnert häufig an die Art, wie einem Menschen im Augenblick höchsten Erschreckens sein lange nicht gebrauchter Heimatdialekt entschlüpft. Ohne innere Beziehung zu der noch *einen Augenblick* vorher benutzten Sprache, bricht dieser unvermittelt hervor. In der modernen Geistesgeschichte denke man etwa an die antibuddhistische Welle nach 1868[15], an die konfuzianische Renaissance um das Jahr 1881[16], an die Auseinandersetzung um die sogenannte Organ-Theorie des Verfassungsrechtlers Minobe Tatsukichi in den dreißiger Jahren unseres Jahrhunderts[17] etc. Auch im individuellen Fall erscheint die Wendung bildungsmäßig »verwestlichter« Intellektueller zum Nipponismus z.B. bei Tokutomi Sohô[18], Takayama Chogyû[19] oder Yokomitsu Riichi[20] zwar als ausgesprochen plötzliche »Mutation«, aber kaum als Sprung zu etwas, was zuvor in ihnen überhaupt nicht vorhanden gewesen wäre. Takamura Kôtarô hat das Hervorbrechen einer solchen »Erinnerung« in dem Augenblick, als er die Nachricht vom Ausbruch des Pazifischen Krieges 1941 erhielt, in reiner und unmittelbarer Form dargestellt:

. . . . . .

> gestern wird ferne Vergangenheit,
> ferne Vergangenheit wird Gegenwart;
> der Tennô ist in Not:
> nur dieses eine Wort
> entscheidet für mich alles;
> Vater, Mutter sind da,
> der Nebel des Hauses meiner Jugendtage
> steigt im ganzen Zimmer auf,
> meine Ohren sind erfüllt von den Stimmen der Ahnen,
> »der Tennô, der Tennô« –
> stöhnt es in mir und mir wird schwarz vor Augen
> [21]
> . . . . . .

(Nach dem Krieg kehrte er wieder zur »Erinnerung« an Rodin zurück.)[22]

Was von den in der Vergangenheit übernommenen Dingen »erinnert« wird, hängt von Persönlichkeitsstruktur, Bildungsgang und Alter des betreffenden Menschen ab: *Man'yôshû*, Saigyô, *Jinnô shôtôki*, Yoshida Shôin, Okakura Tenshin, Fichte, *Hagakure*, Dôgen, Wen Tianxiang, Pascal usw.[23] – der bisherige Vorrat ist reich und es fehlt nicht an Material. Und wenn sich die Bühne um hundertachtzig Grad dreht, dann erinnert man sich wieder an Tolstoi, Ishikawa Takuboku, *Das Kapital*, Lu Xun usw.[24] Die Art und Weise, wie das Ich mit dem Denken einer bestimmten Epoche bzw. den Vorstellungen eines bestimmten Lebensabschnittes in Übereinstimmung gebracht wird, mag von *außen* gesehen äußerst willkürlich erscheinen. Da aber nur das immer schon *zeitlos* Vorhandene räumlich umarrangiert und gewisse Dinge an einen nunmehr bevorzugten Platz gerückt werden, begreifen das die betreffenden Individuen oder die betreffende Zeit selbst als Rückkehr zum »ursprünglichen Selbst« oder zur »eigentlichen Gestalt« Japans und vollziehen diese Wandlung in völliger Aufrichtigkeit und reinen Herzens.

Diese beiden Seiten ein und derselben geistig-seelischen »Tradition«, nämlich der allzu schnelle Sieg des Neuen und die latente Anwesenheit bzw. das unbemerkte Durchsickern des Vergangenen, nehmen auch andere Gestalt an: Da europäische Philosophie und europäisches Denken häufig ihrer historischen Strukturiertheit entkleidet und von ihren geistesgeschichtlichen Prämissen abgeschnitten quasi als *Versatzstücke* eingeführt werden, kann es vorkommen, daß Theorien von einem hohen Abstraktionsniveau unerwartet unserem in alten Gewohnheiten wurzelnden alltäglichen Lebensgefühl entsprechen. Nur allzu oft stimmt das, was in Europa Ausdruck eines verzweifelten Widerstandes gegen die eigene zähe Tradition war, hier umgekehrt mit ganz »normalen« Vorstellungen überein, oder das neueste ausländische Erzeugnis fügt sich problemlos in das eigene geistige Vorratslager ein. Es ist hier wohl nicht nötig, auf die Tradition des Eklektizismus à la Inoue Tetsujirô[25] einzugehen – Inoue, der die Ethik des deutschen Idealismus als »obschon von den Leuten als neue ausländische Lehre angesehen, doch verwandt mit dem, was die Schule Zhu Xi's *von alters her* lehrt«[26] ansah und die »Verschmelzung der Kulturen von Ost und West« verkündete. Es gibt genügend andere Beispiele für eine solche Sehweise, mögen sie auch nicht ganz so groß angelegt sein, etwa die Ansicht, die symbolistische Dichtung Mallarmés stimme mit dem Geiste Bashôs überein, oder der Pragmatismus sei *eigentlich* mit der Philosophie der Stadtbürger der Edo-Zeit identisch.[*]

[*] *Exkurs:* Das soll nicht heißen, diese Dinge hätten überhaupt keine Ähnlichkeit miteinander; und es ist natürlich auch nicht sinnlos, Gemeinsamkeiten herauszufinden. In dem Sinne, daß alles, was Menschen seit ältester Zeit gedacht haben, nicht so extrem verschieden voneinander ist, lassen sich selbstverständlich überall Gemeinsamkeiten finden. Entscheidend ist hier aber, daß man so selten bereit ist, die geistigen Produkte einer anderen Kultur zunächst einmal als etwas dem eigenen Selbst zutiefst Fremdes zu setzen und sich diesem Fremden zu stellen, und daß aus dieser »Leichtigkeit« des Verstehens eine »Tradition« des bequemen Verbindens resultiert, die eben nichts zur Tradition werden läßt. Wenn heutzutage in der Intelligenz, zumindest was Ideen betrifft, kaum ein wacher Sinn für »das Unbekannte« vorhanden ist, so geht das auf das Konto einer »Tradition«, die uns insbesondere seit der Meiji-

Zeit mit unersättlicher Neugier und flinker Auffassungsgabe (darin ist Japan wohl unübertroffen in der ganzen Welt, und das war eine entscheidende Voraussetzung für Japans rapiden »Sprung«) die ausländische Kultur aufsaugen ließ: Nach anfänglicher Neugier wendet man sich schon bald mit »das kennen wir ja schon« wieder ab. Überempfindlichkeit und Empfindungslosigkeit gehen eine paradoxe Verbindung ein. Japan, wo man ein paar Jahre nach dem Kriege so tat, als habe man »die Demokratie doch längst begriffen«, bildet einen erstaunlichen Kontrast zu Westeuropa und Amerika, wo unter den Intellektuellen auch heute noch mehrere hundert Jahre alte Themen wie z. B. die Grundidee der Demokratie oder die Grundlegung des demokratischen Systems immer wieder »in Frage gestellt« und offen diskutiert werden.

Der Gedanke, mit dessen Hilfe man häufig die Verbindung heterogener Ideen zu rationalisieren versucht, ist bekanntlich eine vulgarisierende Adaption der buddhistischen Philosophie mit ihrem »A ist B« oder »A und B sind eins«.[27] Für diese Tradition der »Toleranz«, welche alle möglichen Philosophien, Religionen und Wissenschaften – selbst solche, die sich gegenseitig grundsätzlich ausschließen – »grenzenlos umarmt« und sie innerhalb der geistigen Entwicklung eines Individuums »friedlich koexistieren« läßt, für diese Tradition waren das *einzige* wirklich Fremde jene Denkrichtungen, die eine *prinzipielle* Ablehnung geistiger Promiskuität vertraten und eine innere logische und wertende Einordnung der Welterfahrung durch das Subjekt forderten. Im modernen Japan hatten diese Funktion das Christentum in der Meiji-Zeit und der Marxismus in den zwanziger Jahren unseres Jahrhunderts. Christentum und Marxismus nehmen zwar letztlich einander extrem widersprechende Standpunkte ein; in der intellektuellen Landschaft Japans besaßen sie jedoch notwendigerweise verwandte geistesgeschichtliche Funktionen. Beide fanden sich folglich in dem Dilemma, entweder zumindest ihre Bedeutung als *geistige* Revolution zu verlieren, wenn sie jene Forderung aufgaben und einen Kompromiß mit ihrer Umgebung schlossen, oder, falls sie hartnäckig auf der Auseinandersetzung bestanden, *gerade wegen* der beschriebenen »Tradition« der Toleranz sich heftigster Intoleranz ausgesetzt zu sehen. (Hier beziehe ich mich nicht auf das Verhältnis zur Staatsgewalt, sondern ausschließlich auf die Art der Aufnahme und des Austausches von Ideen; zum »kokutai«-Problem vgl. weiter unten.) Wie ein vom Marxismus »konvertierter« Intellektueller geschrieben hat, bedeutete die Aufgabe des Marxismus Befreiung von der Anspannung der Selbstkontrolle durch Prinzipien (= Formeln) und eine plötzliche Heimkehr – so wie eine Uhrfeder zerspringt – mit Hilfe der »Erinnerung« zur »ursprünglichen« Welt von Umarmung, Verschmelzung und Einssein: »Die japanische Philosophie ist die Welt des *Einsseins* von Materie und Geist [...] Wenn wir uns vom Marxismus losmachen, *wenn wir den umarmenden Charakter* des japanischen Volkes *begreifen,* dann wird uns die neue Mission des japanischen Volkes in der Welt klar werden. [...] *Die zukünftige Entfaltung der miteinander verschmolzenen Kulturen von Ost und West* – das muß unser neuer Glaube sein.«[28]

In einer Gesellschaft, in der unter dem zweitausendjährigen Einfluß des Christentums – dieses selbst ist die hartnäckigste »Formel« Europas – die positive Bejahung des Lebens Allgemeingut ist, stehen z.B. Nietzsches Ironie oder Oscar Wildes Paradoxe in einem scharfen Spannungsverhältnis zur Realität. In einem Lande wie Japan hingegen, wo es einen alltäglichen Eskapismus in der Form des »Vergänglichkeitsgefühls« oder der »Unzuverlässige Welt« (ukiyo)-Auffassung gibt, gehen Zynismus und Paradox nicht selten im Gegenteil konform mit dem alltäglichen Empfinden. Der Nihilismus funktioniert dann nicht als Revolte, sondern als Anpassung an die Realität. Das Paradox wirkt hier nicht als Paradox, und die Antithese wird zur These domestiziert. So verwandelt sich z.B. der Satz, die Welt sei unvernünftig, in den überkommenen Gemeinplatz des kleinen Mannes: »In der Welt läuft halt nicht alles so, wie wir's uns wünschen.«

Wenn jene mit Paradox und Ironie brillierenden Kritiker ihre wildesten Angriffe gegen die »Formel« des Marxismus richten, so liegt das natürlich auch an ihrer politischen (bzw. antipolitischen) Haltung – aber nicht nur daran. Ich meine, ein Grund dafür ist auch in der Tatsache zu suchen, daß es in einem Land ohne die Tradition des Christentums außer dem Marxismus nichts gibt, was einer der europäischen »Formeln« entspräche. So kommt jenes seltsame Bündnis zwischen den modischen Liebhabern des Paradoxes und dem »traditionellen« Volksempfinden gegen die »marxistischen« Intellektuellen zustande. Möglicherweise schließen sich diesem Bündnis noch die ihren Mantel nach dem Winde hängenden Massenmedien an, so daß die »fortschrittlichen Intellektuellen«, von zwei Seiten angegriffen, isoliert dastehen. Die »Theorie*gläubigkeit*« der japanischen Marxisten (hierzu weiter unten) hat diesen Gegensatz noch verschärft. Daß die »rebellische« Position de facto häufig als Anpassung an die Zeittendenz funktioniert, hängt, einmal abgesehen von den jeweiligen politischen Bedingungen, zutiefst mit der beschriebenen geistigen Situation Japans zusammen.

Hierbei ist zu beachten, daß die feindliche Reaktion der »traditionellen« Haltung auf jegliches prinzipielle Denken oder auf Ideologien, die eine rationale Einordnung von Erfahrungen verlangen, leicht die Form einer Art Ideologie*entlarvung* annehmen kann. Eine gewisse Art von Ideologiekritik an anderen weltanschaulichen Positionen wird in Japan schon sehr früh zur festen »Tradition« der Kritik. Im modernen Europa ist dieses kritische Verfahren, welches Ideen weniger unter dem Aspekt ihres immanenten Wertes oder ihrer logischen Geschlossenheit als vielmehr »von außen«, d.h. durch Aufweisen ihrer politisch-gesellschaftlichen Funktion (etwa Verschleierung oder Beschönigung der Wirklichkeit) oder durch Bloßlegen der dahinter verborgenen Motive und Absichten kritisiert, bekanntlich zum ersten Mal philosophisch und in großem Stil von Marx in der *Deutschen Ideologie* entwickelt worden. Dies hängt eng zusammen mit der Tatsache, daß er ein »frühreifer« – in diesem Sinne prophetischer – Kritiker jener Problematik war, die die moderne bürgerliche Gesellschaft und der moderne Rationalismus in sich tragen. Folglich bildete diese Methode der Kritik im 19. Jahrhundert eher die Ausnahme. Üblich und weit verbreitet wurde die Ideologiekritik in Europa erst, seitdem sich bei der Generation nach dem Ersten Weltkrieg ein allgemeines Mißtrauen »nicht bloß gegenüber der Gültigkeit von Ideen, sondern auch gegenüber den Motiven derer, die sie behaupten«[29], einstellte.

In Japan jedoch tritt Kritik an der ideologischen Funktion von Ideen bereits in der fremdenfeindlichen Kritik am europäischen Denken, voran am Christentum, gegen Ende der Edo-Zeit in erstaunlicher Schärfe auf – *vor* der immanenten Ideenkritik. So schreibt z.B. Aizawa Seishisai:[30] »Wenn jemand also einen fremden Staat zu zerstören beabsichtigt, dann versucht er bestimmt zunächst durch die Anknüpfung von Handelsbeziehungen dessen wirkliche Stärke in Erfahrung zu bringen, und wenn er dann eine verwundbare Stelle entdeckt, so wird er mit einem Heer das betreffende Land angreifen. Falls das aber nicht möglich ist, verkündet er die Barbarenlehre und verführt damit das Herz des Volkes. Wenn sich das Herz des Volkes erst einmal gewendet hat, können die feindlichen Truppen mit offenen Armen rechnen, und es ist unmöglich, sie noch aufzuhalten.«[31] Von dieser allgemeinen Einschätzung ausgehend, kritisiert Aizawa die Parole »Macht das Land reich und die Armee stark!« (»fukoku kyôhei«) wegen der darin zum Ausdruck kommenden Überbewertung der wirtschaftlichen und militärischen Seite: »Die Barbaren nützen die Tatsache aus, daß das Herz des Volkes seine Orientierung verloren hat, betören insgeheim das Volk in den entlegenen Grenzgebieten und versuchen, es heimlich umzustimmen. Hat sich das Herz des Volkes erst einmal gewendet, so wird das Reich ohne Kampf in die Hände der Barbaren fallen, und ›Reichtum und Stärke‹ gehören dann nicht mehr uns. Vielmehr leihen wir den Banditen noch unsere Soldaten und stellen den Räubern den Proviant.«[32] Mit diesen Worten betont er die Notwendigkeit einer *geistigen* Landesverteidigung. Wir stoßen somit hier schon auf eine Theorie der indirekten Aggression, wie sie später von John F. Dulles entwickelt wurde. Man mag einwenden, dies sei eine allen plötzlich mit einer fremden »culture« konfrontierten traditionellen Gruppen gemeinsame Reaktion. Aber wie steht es dann mit Motoori Noringas berühmter Kritik am Konfuzianismus? Norinaga schreibt: »Prüft man, was die Chinesen unter ›dao‹ (Weg) verstehen, so zeigt sich, daß es nichts weiter ist als ein Mittel, andere Länder zu erobern und die Eroberung des eigenen Landes durch andere Länder zu verhindern.« Folglich ist z.B. das, »was man ›tianming‹ (Himmelsbefehl) nennt, nur ein Vorwand, den die Heiligen des Altertums in jenem Lande erfanden, um sich selbst von aller Schuld reinzuwaschen, nachdem sie einen Fürsten beseitigt und dessen Land geraubt hatten«.[33] Das konfuzianische Denken, welches »alle möglichen großartigen Bezeichnungen erfindet« und auf sein sorgfältig konstruiertes System stolz ist, wird hier nicht von seinem »umständlichen« theoretischen Inhalt her kritisiert, sondern als Ideologie bloßgestellt, die letztlich durch Realitätsverschleierung und -beschönigung den Machthabern oder Usurpatoren der Macht dienstbar ist.

Hierbei fällt auf, daß Norinaga jegliche Abstraktion und normative Setzung von Kategorien wie »dao«, »ziran« oder »xing«[34] als »chinesische verdorbene Auffassungen« (karagokoro) ablehnt und jederlei Erörterung verwirft, um sich statt dessen unmittelbar der sinnlichen Wirklichkeit zu nähern. Seine Kritik war deshalb zwar Ideologieentlarvung, konnte sich aber naturgemäß nicht zur Ideologie*kritik* entwickeln, da diese einen bestimmten prinzipiellen Standpunkt zur Voraussetzung hat. Sicher war sein Angriff auf die Normengläubigkeit der Konfuzianer berechtigt, auf ihr Versäumnis, die Realitätsangemessenheit ihrer Lehre nachzuprüfen. Aber schließlich führte ihn das zur Ablehnung jeder Theorie und Abstraktion, zur Leugnung jeglicher Spannung zwischen Realität und Norm, wenn er behauptete, die Tatsache, daß es in Japan ursprünglich kein normatives Denken gegeben habe, sei ein Beweis für die Vollkommenheit der Realität jener frühen Zeit: Die Notwendigkeit einer besonderen »Lehre« habe gar nicht bestanden. Daraus folgt bei ihm einerseits Achtung vor der angeborenen Sinnlichkeit und andererseits passive Folgsamkeit gegenüber dem bestehenden Herrschaftssystem – letzten Endes also eine doppelte Bejahung der Realität, »so wie sie ist«.

Norinaga unternahm bekanntlich den Versuch, die Vorstellungs- und Empfindungswelt des »autochthonen Glaubens« *vor* der Einführung von Konfuzianismus und Buddhismus mit den Mitteln der Gelehrsamkeit zu rekonstruieren. In dieser Religion gab es weder in der Form eines personalen Gottes noch in der nichtpersonalen Form eines »li«[35] oder »eidos« ein letztes Absolutes. Nach der Analyse Watsuji Tetsurôs sind in der japanischen Mythologie die Gottheiten, denen geopfert wird, zugleich jene, die Opfer bringen. Soweit man auch zurückgeht, besitzen sie diesen Charakter, so daß der letzte Adressat der kultischen Feiern sich irgendwo in der undefinierbaren Ferne von Zeit und Raum verliert. Dieser »Glaube« besitzt weder Stifter noch heilige Schriften wie die verschiedenen Universalreligionen. Folglich habe es früher, vor der Einführung der Idee des »Weges« (dao), keinen »Shintô« (Weg der Gottheiten) gegeben, sagt Ogyû Sorai[36]; und Norinaga stimmt ihm darin zu[37], gelangt aber zu einer völlig anderen Schlußfolgerung: zur kategorischen Ablehnung aller Doktrinen (Dogmen).

Der »Shintô« ist eine Art lange, formlose Hülse, welche in den einzelnen Zeitaltern durch »Symbiose« mit der jeweils starken Religion dogmatisch aufgefüllt wurde. In diesem »allumarmenden« Charakter des Shintô, in seiner geistigen Promiskuität äußert sich natürlich wieder die oben beschriebene »Tradition« Japans in konzentrierter Form. Gerade weil für uns weder etwas Absolutes existierte noch ein die Welt logisch-normativ ordnender »Weg« ausgebildet wurde, waren wir der Infiltration fremder Ideologien schutzlos ausgeliefert. Die von der Kokugaku in Angriff genommene Arbeit, nämlich den Inhalt jener Hülse von chinesischem (karagokoro) und buddhistischem Geiste (hotokegokoro) zu reinigen, sah sich notwendigerweise mit dem Widerspruch konfrontiert, unter zwei kaum voneinander zu trennenden Momenten das eine – das Fehlen eines »Weges« – hochzuschätzen, das andere dagegen – die leichte geistige »Infiltrierbarkeit« – zu verurteilen. Dies war übrigens auch das Dilemma aller späteren antiwestlichen, »nipponistischen« Nationalisten (kokusuishugisha). Die Methode Norinagas, der sich eng an das sinnlich Wahrgenommene zu halten versuchte und jegliche Abstraktion entschieden ablehnte, führte auf gesellschaftlich-politischem Gebiet notwendigerweise zu Opportunismus: »Wenn ohne Konfuzianismus schwer zu regieren ist, dann soll man mit seiner Hilfe regieren; wenn ohne Buddhismus nicht zurechtzukommen ist, dann soll man mit Hilfe des Buddhismus regieren – denn das ist dann jeweils der Weg der Gottheiten.«[38] Demgegenüber verwandelte sich bei Hirata Atsutane, welcher eine Rekonstruktion des Shintô-Weltbildes in Angriff nahm, der auf die Ebene der Norm gehobene »Weg« in einen nun wieder Konfuzianismus und Buddhismus, ja sogar das Christentum umschließenden Pan-Nipponismus.

Es zeigt sich auf jeden Fall, daß es eine starke Tradition der Ideenkritik gibt, welche auf die Kritik der Kokugaku am Konfuzianismus zurückgeht und etwa in folgenden Punkten zusammenzufassen wäre: erstens Widerwille und Verachtung gegenüber *aller* Ideologie; zweitens grundsätzliche Ablehnung jeder logisch-folgernden Interpretation der Wirklichkeit und der Versuch, sich dem Gegenstand »unmittelbar« zu nähern (das führt dazu, daß man, unzufrieden mit der Vielfalt der Erklärungen, die eigene intuitive Auslegung verabsolutiert); drittens wird nur die unmittelbar wahrnehmbare alltägliche Erfahrung als klare und bestimmte Welt anerkannt; viertens wird durch Bloßstellung der Pose des Gegners oder des Widerspruchs zwischen seinen Worten und Taten die Glaubwürdigkeit seiner Theorie erschüttert; fünftens wird jede Behauptung eines Vernünftigen (Normativen oder Gesetzmäßigen) in der Geschichte summarisch als Vergewaltigung der Realität durch künstliche »Formeln« angegriffen. Natürlich war diese Kritik der Kokugaku am Konfuzianismus teilweise legitim, und sie hatte auch ihre geschichtliche Bedeutung. Was hier aber besonders hervorgehoben werden muß, ist, daß solche Ideologiekritik wegen ihrer grundsätzlichen Ablehnung aller theoretisch-prinzipiellen

Überlegungen nicht von der sinnlichen Dimension zu abstrahieren vermochte. Ich glaube, die geistigen Quellen des bis heute andauernden Widerwillens der am Empfinden der »einfachen Leute« orientierten bzw. literarisch-ästhetischen Kritiker gegenüber der sozialwissenschaftlichen Denkweise lassen sich bereits hier erkennen. Während die Ideologiekritik des Marxismus von einem *festen* theoretischen bzw. politischen Standpunkt ausgeht, wird dieses Verfahren hier auf seltsame Weise auf den Kopf gestellt und als Ideologie-Entlarvung von einem a-theoretischen Standpunkt aus gegen die Marxisten gerichtet.

Der Konfuzianismus, der unter den traditionellen Denkrichtungen Japans das einzige naturrechtliche System darstellt, war bereits in der Edo-Zeit in den verschiedensten Formen der Herausforderung durch den historischen Relativismus ausgesetzt und büßte mit der Zerstörung des Feudalsystems rasch seine Gültigkeit als »belief system« (Sebastian de Grazia) ein. Gerade zu diesem Zeitpunkt nahm Japan die naturwissenschaftliche Evolutionstheorie der zweiten Hälfte des 19. Jahrhunderts in sein Denken auf (die Evolutionstheorie sollte später durch das Schema der dialektischen Entwicklung abgelöst werden). Dieser Umstand verursachte eine weitere Eigentümlichkeit in der Art und Weise der Bewertung von Ideen und wirkte als ein zusätzliches, die Bildung einer Denktradition behinderndes Element. In einer Kultur, in der alle die Dinge *sub specie aeternitatis* wertende Denkweisen – mag dieses »Ewige« nun als historisch-immanent oder als transzendent gedacht sein – so schwach entwickelt sind, stößt die Idee einer geschichtlichen Evolution nur auf geringen Widerstand und erobert erstaunlich schnell die geistige Landschaft. Allerdings wird »Evolution« dabei inhaltlich entleert und vulgarisiert: Evolution wird häufig als ein eindimensionaler Übergang von einer Entwicklungsstufe zur nächsten verstanden, und das Moment der geschichtlichen *Akkumulation* von Werten wird außer acht gelassen.

Weil das Vorbild für die von Japan seit der Meiji-Reform angestrebte Evolution natürlich das »fortgeschrittene« Europa war[*], sind bei der Bewertung von Ideen der Komplex gegenüber dem Westen und der gegenüber dem Fortschritt untrennbar miteinander verbunden. Stärke beziehungsweise Schwäche von Ideen werden deshalb häufig weniger von ihrer Bedeutung in der japanischen Realität her bestimmt als vielmehr anhand der zeitlichen Reihenfolge, in der sie in der europäischen Geschichte auftraten.

Ein solches Verständnis findet sich keineswegs nur bei Liberalen und Sozialisten, welche sich ja auf die »Idee des Fortschritts« berufen, sondern läßt sich auch nicht selten in der Art, wie das Gegenlager diese kritisiert, nachweisen. Üblicherweise nehmen auch die Argumente, mit denen die antiwestlichen, »nipponistischen« Nationalisten (kokusuishugisha) und Reaktionäre den »Progressismus« der Intellektuellen angreifen, gerne einen Umweg über die europäische Geisteswelt. Dabei hat die Behauptung, die Ideologie der fortschrittlichen Intelligenz sei *auch* in Europa (bzw. Amerika) schon veraltet, in Japan bereits »Tradition«. Bei Katô Hiroyuki[39], der im Namen der Evolutionstheorie die »Wahnidee« der angeborenen Menschenrechte (tenpu jinken) angriff, findet sich diese Argumentationsweise schon in schönster Vollkommenheit. Wichtig war für ihn dabei, daß die Evolutionstheorie nicht nur inhaltlich ein Schema der Evolution (»survival of the fittest«) bot, sondern auch, daß sie formal die neueste wissenschaftliche Theorie Europas war. Auch die Dialektik kam dieser Denkweise entgegen: Apologeten des Gegebenen wie »Realisten« benutzen sie, um zu beweisen, daß ihre »Philosophie« (oder das »Japanische Kaiserreich«) auf der Höhe der weltgeschichtlichen Entwicklung stehe. Als die Dialektik bei uns in Mode kam, sprach man bereits vom »Untergang des Abendlandes«. Da das weltgeschichtliche Schema diesmal nicht so einfach war wie bei der Evolutionstheorie, wurde sie unter Namen wie »*Synthese* westlicher und östlicher Kultur« oder »*Aufhebung* des Gegensatzes von Kapitalismus und Sozialismus« mit einer spezifisch japanischen Mission verbunden. Während die Evolutionstheorie die Wirklichkeit des Imperialismus mit dem wahrlich platten Gedanken vom Überleben des Stärkeren rationalisierte, besaß die »Dialektik« eine etwas moralischere Färbung, schon allein weil sie in einer Zeit hervorgeholt wurde, da sich die Widersprüche in der Realität verschärften. Beiden ist in ihrer Anwendungsweise jedoch gemeinsam, daß die verschiedenen Ideologien keiner Nachprüfung an der japanischen Wirklichkeit unterworfen werden, sondern daß man die historische Entfaltung von Ideen losgelöst von ihrem gesellschaftlichen Kontext zu schematisieren versucht. Ironischerweise verband sich hier »ultra-fortschrittliches« Denken mit der äußersten politischen Reaktion.

Schon 1901 schrieb Nakae Chômin:[40] »Wenn ich so spreche, dann antworten mir die heutigen ach so gescheiten Herren Politiker immer voller Überzeugung: Das ist ja die *abgedroschene*

Volksrechtstheorie von vor fünfzehn Jahren. Heutzutage, wo in den Ländern Europas der Imperialismus auf seinem Höhepunkt steht, *da* immer noch mit der Volksrechtstheorie zu kommen, heißt *nicht wissen, woher der Wind der Weltgeschichte bläst,* heißt, *eine aus der Mode gekommene Theorie vertreten!* [...] Aber mag die Volksrechtstheorie als Theorie auch abgedroschen sein, als Praxis ist sie neu und jung. Mag diese so klare Theorie, welche in den Ländern Europas und Amerikas seit Jahrzehnten, ja Jahrhunderten in die Praxis umgesetzt wird, in jenen Ländern schließlich auch an Kraft verloren haben, so wurde sie umgekehrt in unserem Land, nachdem sie gerade erst als Theorie im Volke zu keimen begonnen hatte, sogleich von den Führern der Feudalcliquen (hanbatsu genrô) und von eigennützigen Parteipolitikern niedergetreten. Da sie noch im Stadium der Theorie unterging, ist sie, mag sie als Wort auch noch so abgedroschen sein, als Praxis neu und jung. Wessen Schuld ist es wohl, daß sie als Praxis neu und jung, als Theorie aber abgedroschen ist?«[41] In der Tat hat sich auch nach Nakae Chômins Tod das von den Herrschenden »niedergetretene« und »noch im Stadium der Theorie untergegangene«, »als Wort überaus abgedroschene, als Praxis aber neue und junge« fortschrittliche Denken bis zur Kapitulation vom 15. August 1945 zu einem wahren Berg aufgetürmt (andererseits führte diese Unmöglichkeit, fortschrittliches Denken »in die Praxis umzusetzen«, auch zu der weiter unten zu behandelnden »Theoriegläubigkeit«). Dementsprechend brachte die »Befreiung« nach Kriegsende eine wahre Flut aller möglichen »abgedroschenen« progressiven Ideen, die bis dahin von den Dämmen des Tennôsystems zurückgehalten worden waren – von den Theorien der »Bewegung für Freiheit und Volksrechte« der Meiji-Zeit bis zum Kommunismus der Vorkriegszeit.

Aber auch heute noch kann man etwa von einem während des Krieges prominenten Vertreter einer »Philosophie der Weltgeschichte« hören: »Die neue japanische Verfassung legt zu wenig Gewicht auf die Pflichten des Einzelnen gegenüber Staat und Gesellschaft, während sie seine Rechte übermäßig schützt. Mit dieser einseitigen Betonung der Rechte ist sie in Wahrheit *ein Relikt aus der Zeit vor dem Aufkommen des sozialen Denkens* und steht mit ihren Forderungen noch ganz auf der Stufe der Französischen Revolution und der Verkündung der Menschenrechte. Daß sie eine neue Art von Rechten bringt, beweist schwerlich die Modernität und Fortschrittlichkeit der neuen Verfassung. *Auf der gegenwärtigen Entwicklungsstufe, d.h., nachdem wir die Stufe des sozialistischen Denkens durchlaufen haben,* welches im Namen der Wohlfahrt der ganzen Gesellschaft die liberale Überbewertung der Rechte des Individuums einschränkte und seine Pflichten betonte, sollte es heute die Aufgabe des fortschrittlichen weltanschaulichen Standpunktes sein, zu untersuchen, in welchem Mischungsverhältnis Rechte und Pflichten miteinander in Einklang gebracht werden können. So gesehen läßt sich sagen, daß die neue japanische Verfassung *in ihrer weltanschaulichen Grundhaltung ein auf der vorsozialistischen Entwicklungsstufe stehengebliebener Anachronismus* ist.«[42] Wenn mit solchen Worten das »anachronistische Geschrei« der Intellektuellen und der sozialistischen Parteien für die »Bewahrung dieser altmodischen Verfassung« verspottet wird, so erkennen wir darin ein seit Katô Hiroyuki übliches, nun aber wirklich abgedroschenes Kritikschema, welches sich hier noch mit der Theorie der Entwicklungsstufen in ihrer vulgarisierten Form verbindet.

  * *Exkurs:* Die »Evolution« (d.h. Verwestlichung) Japans und der soziale Aufstieg (risshin shusse) des einzelnen Japaners verliefen in mehrfacher Hinsicht parallel. Das Ziel der »Evolution« des Studenten aus der Provinz bestand darin, daß er nach Tôkyô, in den »Westen Japans« ging, um dort zur »Stufe« eines Ministers oder Generals aufzusteigen. Die Europäisierung bedeutete den sozialen Aufstieg (shusse) Japans in der internationalen Gesellschaft, und der soziale Aufstieg des einzelnen Japaners bedeutete seine »Europäisierung«. Beides fällt buchstäblich zusammen in der »Studienreise in den Westen« (yôkô). Wenn auf der einen Seite der Wertmaßstab für den »Fortschritt« Japans ausschließlich daran gewonnen wird, ob sich das Land vor oder nach der jeweiligen Entwicklungsstufe Europas befindet, so auf der anderen Seite der für eine »große Persönlichkeit« (erai hito) daran, wie hoch ihre Position in der Bürokratie ist. So wie der erstaunliche Fortschritt Japans als »Ausstieg aus Asien«[43] – oder besser: auf dem Rücken Asiens (während man eben dieses Asien wegen seiner »Stagnation« (teitaisei) verachtete) – vollzogen wurde, so bedeutete der »Aufstieg« des Einzelnen in die Elite den Austritt *aus* seinem »Dorf« (oft in der Form des Ausgewähltwerdens durch die Obrigkeit). Fukuzawa Yukichi nennt die Kehrseite dieses sozialen Aufstiegs, wenn er das Beispiel des Toyotomi Hideyoshi zitiert: »Es ist wie wenn jemand seine Felder in einer feuchten Niederung verläßt und in eine höher gelegene, trockene Gegend zieht: Es mag zwar für ihn selbst günstig sein, aber es ist etwas anderes, als *wenn*

41

er in jener feuchten Niederung Erde aufgeschüttet und sie in hoch gelegenes, trockenes Land verwandelt hätte. Deshalb bleibt die feuchte Niederung unverändert eine feuchte Niederung [...].«[44] Trotzdem: So wie die militärische und wirtschaftliche Entwicklung Japans eine Fakkel der Hoffnung und des Selbstvertrauens für die anderen asiatischen Völker darstellte, ebenso wurde auch der zum hohen Beamten Arrivierte zum Gegenstand des »Stolzes« für das nach wie vor arme Dorf, aus dem er gekommen war. Auch im Hinblick auf das schwierige Verhältnis zu ihrer Umgebung kann man also einen Vergleich zwischen dem in Asien erfolgreichen Japan und dem in Tôkyô arrivierten Beamten ziehen. Als schließlich die via »Europäisierung« vollzogene Evolution Japans ins Stocken geriet, verschlossen sich auch für den einzelnen die Kanäle des Aufstiegs, so daß sich die einstmals hoffnungsvollen Studenten auf der »sowjetrussischen« Linie oder der »Nôhon«-Linie[45] radikalisierten.

** *Exkurs:* Aber Komödie und Tragödie liegen auch in diesem Fall sehr nahe beieinander. Die internationale Staatengesellschaft befand sich in der zweiten Hälfte des 19. Jahrhunderts (welche für Japan die »Öffnung des Landes« brachte) sowohl hinsichtlich ihrer politisch-ökonomischen Tendenzen als auch in bezug auf ihre geistig-kulturelle Situation an einem Wendepunkt der europäischen Moderne. Tatsächlich traten um diese Zeit gleichzeitig eine ganze Reihe von bei den Zeitgenossen ein Krisengefühl hervorrufenden Symptomen in Erscheinung. Es konnte nicht ausbleiben, daß diese *Wirklichkeit* schon früh einen verwirrenden Einfluß auf das Verständnis der »Moderne« (kindai) in Japan ausübte – sowohl was deren Nachahmung als auch was ihre Ablehnung betraf. Insofern mußte notwendigerweise fast gleichzeitig mit der Forderung nach »Europäisierung« ein auf die »Überwindung der Moderne« (kindai no chôkoku) zielendes Denken aufkommen:

»Size alone does not constitute true greatness, and the enjoyment of luxury does not always result in refinement. The individuals who go to the making up of the great machine of so-called modern civilization become the slaves of mechanical habit and are ruthlessly dominated by the monster they have created. In spite of the vaunted freedom of the West, true individuality is destroyed in the competition for wealth, and happiness and contentment are sacrificed to an incessant craving for more. The West takes pride in its emancipation from medieval superstition, but what of that idolatrous worship of wealth that has taken its place? What sufferings and discontent lie hidden behind the gorgeous mask of the present?«[46] Diese Worte Okakura Tenshins sind wahrlich »prophetisch«: Wüßte man nicht den Namen des Verfassers, würde man sie ohne weiteres einem der Denker der »Krise des Geistes« von Ortega y Gasset über Valéry bis Toynbee zuschreiben.

Weiter ist zu berücksichtigen, daß das Denken von der »Zivilisierungsperiode« (bunmei kaika) der siebziger Jahre bis zur Bewegung für »Freiheit und Volksrechte« (jiyû minken) der achtziger Jahre des 19. Jahrhunderts – verglichen mit den folgenden Jahrzehnten, als der »kokusuishugi«, der die »nationale Eigenart« betonende Nationalismus, aufkam – in seinem Europaverständnis keineswegs so unbedarft und unkritisch war, wie es oft vereinfachend dargestellt wird. Verschiedene Autoren haben bereits hervorgehoben, daß man bei der Mehrheit der sich auf die Lehre von den angeborenen Menschenrechten berufenden Volksrechtstheoretiker eine weltanschauliche Diskrepanz feststellen kann: Während sie für die innere Situation Japans den Standpunkt eines naturrechtlichen Rationalismus vertraten, sahen sie in der internationalen Gesellschaft das Prinzip »Die Starken fressen die Schwachen« wirksam.[47] Bertrand Russell hat einmal das bittere Wort ausgesprochen, die Überlegenheit der europäischen Kultur über die chinesische beruhe nicht darauf, daß Dante, Shakespeare oder Goethe Konfuzius oder Lao-tse überlegen seien, sondern vielmehr auf der brutalen Tatsache, daß es im allgemeinen für einen Europäer leichter sei, einen Chinesen umzubringen, als umgekehrt. Die europäische Moderne beinhaltete *für Ostasien* ganz konkret die mit dem Imperialismus verbundenen Maschinen und Techniken. Im Falle Japans allerdings schließt sich an den »traditionellen« Komplex gegenüber der geistigen und kulturellen Tradition Chinas direkt derjenige gegenüber dem Westen an, was dazu führte, daß sich im Bewußtsein der Japaner das Problem des Gegensatzes zwischen Ost und West und das der Mission Japans als Vorreiter der »Moderne« in Ostasien überlagerten. Je mehr Japan in der Folgezeit eine imperialistische Entwicklung nahm, desto stärker entfaltete dieses doppelte Sendungsbewußtsein seine Funktion als »falsches Bewußtsein« und produzierte schließlich jene simple Vorstellung einer »Synthese« von Ost und West.

2

Als im Juni 1888 die Beratungen des Geheimen Staatsrates über den Entwurf der Reichsverfassung feierlich im Beisein des Tennô eröffnet wurden, erläuterte der Vorsitzende Itô Hirobumi sofort am ersten Tag, in welchem Geiste der vorgelegte Entwurf konzipiert worden war: »Die konstitutionelle Regierungsform läßt sich in der Geschichte der Länder Ostasiens nirgendwo nachweisen, d.h., ihre Einführung hier in Japan ist etwas völlig Neues. Deshalb läßt sich nicht absehen, ob ihre Verwirklichung zum Nutzen des Staates ausschlagen wird oder nicht. Nachdem wir jedoch bereits vor zwanzig Jahren die feudalistische Regierung abgeschafft und

Beziehungen zu verschiedenen Ländern aufgenommen haben, gibt es folglich, um den Fortschritt des Staates zu befördern, keine bessere Methode der Staatsführung. [...] In Europa findet sich in diesem Jahrhundert kein Land mehr, das kein konstitutionelles Regierungssystem hätte. Aber dieses System hat sich im Laufe der geschichtlichen Entwicklung herausgebildet, und seine Wurzeln liegen in allen Fällen in der fernen Vergangenheit. In unserem Lande ist es dagegen eine völlig neue Erscheinung. *Deshalb müssen wir vor der Abfassung der Verfassung zunächst nach der Achse unseres Landes fragen und festlegen, was diese Achse bilden soll.* Wenn man ohne eine solche Achse die Politik dem willkürlichen Räsonnement des Volkes überläßt, verliert das Regieren seine Ordnung, und der Staat geht in der Folge zugrunde. [...] Während der mehr als tausend Jahre seit den Anfängen der konstitutionellen Regierungsform in Europa hat sich nicht nur das Volk gründlich in dieses System eingeübt, *sondern da war auch eine Religion, die die Achse dieses Systems bildete,* eine Religion, die die Herzen der Menschen tief durchdrang und sie alle auf eines ausrichtete. *In unserem Land hingegen ist die Kraft der Religionen schwach, und keine von ihnen könnte als Achse des Staates dienen.* Der Buddhismus erfreute sich zu einer bestimmten Zeit höchster Blüte und vermochte die Herzen der Menschen aller Schichten zusammenzubinden, aber heute neigt er bereits dem Verfall zu. Der Shintô wiederum beruht zwar auf den von unseren Vorfahren hinterlassenen Lehren und führt diese weiter, als Religion aber besitzt er wenig Kraft, die Herzen der Menschen auf sich zu richten.«[48]

Itô eröffnete also die zentrale Phase der Aufbauarbeit, die Japan zu einem modernen Staat machen sollte, mit der eindeutigen Feststellung, daß die bisherigen, »traditionellen« Religionen Japans keine Tradition geschaffen haben, die als innere »Achse« des modernen Japan hätte dienen können. (Er erwähnt hier gar nicht den Konfuzianismus. Aber das erklärt sich daraus, daß der Konfuzianismus für Itô keine Religion war und daß sich außerdem das konfuzianische Denken – wie oben erwähnt – zu dieser Zeit als einheitliches Weltbild bereits aufgelöst hatte und nur noch als Katalog *einzelner* im Alltagsleben zu praktizierender Tugenden fortlebte – was sogar Motoda Eifu[49] zugab. Dieser zum Tugendkatalog reduzierte Konfuzianismus wurde bekanntlich über die »Erziehungskonzept«-Diskussion zwischen Motoda, Itô und Inoue Kowashi schließlich in den »Kaiserlichen Erziehungserlaß« von

1890 absorbiert.[50]) Der aus Vertretern der Feudalcliquen gebildeten Regierung, in deren Gedächtnis die Erinnerung an den kurz
zuvor geführten harten Kampf mit der Bewegung für Freiheit und
Volksrechte noch frisch war, dieser Regierung mußte ein konstitutionelles Regierungssystem ohne eine »Achse« zweifellos als etwas
Unvorstellbares und Schreckenerregendes erscheinen.

  Für Itô folgte daraus: »Das einzige, was in unserem Lande eine
Achse bilden kann, ist das Kaiserhaus. Wir haben deshalb in diesem Verfassungsentwurf diesem Punkt ganz besondere Aufmerksamkeit gewidmet und uns bemüht, die monarchische Gewalt zu
respektieren und möglichst wenig einzuschränken. [...] Wir haben
also in diesem Entwurf die monarchische Gewalt zur Achse gemacht und alles vermieden, wodurch sie verletzt werden könnte.
Deshalb haben wir uns erlaubt, dem europäischen Prinzip der
Gewaltenteilung nicht zu folgen. Dieser Entwurf hebt sich grundsätzlich ab von den Verfassungssystemen der meisten Länder
Europas, wo monarchische Gewalt und demokratische Gewalt zu-
sammenwirken. Derart sind die Grundsätze, nach denen wir diesen Entwurf geschaffen haben.«[51] Das war also die *absolute* Vorbedingung des »konstitutionellen Regierungssystems«. Die oben
erwähnte Kluft zwischen der Ordnung des staatlichen Lebens und
dem »ungeordneten« Einströmen europäischen Gedankenguts
(eine direkte Folge der Öffnung des Landes) wird hier schließlich
dadurch überbrückt, daß man den Kern der staatlichen Ordnung
selbst gleichzeitig zur geistigen Achse der Nation macht. Dem
neuen staatlichen System wird nicht nur die politische Garantie
mitgegeben, daß, »was immer in Zukunft geschehen mag, [...] die
Position des Staatsoberhauptes erhalten bleibt und die Souveränität unter keinen Umständen an das Volk übergeht«[52], sondern
auch noch die ungeheure Aufgabe übertragen, in Japan als geistiger *Ersatz* für das Christentum, das tausend Jahre lang die
»Achse« der europäischen Kultur gebildet hat, zu dienen. Die Frage nach der großen und verhängnisvollen Bedeutung, die dieser
Umstand für die »Moderne« Japans hatte, mag vielleicht manchem
als »abgedroschen« erscheinen, weil sie nach dem Krieg so oft gestellt worden ist; aber es läßt sich einfach nicht über das geistesgeschichtliche Grundmuster des modernen Japan sprechen, ohne
dieses Problem zu berühren.

  Ein scharfes Bewußtsein davon, welch magische Macht diese mit
dem Wort »kokutai« bezeichnete nichtreligiöse Religion besaß,

fehlt der Nachkriegsgeneration *bereits,* während es der älteren Generation, welche dieser »Magie« völlig verfallen war und welche *innerhalb* dieses magischen Rahmens die »Freiheit des Denkens« genoß, *von Anbeginn* abging. Jene »Magie« ist sicherlich nicht erst gegen Ende der zwanziger Jahre unvermittelt aus dem Untergrund herbeizitiert worden (damals, als der vielsagende Ausdruck »shisô mondai«[53] aufkam und die ganze japanische Öffentlichkeit erschütterte) – und keinesfalls erst mit dem Beginn des offenen Wahnsinns des japanischen Faschismus. Auch als der japanische Liberalismus bzw. die »Taishô-Demokratie« auf dem Höhepunkt ihrer Macht über die Köpfe der Intellektuellen waren, zeigte diese »Magie« in »Grenzsituationen« ihre schreckliche Bannkraft.

E. Lederer, der in den zwanziger Jahren eine Zeitlang an der Universität Tôkyô lehrte, berichtet in seinem Buch *Japan – Europa* (1929) von zwei Vorfällen, die ihm während seines Japan-Aufenthaltes einen Schock versetzt hätten. Der erste war der Attentatsversuch Nanba Taisukes auf den Kronprinzen im Jahre 1923 (der sogenannte »Toranomon-Zwischenfall«). Was Lederer dabei schockierte, war nicht die Handlung des Fanatikers als solche, sondern »das, was danach kam«: Das gesamte Kabinett tritt zurück, und alle »Verantwortlichen« vom obersten Polizeipräsidenten bis zu Polizisten, die mit der Sicherung der Straße betraut gewesen waren, werden entlassen – wobei der Verfasser betont, daß alle diese »Verantwortlichen« überhaupt nicht in der Lage gewesen wären, das Attentat zu verhindern. Damit nicht genug: Der Vater des Attentäters gibt umgehend sein Mandat als Parlamentsabgeordneter auf, errichtet vor seinem Haus eine Bambuspalisade und tut keinen Schritt mehr nach draußen; das Dorf, aus dem der Täter stammt, verzichtet in seiner Gesamtheit auf die Neujahrsfeiern und tritt in förmliche »Trauer« ein; der Rektor der Volksschule, die der Täter früher besucht hat, sowie der Lehrer, der mit seiner Klasse betraut gewesen war, treten als Bekenntnis ihrer Schuld, *ehemals* einen solchen Aufrührer erzogen zu haben, von ihren Ämtern zurück.[54] Diese grenzenlose Übernahme der Verantwortung und der gestaltlose Druck der Gesellschaft, die dieses Verhalten für selbstverständlich hielt, waren für den deutschen Professor offenbar sehr seltsame und befremdliche Phänomene. Der zweite Fall, den Lederer anführt, ist der Tod vieler Schuldirektoren – wohl bei dem großen Erdbeben in Tôkyô 1923 –, den diese bei dem Versuch fanden, das »ehrwürdige Bildnis«, d.h. die in jeder

Schule vorhandene Photographie des Tennô, aus den brennenden Gebäuden zu retten: »Aus progressiven Kreisen kam die Anregung, diese ›gefährlichen‹ Kaiserbilder aus den Schulen zu entfernen. – Eher etwa das Bild als den Schuldirektor verbrennen zu lassen, kam *nicht* in Frage.«[55] Das japanische Tennô-System war in seiner Machtausübung vielleicht nicht so erbarmungslos wie der Zarismus, aber in dem mit der Orthodoxen Kirche verbundenen zaristischen Rußland, ganz zu schweigen von den westeuropäischen Monarchien, wäre eine solche Form der gesellschaftlichen Verantwortung letztlich doch wohl nicht denkbar gewesen. Es geht hier nicht darum, welches System vorzuziehen ist. Was gesagt werden soll, ist nur, daß das hier verborgene Problem zweifellos mit dem »Geist« und der »Struktur« des *modernen* Japan zusammenhängt und keineswegs eine Ausnahme betrifft.

Der solcherart durch unbegrenzte Verantwortlichkeit der Untertanen gestützte »kokutai« steht ideologisch in der Nachfolge jener allumfassenden Umarmung, die wir seit dem »autochthonen Glauben« beobachten können. Da eine theoretische Fixierung des »kokutai« durch eine bestimmte »Lehre« oder »Definition« ihn automatisch ideologisch eingeschränkt und relativiert hätte, wurde eine solche Fixierung sorgfältig vermieden. Negativ, d.h. gegenüber den einmal als »*anti*-kokutai« klassifizierten äußeren und inneren Feinden, funktionierte er als ein sich klar abgrenzender, harter Machtapparat. Positiv jedoch stellte er sich als ein ausgedehntes, vielfach verhülltes Etwas dar, welches seinen Kern nur schwer offenbart. In dem bekannten ersten Paragraphen des »Gesetzes zur Aufrechterhaltung von Ruhe und Ordnung«[56] (»Wer versucht, den kokutai zu verändern …«) tauchte »kokutai« zum ersten Mal als juristischer Terminus auf; man mußte folglich wohl oder übel seinen »Kern« bestimmen.[*] Eine Entscheidung des Obersten Reichsgerichts vom 31. 5. 1929 definiert »kokutai« als die Staatsform, in der »der aus einer seit jeher ununterbrochenen Abstammungslinie stammende Tennô gnädigst selbst die Oberaufsicht über die Staatsgewalt ausübt«.[57] Sie zitiert also die Feststellung des ersten und vierten Paragraphen der Reichsverfassung von 1889 als »Definition«. Aber natürlich war der »kokutai« durch eine so prosaische Bestimmung nicht erschöpfend zu erfassen. In der »Evolution« vom »Entwurf eines Gesetzes zur *Kontrolle* radikaler sozialer *Bewegungen*« (1922) über das »Gesetz zur Aufrechterhaltung von *Ruhe und Ordnung*« (1925) und dessen Revisionen bis zum

»Gesetz über Schutz und Überwachung von *Weltanschauungs-tätern*«[58] gab der »kokutai« gegenüber dem Denken die Selbstbe-schränkung auf die Kontrolle äußerer *Handlungen* (hierin besteht ja das Wesen des Rechts im bürgerlichen Rechtsstaat) auf und ent-hüllte Schritt für Schritt seine unbeschränkt gleichschaltende Funktion als geistige »Achse«. Dies fiel weltgeschichtlich in eine Zeit, in der auch in anderen Ländern die Staatsgewalt den Dualis-mus von Innen und Außen, von privater Autonomie und staatli-chem Apparat (dies ist die Prämisse des modernen Liberalismus) überschritt und immer offener positive Loyalität gegenüber einer orthodoxen Ideologie zu fordern begann. Da der japanische »ko-kutai« ursprünglich weder etwas völlig Innerliches noch etwas völ-lig Äußerliches war, konnte er sich dieser »weltgeschichtlichen« Entwicklung reibungslos anschließen. Der japanische »Totalitaris-mus« war in der Art seiner politisch integrierenden Machtaus-übung eher von »umarmendem Charakter« (man vergleiche die Schaffung des »yokusan«-Systems[59] sowie die Form der Wirt-schaftskontrolle) und ausgesprochen ineffizient. Zumindest ideo-logisch hatte er aber eine Fähigkeit zur Gleichschaltung, die selbst Hitler vor Neid erblassen ließ. In Japan mußte man nicht erst einen »Mythos des zwanzigsten Jahrhunderts« neu schaffen; es ge-nügte, den vor zweitausend Jahren entstandenen Mythos zu mobi-lisieren. Auch hier zeigt sich beispielhaft die Verbindung *ultra*mo-derner und *vor*moderner Momente.

* *Exkurs:* Die auf die Kriegsniederlage folgende Annahme der »Potsda-mer Erklärung« zwang der herrschenden Schicht Japans zum zweiten Mal, und zwar unter überaus hoffnungslosen Umständen, eine uner-träglich genaue Definition des »kokutai« auf. Die Annahme durch die japanische Seite geschah mit der Einschränkung, daß darin »keine For-derung nach Änderung der höchsten Herrschergewalt des Tennô über den Staat impliziert ist«. Dies wurde von den Alliierten dahingehend beantwortet, daß »die Herrschaftsbefugnis des Tennô und der japani-schen Regierung dem Oberkommandierenden der Alliierten unterge-ordnet (subject to)« sei und daß außerdem die endgültige Herrschafts-form »durch den frei ausgedrückten Willen des Volkes« bestimmt werden solle. Die zuständigen japanischen Stellen machten qualvolle Verrenkungen bei der Übersetzung: »Wir haben uns erlaubt, ›subject to‹ frei mit ›Beschränkungen unterworfen‹ und ›the ultimate form of (the) government of Japan‹ mit ›die endgültige Form der *Regierung* Japans‹ zu übersetzen, und damit Ausdrücke wie ›politische Form‹ oder ›Herr-schaftsorganisation‹, die an den den Tennô einschließenden kokutai

48

denken lassen, vermieden.«[60] Trotzdem wurde die Frage, ob dies den Charakter des »kokutai« verändere oder nicht, auf der in Anwesenheit des Tennô abgehaltenen Sitzung des Ministerrats heftig diskutiert, was bekanntlich zu einer Verzögerung der Kapitulationsentscheidung führte. Erstaunlich ist hierbei weniger, daß für die herrschende Schicht noch auf dem Schafott die Bewahrung des »kokutai« die größte Sorge bildete, sondern daß sich in der Frage nach dem letztlichen Inhalt dessen, was für sie eine solch entscheidene Bedeutung hatte und auch faktisch so effektiv als »Prinzip« der politischen Integration des ganzen Volkes funktionierte, selbst in den höchsten Regierungskreisen des japanischen Kaiserreichs keine gemeinsame Auffassung fand, und die Diskussion schließlich durch eine sogenannte »heilige Entscheidung«, d.h. eine Entscheidung des Tennô zum Abschluß gebracht werden mußte. Darüber, ob diese »heilige Entscheidung« den »kokutai« wirklich unversehrt lasse, spaltete sich dann aber das Militär in Befürworter einer Annahme der kaiserlichen Entscheidung und die einer weiteren »Verteidigung des Götterlandes«. Die »kokutai«-Auffassung der letzteren bestand darin, daß »wirkliche Treue in einem großen Sinne darin liegt, das Prinzip des von den Ahnen des Tennô geschaffenen und überlieferten kokutai zu bewahren – auch indem wir zeitweilig dem Willen des Tennô Hirohito zuwiderhandeln«.[61] Eine solche Auffassung war keineswegs abwegig: Dies Moment ließ sich, wie Dr. Hiraizumi[62] u.a. längst »nachgewiesen« hatte, durchaus aus dem »kokutai« ableiten. In der undifferenzierten Vereinigung der Bindungen durch Autorität und Norm, durch subjektive Entscheidung und unpersönliche »Tradition«, innerhalb deren sich überhaupt keine Alternativen ergaben, lag eben das Geheimnis des »umschließenden« und »uneingeschränkten« Charakters der mit Familie (ie), Sippengruppe (dôzoku) und Dorfgemeinschaft (kyôtô shakai – so Itô Hirobumi) verbundenen Tennôsystem-Ideologie. Die Tragödie des Tennôsystems bestand darin, daß es nun, nach der Niederlage, nachdem seine vielfachen Hüllen entfernt worden waren, seinen letzten Kern definieren mußte. Hatte das Tennôsystem diese schwierige Situation erst einmal überstanden, »erinnerte« man sich auf einmal der »Tradition« von der »Fünf-Artikel-Eidescharta«[63] bis zur »Versammlung der acht Millionen Götter«.[64] Während noch kurz zuvor der »kokutai« Japans als der (auch für Deutschland und Italien ein unerreichbares Vorbild darstellende) *wahre* totale Staat propagiert worden war, behauptete man nun plötzlich, der »kokutai« bedeute *eigentlich* »Demokratie« und der Kaiserliche Weg der »Vier Weltgegenden unter einem Dach« bedeute *eigentlich* »universal brotherhood«.[65] Die oben beschriebene weltanschauliche Konversion des einzelnen Individuums, welche nach außen als plötzliche Mutation erscheint, tatsächlich aber subjektiv relativ problemlos vollzogen wird (da es sich nur um das räumliche Umarrangieren von »Traditionsstücken«, von vorher bereits vorhandenen »bekannten Größen« handelt), diese individuelle Konversion wurde hier in der durch die Niederlage verursachten »Konversion« des »kokutai« in denkbar größtem Maßstab wiederholt. Dieses Beispiel habe ich zitiert, um die ideologische Eigenart des »kokutai« zu verdeutlichen. Ob es eine echte Kontinuität des *Tennôsystems* mit der Vorkriegszeit gibt und ob dieses folglich die Möglichkeit besitzt, sich noch einmal zu seiner alten Position als Vereinigung von Macht und Seele aufzuschwingen – das ist eine andere Frage.

Die Aufgabe, die das Tennôsystem als geistige »Achse« des modernen Japan übernahm, erschöpfte sich nicht in der Indoktrination der »kokutai«-*Idee*. Als politische Struktur wie auch als Wirtschaft, Verkehr, Erziehung und Kultur einschließendes Gesellschaftssystem fehlte ihm natürlich nicht die organisatorische Seite. In eben diesem Bereich ist die Modernisierung so ins Auge fallend. Wer Japan dem westeuropäischen Gesellschaftstypus zurechnet, schenkt dieser »Europäisierung« der Institutionen besondere Aufmerksamkeit. Unleugbar ist gerade in diesem Punkt der entscheidende Unterschied zwischen Japan und den anderen Ländern Asiens zu sehen. Das Problem läßt sich aber wohl nicht mit der These erledigen, die Institutionen seien europäisiert worden, während im geistig-emotionalen Bereich japanische oder »traditionelle« Elemente fortbestanden hätten.[*] Es geht vielmehr um die Frage, wie der Geist *in* den Institutionen, der Geist, der die Institutionen *schafft*, mit der konkreten Wirkungsweise dieser Institutionen zusammenhängt und wie er die Institutionen selbst sowie die Einstellung der Menschen zu ihnen bestimmt; d.h., das Problem liegt sozusagen in der erkenntnistheoretischen Struktur des japanischen Staates. Von hier aus ergibt sich die Notwendigkeit, die Fragen, die ich im vorigen Kapitel im Zusammenhang mit »Tradition« und »Europäisierung« im Denken berührt habe, noch einmal – und zwar jetzt unter Einbeziehung der Dynamik des Tennôsystem-Staates – zu überdenken.

[*] *Exkurs:* Die Ansicht, daß sich nur auf weltanschaulichem und geistig-seelischem Gebiet nationale oder individuelle Eigentümlichkeiten feststellen ließen, wohingegen politische und ökonomische Institutionen »materiell« und folglich universal seien, es deshalb auch nur eine universale »Moderne« und einen universalen »Feudalismus« gebe, findet sich nicht nur unter Naturwissenschaftlern und »Materialisten«, sondern auch bei vielen Schriftstellern, die sich so gerne hinter »Individualität« und »Geist« verschanzen. Technik, Maschinen, Produktions*verhältnisse,* parlamentarische Institutionen: all das wird von diesen Leuten als

auf der gleichen Ebene materieller »Mechanismen« liegend betrachtet, und von deren Vorhandensein oder Nichtvorhandensein wird auf das Vorliegen einer Modernisierung im *universalen* Sinne geschlossen. Aber selbst wenn Maschinen als solche auf der ganzen Welt die gleichen sind: Institutionen, bei denen zwischenmenschliche Beziehungen ins Spiel kommen, weisen individuelle Differenzierungen je nach der sie umgebenden »culture« auf. So funktioniert z.B. ein in seiner juristischen Fixierung gleiches Wahl»system« je nach dem Wahlverhalten der Wähler nicht als ein und dieselbe politische Institution, wenn etwa im einen Fall die Stimmabgabe durch einstimmigen Beschluß der Dorfversammlung entschieden wird und im anderen Fall als *individuelle* Auswahlentscheidung erfolgt. Bei einem Verfassungssystem, das ja von Anfang an Momente einer politischen Ethik enthält, stellt sich das Problem seiner Gesamtstruktur einschließlich des Geistes *in* den Institutionen noch viel dringlicher.

3

Die enge Parallelität zwischen der Struktur der neuzeitlichen Erkenntnistheorie und der politischen Struktur des modernen Staates ist bereits von E. Cassirer, Carl Schmitt und anderen geistesgeschichtlich geklärt worden. Ein solcher Zusammenhang ist auch in den individuellen Organisationsformen zu beobachten, die ähnliche politische Ideen in verschiedenen Nationen annehmen. Wenn z.B. auf dem europäischen Festland der Rationalismus verknüpft ist mit der (politische Zentralisation – Schaffung einer rationalen Bürokratie – durch einen absoluten Monarchen voraussetzenden) Herausbildung des Rechtsstaates, so korrespondiert in England der Empirismus mit der auf der Basis lokaler Selbstverwaltung von den autonomen Gruppen kultivierten Tradition des »rule of law«. Im selben naturrechtlichen Denken des Konfuzianismus hatte im Falle Chinas das normative, vertragliche Moment verhältnismäßig große Bedeutung, während in Japan eher das der Autorität (»onjô« = Wohlwollen) und der Vergeltung erwiesenen Wohlwollens (»hôon«) bestimmend war. Dieser Unterschied ist nicht einfach ein solcher der gelehrten Interpretation, sondern ein solcher des »Geistes«, der das Innere des Feudalsystems (in Japan) bzw. der Patrimonialbürokratie (in China) durchdringt und deren reale Wirkungszusammenhänge konstituiert. Mit dem Umschlagen der dem staatlichen System der Edo-Zeit inhärenten Idee der Herrschaft für das Volk (minsei) – »das Reich ist das Reich des Reiches«[66] – in die autokratische Konzeption der Gleichheit aller Untertanen vor einem einzigen Monarchen (ikkun banmin) im Denken der kaisertreuen, ausländerfeindlichen Bewegung (sonnô jôi shisô) gegen Ende der Edo-Zeit – »das Reich ist das Reich eines Einzigen« – wurde die absolutistische Zentralisierung der kurz darauf einsetzenden »Meiji-Restauration« geistig vorbereitet. Dennoch litt der derart entstandene Meiji-Absolutismus von Anfang an unter seiner »pluralistischen« politischen Struktur – er war, wie Nakae Chômin es ausdrückte, »ein Monstrum mit einem Leib, aber vielen Köpfen«. Dies war zweifellos auch eine direkte Fortsetzung jener gesellschaftlichen Konstellation, in der sich die Koalition radikaler Hofadeliger mit den »neuen Beamten« aus den mächtigen Fürstentümern Südwest-Japans eben nicht bis zu einer einheitlichen Organisation entwickelte. Außerdem fällt es auch hier nicht schwer, den Zusammenhang mit einer geistigen »Tradition« zu erkennen, die Welterkenntnis nicht rational ordnet, sondern verschiedene »Wege« nebeneinander bestehen läßt.

Obgleich, oder vielmehr *weil* die Meiji-Verfassung durch die Betonung der Prärogative des Tennô charakterisiert war (Minobe Tatsukichi sprach von einer »wohl in kaum einem anderen Land zu findenden Konzentration der Regierungsgewalt auf den Monarchen«) und weil sie dem Kaiserhaus einen autonomen Rechtsstatus zubilligte, wurde mit ihr ein System geschaffen, in der der Staatswille sich nur durch die Vermittlung der *über*konstitutionellen Existenz der Genrô, Jûshin etc.[67] zu einem einheitlichen gestalten konnte. Auch hierin ist jenes Verhaltensmuster wirksam, welches die eindeutige Bestimmung des Entscheidungssubjektes (der Verantwortlichkeit) möglichst vermeidet und den vagen Handlungszusammenhang von »give and take« oder »leben und leben lassen« vorzieht. Die »Assistenz des Kaisers« (hohitsu) durch hohe Persönlichkeiten seiner Umgebung bedeutete letztlich nichts anderes, als den Willen des Tennô, der einzigen Legitimitätsquelle für die Herrschaft, zu *erahnen* und zugleich durch Ratschläge an den Tennô dessen Willen einen konkreten Inhalt zu *verleihen*. Die oben erwähnte Ethik der *grenzenlosen* Verantwortlichkeit schloß mit diesem Mechanismus die Möglichkeit ein, jederzeit in gigantische *Verantwortungslosigkeit* umzuschlagen.

Die Hauptanstrengung der Schöpfer des Tennôsystems galt der Aufgabe, einerseits unter allen Umständen die Möglichkeit auszuschließen, daß *innerhalb* dieser politischen Struktur überhaupt irgendein Entscheidungssubjekt hervortrat, und andererseits das Subjekt, das diese »große Maschinerie« (Itô Hirobumis Ausdruck) von außen in Bewegung setzt, unzweideutig zu bestimmen, ohne auch nur den geringsten Raum für eine Diskussion über die Verfassunggebende Gewalt (pouvoir constituant) zu lassen. Wenn die Meiji-Verfassung eine oktroyierte Verfassung sein mußte, so keineswegs nur in bezug auf ihren Entstehungsprozeß: Dies war gleichzeitig auch die unwandelbare Voraussetzung, die die Aktivität des um die monarchische Souveränität zentrierten Staatsapparates *für alle Zukunft* bestimmen sollte. In diesem »modernen« Staat war es von da an nicht mehr möglich, die *Frage* zu stellen, bei wem die verfassunggebende Gewalt zuallerletzt liege – sei es wissenschaftlich, sei es praktisch-politisch. Um die Bedeutung dieser Tatsache zu verdeutlichen, wollen wir hier noch einmal zu den Verfassungsberatungen zurückkehren und einen Blick auf eine dort ausgefochtene interessante Kontroverse zwischen Mori Arinori auf der einen, Itô Hirobumi und Inoue Kowashi auf der anderen Seite werfen.

Als man an die Beratung des zweiten Kapitels »Die Rechte und Pflichten der Untertanen« ging, erhob Mori plötzlich einen schwerwiegenden Einwand gegen den Text des Entwurfs: Der Ausdruck »Rechte und Pflichten« sei ungeeignet für die Aufnahme in die Verfassung, denn »Untertan« (shinmin) bedeute »subject«, und folglich besäßen die Untertanen dem Tennô gegenüber nur einen »Stand« (bungen) und »Verantwortlichkeit« (sekinin), jedoch keine Rechte; deshalb sei der Ausdruck überall in »Stand der Untertanen« (shinmin no bunsai)[68] umzuändern. Itô widersprach Mori sofort: »Die Ansicht von Herrn Mori bedeutet, Verfassungsrecht und Staatsrecht abzuschaffen. Der Gedanke, aus dem heraus man eine Verfassung schafft, ist ja gerade, erstens die Macht des Monarchen einzuschränken und zweitens die Rechte der Untertanen zu schützen. Nimmt man also die Rechte der Untertanen nicht in die Verfassung auf und legt nur ihre Verantwortlichkeit fest, so wäre es gar nicht nötig, eine Verfassung zu schaffen. Wenn die Untertanen unbegrenzt verantwortlich sind und der Monarch unbegrenzte Macht besitzt, so nennt man das despotische Monarchie. [...] Läßt man Rechte und Pflichten aus der Verfassung, dann vermag diese nicht Beschützerin des Volkes zu sein.« Angesichts dieser Äußerung sind wir geneigt, in Itô einen »fortschrittlichen« Politiker zu sehen. Wie »reaktionär« erscheint hier dagegen Mori, der seit seinem Vorschlag, das Tragen von Schwertern abzuschaffen[69], als Vertreter der Aufklärung innerhalb der Regierung angesehen wurde. Aber Mori hatte eine Begründung für seinen Standpunkt. Er antwortete Itô folgendermaßen: »Eigentumsrecht und Meinungsfreiheit der Untertanen sind etwas, was *das Volk* (jinmin) *von Natur aus* (tennen) *besitzt*. Sie werden im Rahmen der Gesetze geschützt oder auch eingeschränkt. Es ist deshalb wohl nicht richtig, diese Rechte so darzustellen, als ob sie mit dieser Verfassung überhaupt erst entstünden. [...] Ein System, in dem den Untertanen ihre von Natur aus zustehenden Rechte willkürlich genommen werden, in dem die Rechte des Monarchen einseitig betont und die Volksrechte nicht geschützt werden, nennt man Despotie. Da es überdies die Aufgabe des Kabinetts ist, für den Schutz der Rechte der Untertanen einzutreten, werden das Eigentumsrecht und die Meinungsfreiheit auch dann bewahrt sein, wenn der Ausdruck ›Rechte und Pflichten‹ hier gestrichen wird.« Diese Diskussion ging noch weiter, aber wir wollen sie hier abkürzen. Moris »Standes«-Theorie war zweifellos konfus und seine Niederlage gegenüber Itô unvermeidlich. Der hier verborgene Gegensatz ist jedoch komplizierter, als auf den ersten Blick sichtbar, und beinhaltet nicht geringe weltanschauliche Probleme.

Moris Auffassung steht dem Naturrechtsdenken von Hobbes bis Spinoza sehr nahe und gründet sich auf den Dualismus von öffentlichen Gewaltbeziehungen und unverletzlichen natürlichen Rechten des Einzelnen. Die Verfassung ist die »Ordnung« der ersteren, und deshalb möchte Mori die Besonderheit des »kokutai« konzentriert in die Verfassung einbringen. Das dem Menschen eigene Recht auf Freiheit aber wird als sozusagen *vorstaatliches* Recht verfochten, das weder in irgendeinem positiven Recht noch in irgendeinem System öffentlicher Gewalt enthalten ist. Hierin lebt das Denken des jungen Mori Arinori fort, der in seiner 1872 in Amerika in Englisch veröffentlichten Schrift *Religious Freedom in Japan* erklärt hatte, die innere Freiheit des Menschen könne von keiner politischen Macht verletzt werden. Auf der anderen Seite versuchte Itô, das Recht auf Freiheit *als ganzes* in der Verfassung zu verankern. Freiheit löst sich hier auf in die Freiheiten des positiven Rechts. Allein der Tennô als derjenige, der diese Verfassung gewährt, steht als absolut Freier außerhalb der von der Verfassung vorgegebenen Beziehungen von Rechten und Pflichten. Der gedankliche Gegensatz zwischen Mori und Itô war keineswegs nur eine Angelegenheit scholastischer Interpretation. Der problematische Punkt von Moris Dualismus liegt hierbei darin, daß Mori keine Antwort gibt auf die Frage, wer *in letzter Instanz* die Grenze zwischen dem Recht des Monarchen und dem des Volkes bestimmt, d.h., wer im *Ernstfall* entscheidet: der Monarch oder das Volk. Hierin bestand ja gerade die historische Bedeutung der Lehre vom Gesellschaftsvertrag mit ihrer Begründung der Volkssouveränität. Sofern man sich für das Prinzip der oktroyierten Verfassung und der monarchischen Souveränität entschied, war Itôs Argumentation deshalb zweifellos konsequenter als die Moris, bei dem die Frage nach dem letztlichen Recht der Verfassungsgebung im unklaren blieb.

Für die von dieser Verfassung »geschützte« Freiheit des Gewissens und des Denkens gab es, solange der »kokutai« seine Funktion als ungehindert in die Innerlichkeit der Individuen eindringender und »schützend beobachtender« *Geist* behielt, zwar die Frage ihres realen Spielraums (ihrer Grenzen), letzten Endes aber keine prinzipielle Garantie. Demgegenüber ist Moris Dualismus, der dem *rechtlich* absoluten Charakter der monarchischen Gewalt den *faktisch* absoluten Charakter der Bürgerrechte gegenüberstellt, schon allein weil er realistischer ist, weniger ideologisch verschleiernd. Diese dualistische Auffassung stellte sozusagen die eine Seite der *gleichen* Münze dar, deren andere Seite wir in der Denkweise der Volksrechte-Aktivisten der siebziger und achtziger Jahre vor uns haben, welche sich mehr auf den Kampf für die Erlangung des Stimmrechts konzentrierten als auf den für die Autonomie der privaten Sphäre, d.h. für die Schaffung moderner zwischenmenschlicher Beziehungen an der gesellschaftlichen *Basis* – so wie es damals in dem bekannten Lied ausgedrückt wurde: »Mögen wir bürgerlich unfrei sein, wenn wir nur politisch frei sind.«[70] Was aber Mori und auch den meisten Befürwortern des Volksrechte-Gedankens (natürlich auch Itô) gleichermaßen fehlte, war das Bewußtsein, daß das Volk, gerade um seine privat-alltägliche Freiheit vor Eingriffen der Staatsgewalt zu schützen, das Entscheidungsrecht über die Legitimität des *gesamten* Machtsystems fest in seinen eigenen Händen halten muß.

Die Denkweise, die Verfassung und andere juristisch-politische Institutionen getrennt von der Frage des diese Institutionen *schaffenden* Subjekts, d.h. als *etwas Fertiges* betrachtet, ist eng verbunden mit einer Auffassung, die Denken und Theorie ihrerseits als fertige Dinge behandelt. Ein Blick auf Europa wird die Problematik des japanischen Falles schärfer hervortreten lassen: Im neuzeitlichen Europa wurde der Gedanke der planmäßigen Erschaffung der Weltordnung durch einen einzigen absoluten Gott säkularisiert und bereitete so im Inneren der Menschen den Weg vor zur Schaffung eines Systems des formalen Rechts, einer rational organisierten Bürokratie und eines einheitlichen Währungssystems durch den absoluten Monarchen als das freie Subjekt der Verantwortung. Die gedankliche Vermittlung leistete dabei niemand anderes als Descartes, der den Geist von der Materie trennte und nach dem Prinzip des »cogito« die Konstruktion der Erfahrungswelt durch das Erkenntnissubjekt (den Verstand) unternahm. Die historische Leistung des absoluten Monarchen bestand darin, die durch das mittelalterliche Naturrecht (nach ihm war die Natur der Übernatur untergeordnet, wobei die einzelnen Teile der Naturordnung, jeder den Glanz der göttlichen Gnade empfangend, zusammen einen hierarchisch geordneten Organismus bildeten) gesicherten autonomen Privilegien der feudalen Stände, der Kirche, des Adels, der Gilden etc. aufzulösen und diese zu gleichermaßen einer einheitlichen Souveränität unterworfenen »Staatsangehörigen« zu machen. Durch diese historische Leistung wurde einerseits der Logos der Staatsgewalt zu seinem Selbstbewußtsein gebracht (das Bewußtsein der Staatsraison), andererseits wurden größte menschliche Energien aus den Fesseln des kirchlichen Naturrechts befreit. Die rationale Organisation einer kraftvollen Staatsordnung mit diesen beiden Momenten quasi als Sprungfeder schuf – mochte sie auch aus der geschichtlichen Bedingtheit der absoluten Monarchie resultierende Inkonsequenzen in sich tragen – jedenfalls die Grundlage für die Herausbildung des modernen Staates. Überaus wichtig war in diesem Zusammenhang allerdings der folgende Punkt, auf den E. Troeltsch hingewiesen hat: Es handelte sich dabei um einen Staat, »der im Kampf mit der Kirche eine besonders scharfe und helle Bewußtheit um seine weltliche Machtnatur empfing und der dabei doch zugleich die Empfindung hat, daß er *die Fülle des Lebens nicht bewältigen kann und darf*«.[71] Das Bewußtsein von den Institutionen als »fiction« war gleichzeitig auch Bewußtsein der scharfen Spaltung und Spannung zwischen »fiction« und Lebenswirklichkeit. Seit der Aufbau der europäischen Moderne zum Abschluß gekommen ist und die verschienen Institutionen sozusagen automatisch zu funktionieren begonnen haben, wurde dieses Bewußtsein langsam schwächer, womit sich die durch die Fetischisierung der Institutionen gekennzeichnete »Krise der Moderne« ankündigte. Trotzdem ist dieses Spannungsbewußtsein auch heute noch nicht völlig aus der europäischen Denkweise verschwunden – dank der Tradition eines absoluten, transzendenten Gottes einerseits und dank des Geistes der freien und fortlaufenden Vergesellschaftung (via »voluntary association«) des Bürgers andererseits. Die politische Theorie des modernen Staates, wie sie von Hobbes über Locke bis Rousseau ausgebildet wurde, entwickelte sich parallel zur neuzeitlichen Erkenntnistheorie und hat, trotz großer Unterschiede zwischen den einzelnen Denkern, immer an der Konzeption einer Organisation der Erfahrungswelt durch subjektives Tun festgehalten, um schließlich die Rolle des Monarchen als des höchsten schaffenden Subjekts in die Rolle des bürgerlichen Subjekts an der Basis der Gesellschaft umzukehren. In diesem Prozeß verdichtete sich die Vorstellung vom Staat als »fiction« schließlich zur Lehre vom Gesellschaftsvertrag, wobei das Bewußtsein von der Kluft zwischen den Institutionen und der »Fülle des Lebens« bewahrt blieb. Das dualistische Spannungsverhältnis zwischen den beiden Seiten wurde theoretisch als Beziehung zwischen »Naturzustand« und Staatszustand gefaßt – allerdings bei verschiedenen Denkern in jeweils verschiedener Art und Weise. Auch nachdem die Lehre vom Gesellschaftsvertrag als »wissenschaftliche Theorie« ihre Kraft eingebüßt hatte, blieb ein wacher Sinn dafür erhalten, daß die überkommene Wirklichkeit der politischen Welt, welche charakterisiert wird durch »a vast multitude owing allegiance to a comparatively small number of men«, ein »striking phenomenon« darstellt.[72] Diese Wahrnehmung bildet, gestützt durch das eben beschriebene Bewußtsein der Spannung, eine Tradition der bürgerlichen Gesellschaft und eine Quelle des *ständigen* Infragestellens der Legitimationsbasis der Staatsmacht.

Es ist bekannt, daß die Bildung eines Einheitsstaates und die gewaltsame Durchführung der ursprünglichen Akkumulation des Kapitals in Japan – welche erfolgten, um dem internationalen Druck zu begegnen und Japan zu einem »den anderen Ländern nicht nachstehenden Land« (Meiji Tennô) zu machen – mit unerhörter Geschwindigkeit vorangetrieben wurden und eine rastlose Modernisierung (Durchsetzung bürokratischer Herrschaft bis ins letzte Dorf und Durchführung der um die Leichtindustrie und eine riesige Rüstungsindustrie zentrierten industriellen Revolution) nach sich zogen. Eines der gesellschaftlichen Geheimnisse dieser Entwicklung war der geringe Widerstand, den die auf autonome Privilegien gegründeten feudal-ständischen Zwischengewalten zu leisten in der Lage waren. Auch an der geschichtlichen Ironie, daß die Meiji-Regierung vor der Eröffnung des Reichstages ein Adelssystem erst neu *schaffen* mußte (ein künstlich geschaffenes Adelssystem ist eine contradictio in adjecto), läßt sich ablesen, wie schwach in Japan von Anfang an die Hindernisse waren, die die Gesellschaft der Staatsmacht entgegenzusetzen hatte – anders als in Europa, wo eine zähe Adelstradition als Träger gesellschaftlicher Ehre fungierte und wo es selbstverwaltende Städte, privilegierte Gilden und Rechtsautonomie (historisch verschiedenartig realisiert) genießende Klöster gab. Das war der Grund, weshalb in Japan so ausgesprochen schnell soziale Mobilität in der Form des obenerwähnten Karrieremachens und Emporkommens (risshin shusse) entstehen konnte. In Politik, Wirtschaft und Kultur, auf allen möglichen Gebieten ist das moderne Japan eine Gesellschaft von Emporkömmlingen (die herrschende Schicht selbst besteht zum größten Teil aus Emporkömmlingen). Auch das Phänomen der »Vermassung« ohne gleichzeitige Demokratisierung machte sich im Gefolge des allgemeinen technologischen Fortschritts verhältnismäßig früh bemerkbar.

Jedenfalls hat sich die institutionelle »Modernisierung« (für welche die Revision der »ungleichen Verträge« mit den westlichen Staaten[73] ein wichtiges Motiv bildete) auf allen gesellschaftlichen Gebieten, angefangen mit dem Staatsapparat, fast wie in einem Vakuum entfalten können, eben weil die gesellschaftlichen Widerstände so schwach waren. Allerdings: Ähnlich, wie die absolutistische Zentralisierung im Widerspruch zu ihrem Organisationsprinzip auf der obersten Ebene jenes »vielköpfige Monstrum« hervorbrachte, machte auch die soziale Nivellierung auf der untersten Ebene vor der Dorfgemeinschaft halt. Man kann sogar sagen, daß jene zügige »Modernisierung« im Zwischenraum zwischen diesen beiden Polen institutionell wie ideologisch erst durch das Fortbestehen und die Ausnutzung der »vormodernen« Elemente auf der höchsten und auf der niedrigsten Ebene ermöglicht wurde. Die Verknüpfung der intakt belassenen gemeinschaftlichen Struktur der untersten Ebene mit dem bürokratischen Apparat des Tennôsystems wurde *juristisch* ermöglicht durch die von Yamagata Aritomo[74] betriebene Einrichtung der lokalen »Selbstverwaltung«; *gesellschaftlich* vermittelt wurde sie durch die auf die Dorfgemeinschaft gegründete Herrschaft der Grundbesitzer-Honoratioren; auf der Ebene des *Bewußtseins* schließlich war es die Idee des sogenannten »Familienstaates«, die die ideologische Überhöhung dieser Verbindung besorgte.

Die auf Sippenbanden (die natürlich teilweise fiktiv sind), gemeinsamen religiösen Kulten sowie den »alten Sitten des nachbarlichen Schutzes und der gegenseitigen Hilfe« gegründete Dorfgemeinschaft ist ein gemüthaft-unmittelbarer Zusammenschluß, welcher innerhalb seines Wirkungsbereiches keine Verselbständigung der Individuen erlaubt und sowohl der Bestimmung des Entscheidungssubjekts als auch der offenen Interessenauseinandersetzung ausweicht. Sie ist außerdem die Traditionsquelle des »autochthonen Glaubens«, des sog. Shintô, und stellt eine natürliche Einheit dar von Macht (besonders in der Kontrolle über das »iriai«[75] und über die Wassernutzung wirksam) und Wohlwollen (onjô: in der »oyabun-kobun«-Beziehung). In all diesen Punkten war die Dorfgemeinschaft das »Muster« für die traditionalen zwischenmenschlichen Beziehungen, war die »Grundzelle« des »kokutai«. Wie beim »kokutai« auf der höchsten Ebene sind auch in der Dorfgemeinschaft der ultramoderne »Totalitarismus«, die »Demokratie« der persönlichen Aussprache, der »Pazifismus« des harmonischen Zusammenlebens, überhaupt alle Ideologien *von Anfang an* mit eingeschlossen, wodurch sich die Dorfgemeinschaft als von den Fesseln jedweder »abstrakten Theorie« freier, in die Welt des »Einsseins« (ichinyo) eingebetteter Ort darstellt.[*] Folglich war die herrschende Schicht von der Meiji-Zeit bis 1945 konsequent darum bemüht, ähnlich wie beim »kokutai« auf der obersten Ebene, auch in der »sich selbst verwaltenden Kommune« (wo – wie Yamagata Aritomo es ausdrückte – »Frühlingswind und Eintracht die Kinder und Enkel aufziehen«) das Eindringen jener Faktoren, die die mit der »Modernisierung« aufkommenden, durch Spaltungen und Antagonismen gekennzeichneten politischen Verhältnisse produzierten, mit allen Mitteln abzuwehren.

[*] *Exkurs:* Man vergleiche etwa, was ein in den dreißiger Jahren vom Marxismus Konvertierter über die japanische Familie schreibt: »Eine solche Familie ist ein einziger Körper mit dem Familienoberhaupt als Mittelpunkt. Hier gibt es keinen Privatbesitz, sondern nur: gemeinsam arbei-

ten, gemeinsam besitzen. Wo die Oberen der Familie geehrt werden, haben die Oberen für die Unteren zu sorgen. Derjenige, der im Mittelpunkt der Familie steht, hat sich abzumühen, um die Kinder aufzuziehen. Ist in der Familie jemand krank, so wird niemand murren, wenn der Kranke mehr verbraucht als jeder andere. [...] Hier herrscht nicht die Theorie, sondern die Wirklichkeit. Ist diese besondere Eigenschaft des Familismus (kazokushugi) nicht das, was wir heute – unter Verzicht auf die leer gewordenen feudalistischen Äußerlichkeiten – in erneuerter Form fortführen sollten? Die Gesellschaft, von der die Kommunisten träumen, *existiert direkt neben uns.*«[76]

Die Entwicklungsdynamik des modernen japanischen Staates ergibt sich nun aus dem endlosen Wechsel zwischen zwei einander entgegengesetzten Prozessen: auf der einen Seite die vom Zentrum ausgehende, sich in die Provinz und die unteren Sozialschichten fortsetzende, »absteigende« Modernisierung (bei der die *rationale* Bürokratisierung nicht nur zum Organisationsprinzip der staatlichen Bürokratie, sondern auch der Betriebe und anderer funktionaler Gruppen wird); und auf der anderen Seite die am oben beschriebenen Modell »Dorf« (mura) oder »Dorfgemeinde« (kyôtô shakai) orientierten interpersonalen Beziehungen und Sanktionsformen (nicht »Zuckerbrot und Peitsche« wie bei Bismarck, sondern »Schlagen *unter* Tränen, Peitschen *aus* Liebe«[77]), welche, von der untersten Ebene aufsteigend, sich im Inneren aller staatlichen Strukturen und sozialen Organisationen ausbreiten. So läßt sich, allgemein gesehen, in allen Arten von Organisationen und Gruppen und auf allen gesellschaftlichen Ebenen eine Verbindung der zwei Momente feststellen: der für die moderne Gesellschaft unerläßlichen funktionalen Rationalisierung (Errichtung einer hierauf gegründeten Amtshierarchie) und der patriarchalischen oder durch Cliquenzugehörigkeit (batsu) und »persönliche Rücksichten« (jôjitsu) bestimmten zwischenmenschlichen Beziehungen. Auf erkenntnistheoretischer Ebene äußert sich dies als Koexistenz des Anspruchs, unpersönlich-rational zu denken, mit dem Festhalten an Intuition und Herkommen (shikitari). Auf der Ebene des gesellschaftlichen Funktionsstils folgt daraus die Tendenz, »leadership« nicht konzentriert zusammenzufassen, sich aber gleichzeitig in die verschiedensten Belange einzumischen (um Fukuzawa Yukichis auf die Meiji-Regierung gemünzte Worte zu gebrauchen: »wie eine alte Tante, die sich um alles und jedes kümmert«). Wichtig ist hierbei, daß die reibungslose Reproduktion der Tennôsystem-*Gesellschaft* nur dadurch ermöglicht wurde, daß diese beiden Momente in einem ausbalancierten Verhältnis gegenseitiger Abhängigkeit koexistierten und nicht eines das Übergewicht bekam (natürlich gab es mit der sich verändernden Zeitsituation und je nach dem Charakter der betreffenden Organisation verschiedene Gewichtungen).*

* *Exkurs:* So überwog, relativ gesehen, im zentralen bürokratischen Apparat und in den Großunternehmen de facto oder wenigstens als Anspruch das Moment der formalen Rationalität, während, je mehr man sich den funktionalen Gruppen der untersten Ebene nähert, die gemeinschaftsorientierten Ordnungsregeln *auch als Prinzip* betont wurden. So definiert etwa ein Fachmann für Agrarpolitik die bäuerliche Kleingenossenschaft (ko-kumiai) folgendermaßen: »Unter einer bäuerlichen Kleingenossenschaft verstehen wir eine Dorfschaft, die, gestützt auf die dem Dorf innewohnende traditionelle Kohäsionskraft des nicht-warenwirtschaftlichen natürlichen Dorfes, ihre diversen Aktivitäten entfaltet.«[78] Hier deckt sich also die bäuerliche Kleingenossenschaft mit dem Dorf *als solchem.* Nimmt man andererseits die höchste Spitze eines Großunternehmens, so haben auch dort die sippenmäßigen, patrimonialen Einstellungen und Strukturen das Übergewicht: Die japanischen Zaibatsu, in denen verschiedene Wirtschaftszweige wie Banken, Industriebetriebe und Handelsunternehmungen jeweils unter einem als Holdinggesellschaft auftretenden »Haupthaus« (sô-honke) vereint waren, wobei eine Trennung zwischen Legitimität und Betriebsmacht erhalten blieb, stellen in ihrer Struktur jeweils kleine Tennôsystem-Staaten dar.

Die Herrschaftstechnik bestand hier nun darin, dieses prekäre Gleichgewicht, welches im Zuge der Modernisierung zunehmend bedroht war, durch die Indoktrination der »kokutai«-Erziehung von oben und durch Absorption der »gemeinschaftlichen« Gefühle von unten ständig neu auszutarieren. Eben weil dies bis zum Schluß trotz mancher Gefährdungen gelang, waren sowohl die Kommunistische Partei, die diesen Zusammenhang konsequent von dem ihm zugrundeliegenden Mechanismus aus entlarvte, als auch die rechten Nationalisten, die ihn rein als ein System des *Gemüts* aufzufassen versuchten, dazu verurteilt, an den politischen »Rand« des japanischen Kaiserreichs abgedrängt zu werden: als vom üblichen »reifen« Denken abweichend, als »radikal« (wenn wir hier einmal von anderen gesellschaftlichen und politischen Bedingungen absehen).

Solange jedoch die mit der Meiji-Restauration begonnene Modernisierung sich in der Form von Importen der in Europa geschaffe-

nen »Institutionen« in Politik, Wirtschaft, Erziehung etc. sowie
deren fortlaufender »Reform« vollzog, solange mußte das japanische Kaiserreich – welches angesichts des beschriebenen prekären
Gleichgewichtes weder letzte Konsequenz im Aufbau rational
organisierter Apparate anstreben konnte, noch sich allein auf die
»natürlichen Gefühle« (ninjô shizen) zu stützen vermochte – sich
sozusagen ständig in seinem Bestand gefährdet fühlen. Dieser Widerspruch veranlaßte auf der einen Seite die Ideologen der herrschenden Schicht zu ihren unablässigen Sorgen und Warnungen,
die Schaffung von Institutionen zerstöre die »schlichten Sitten und
schönen Bräuche« (Hozumi Yatsuka: »Mit dem Zivilgesetzbuch
gehen Loyalität und Pietät zugrunde«[79])[*], während auf der anderen
Seite immer wieder von »Unten« her Klage geführt wurde, die Be-
amtenherrschaft (die mit der Herrschaft des Rechts gleichgesetzt
wurde) »neige zu Formalismus« und verkenne »die Wirklichkeit
der Provinz«. Hier lagen auch die sozialen Ursprünge des gegen
die zentrale Verwaltung in Tôkyô gerichteten Antibürokratismus,
welcher – beginnend mit der Genyôsha[80] und der Dai nihon seisan
tô[81] – von den eine japanische »cavalleria rusticana« repräsentierenden nationalistischen Gruppen und den in Hautkontakt mit
der »Wirklichkeit« der Dörfer stehenden mittleren und kleinen
Grundbesitzern artikuliert wurde.[**] Die hier angelegten Widersprüche sind überaus komplex.

Insofern nämlich, erstens, diese »Wirklichkeit« in den gemeinschaftsorientierten Sitten und Gebräuchen verwurzelt war, war sie
von Natur aus unvereinbar mit *jeglicher* Rationalisierung und Abstraktion. Folglich war jede moderne Institution *von Natur aus*
nicht in Einklang zu bringen mit dieser »Wirklichkeit«. Da, zweitens, die »Institutionen« häufig sozusagen als Fertigwaren und zudem für jeden Bereich getrennt eingeführt wurden, also ohne den
Prozeß der Institution*alisierung* (die Verbindung von auf das Ganze gerichteter Planmäßigkeit und konkrete Sachverhalte erfassen-
der Untersuchung) durchlaufen zu haben, in Kraft gesetzt wurden, wiederholte sich hier immer wieder jener circulus vitiosus in
den Beziehungen von Institutionen und Wirklichkeit. Die »Ver-
besserung« dieser Institutionen erschöpfte sich in bürokratischen
Organisationsexperimenten, die schließlich im Leerlauf der Amts-
stuben endeten. Drittens haben die modernen Institutionen und
Handlungsregeln ursprünglich eine unbegrenzte Vielfalt der gesellschaftlichen Realität *zur Voraussetzung*, welche zu normieren

und zu ordnen ja ihre Aufgabe ist. Dabei sollte die Uniformität der Regeln mit dem Bewußtsein ihrer »Grenzen« verbunden sein (vgl. das obige Zitat von Troeltsch). Da im modernen Japan hingegen der gesellschaftliche Mechanismus durch eine unvermittelte Einheit von Macht und Wohlwollen (onjô) in Gang gehalten wird, haben die Regeln die Tendenz, unbegrenzt ins Alltagsleben einzudringen und dieses zu disziplinieren, wobei sie allerdings auch nicht (da eingeschränkt und verzerrt durch »persönliche Umstände«) ihre Funktion als unparteiischer Maßstab zu erfüllen vermögen. So erscheint die *schwer faßbar*, aber nichtsdestoweniger lastend auf dem Privatleben liegende bürokratische Herrschaft oder der Druck der Organisationen (einschließlich des von unten aufgestiegenen patriarchalischen Geistes, der, inzwischen mit der instrumentellen Rationalität gleichsam »geölt«, wieder nach unten entsandt wird) von der Wirklichkeitserfahrung der traditionellen japanischen Gefühlslage aus gesehen als die notwendige Folge moderner Institutionen und Organisationen *überhaupt*.*** So wird schließlich die »gemeinschaftliche« Gefühlslage der in sich geschlossenen Familie und des in sich geschlossenen Dorfes – und das Heimweh danach – durch das verwirrende Durcheinander der Riesenstädte (dies Ausdruck der Plan*losigkeit!*) immer weiter stimuliert und bildet den basso continuo für die in verschiedenen Melodien angestimmte »Überwindung der Moderne«.[82]

* *Exkurs:* Da diese »schlichten Sitten und schönen Bräuche« nur eine – medizinisch gesprochen – negative Tuberkulinreaktion auf die Modernisierung darstellen, sieht man die »Gesundheit« des Dorfes bedroht durch all die verschiedenen wirtschaftlichen und politischen Reaktionen auf die Krise der Landwirtschaft – als da sind: die Tendenz, daß die einzelnen Bauern, die gemeinschaftliche Ordnung überspringend, »direkt« in die Zirkulationssphäre von Kauf und Verkauf vorstoßen; die Loslösung der Bauern vom Land des Grundbesitzers; unabhängige Initiativen von Jugendlichen und Frauen; Veränderungen im Wahlverhalten – sowie ganz allgemein die Verstädterung (die sich um so heftiger vollzieht, als es keine Immunität dagegen gibt). Ja, selbst die dem ursprünglichen dörflichen Verhaltensmuster immanenten passiven Züge werden als Ergebnis des – wieder medizinisch gesprochen – Eindringens der Tuberkelbazillen in den Körper betrachtet: So wurde etwa die sogar in vielen Dörfern Nordost-Japans zu beobachtende Tendenz, sich der Einberufung zur Armee zu entziehen, in Berichten von Regimentsbezirkskommandeuren auf den »Einfluß von Liberalismus und Individualismus«[83] zurückgeführt.

** *Exkurs:* Dieses gegen die Bürokratie gerichtete Unbehagen muß sich nicht unbedingt nur als Antagonismus von Zentrale/Bürokratie und Provinz/Dorf äußern. Solange der Geist *in* den Institutionen, wie oben beschrieben, eine Kombination formaler Rationalität und patriarchalischer Gefühlslage war, wurde dieses Unbehagen z. B. auch als Klage von seiten der »Institution« Unternehmen über die »progressiven« Bürokraten ständig reproduziert. Seit Shibusawa Eiichi[84] 1896 seine Kritik am Fabrikgesetzentwurf vorbrachte (»Wir sind absolut dagegen, daß hier, *bloß auf ein einseitiges Prinzip gestützt, eine mechanische Kopie des europäischen Modells geschaffen wird«,*[85] hat der konsequente Widerstand der Bourgeoisie gegen die gesetzliche Regelung der Beschäftigungsverhältnisse – vom Entwurf des Gewerkschaftsgesetzes (1925) bis zum Entwurf des Gesetzes über die Abfindung bei Dienstaustritt (1936) sich gern hinter den »schlichten Sitten und schönen Bräuchen« *in den Beziehungen zwischen Arbeit und Kapital* verschanzt. Hier findet die Reibung also zwischen »moderner« Verwaltung und »modernen« Unternehmen statt.

*** *Exkurs:* Die zwischenmenschlichen Beziehungen der Dorfgemeinschaft sind sozusagen der »Naturzustand« der japanischen Gesellschaft, und in diesem Sinne finden sich hier auch modellhaft die japanischen Formen des »Widerstands« gegen Modernisierung und Bürokratisierung von oben (Staatszustand). Insofern dieser »Widerstand« jedoch von Natur aus nichts mit einem von unmittelbarer Wirklichkeitserfahrung abstrahierenden, normativen Bewußtsein zu tun hat, wirkt er nicht als normbildende und folglich auch nicht als ordnungsbildende Kraft, sondern begnügt sich damit, in außergewöhnlichen, vom Alltagsleben getrennten Formen zu explodieren. Hier werden dann manchmal alle Brücken zum bürgerlichen Leben abgebrochen, um sich ohne die Vermittlung von Organisationen via »Beklagen« (kôgai) der Zeitläufte unmittelbar mit den höchsten Werten zu vereinigen. Diese Art des »Widerstands« wird entweder von seiten des Systems manipuliert und absorbiert, oder seine Energie verpufft im Grölen populärer Lieder in den Bars der Ginza oder – wenn's dazu nicht reicht – auf den Versammlungen der Dorfleute – um damit dann wieder heimzukehren in die geschlossene Welt der alltäglichen »Wirklichkeitserfahrung« (jikkan). Diese Ambivalenz des »Widerstands« findet ihre Parallele beim japanischen Nationalismus, der aus einer Verbindung von Mobilisierung der Anhänglichkeit an Familie und Dorf für das Gesamtsystem und dem bürokratischen Etatismus (kokkashugi) entstand und bis zum Schluß unter seiner strukturellen Schwäche zu leiden hatte, was einen auf der Seite der Bürokratie stehenden Nationalisten wie Hozumi Yatsuka zu folgender Klage veranlaßte: »Die uns eigenen großen Werte von Loyalität und Pietät (chûkô no taigi) werden vom In- und Ausland bewundert und sind unser

Stolz vor den Völkern der Welt. [...] Aber was das Staatsbewußtsein betrifft, blicke ich vielleicht doch nicht ohne Neid auf einige konstitutionelle Nationen Europas«; »auch das aufrichtige Gefühl von Kaisertreue (chûkun) und Patriotismus (aikoku) verirrt sich häufig in großartige Entrüstung, und während man feierlich erklärt, man werde sich für das Vaterland opfern, versucht man *gleichzeitig* mit falschen Angaben der Wehrpflicht zu entgehen oder durch Verheimlichen seines Vermögens Steuern zu hinterziehen.«[86] Dieser Naturzustand ohne Natur*recht* mag vielleicht »die tiefste Schicht der japanischen Kultur« (Kida Minoru[87]) sein, aber solange er das von jeglicher Abstraktion freie »Konkrete« ist, wird, jedenfalls von dort her, sich keine die Legitimität der Macht *in Frage stellende* Geisteshaltung entwickeln.

4

Die oben beschriebene Situation – auf der einen Seite eine Fetischisierung der Institutionen, welches kein Bewußtsein von deren Grenzen kennt, und auf der anderen Seite ein Fixiertsein auf den »Naturzustand«, auf die Wirklichkeitserfahrung (jikkan), welches sich nicht zur Stufe eines normativen Bewußtseins zu erheben vermag –, diese Situation stellt sich mit der zunehmenden Modernisierung Japans als ein kaum zu überbrückender Gegensatz dar zwischen dem bürokratischen Denkstil und dem der »einfachen Leute« (shomin – im Unterschied zu shimin = »Bürger«; Arishima Takeo sprach von »loafer«).[88] Dieser Gegensatz formte das spezifisch japanische Muster von »Organisation und Mensch«. Da aber diese beiden Denkstile in völlig verschiedenen Bereichen operieren und eine wechselseitige Vermittlung nicht möglich ist, existieren sie gelegentlich in ein und demselben Menschen nebeneinander: Je nachdem wird mal dieser, mal jener Stil angewandt, und manchmal dienen beide – beabsichtigt oder nicht – aus verschiedenen Richtungen dem gleichen Ziele. Mit der Verschärfung der die Modernisierung begleitenden Widersprüche wurde die Entfremdung dieser beiden Denkstile voneinander zwar immer deutlicher, dies bedeutete aber eigentlich nur die Polarisierung zweier Momente, die von Anfang an in der japanischen »Moderne« vorhanden gewesen waren und ein prekäres Gleichgewicht bewahrt hatten: dieser Gegensatz war nichts anderes als der Japan eigene strukturelle Zusammenhang von »Institution« und »Geist«, formuliert in der Form zweier erkenntnistheoretischer Pole. Die beziehungslos nebeneinanderlaufenden Linien der »traditionellen« Denkform der

Sozialwissenschaften und des Glaubens an die »Wirklichkeitserfahrung« führen, meine ich, letzten Endes zu den gleichen Ursprüngen: den zwei erwähnten gegensätzlichen Denkstilen.

Am Ausgangspunkt der modernen japanischen Literatur stand das verzweifelte Bemühen, die Realität eines Ich zu erfassen, das gleichzeitig von zwei, die japanische »Moderne« vorantreibenden riesigen Kräften, der Einverleibung durch die »Familie« (»ie«) und der Bürokratisierung, bedrängt wurde. Hier sind nun folgende, die moderne japanische Literatur entscheidend bestimmenden Umstände zu beachten: erstens der Charakter der japanischen Sprache, die zwar außerordentlich reich ist an Wörtern, die emotionale und sinnliche Nuancen ausdrücken, die aber gleichzeitig arm ist an Wörtern für theoretische oder allgemeine Begriffe; zweitens, damit zusammenhängend: die Tradition der japanischen Literatur, die menschlichen Gefühle durch die sich mit den Jahreszeiten wandelnde Natur auszudrücken bzw. Benehmen und Verhalten der Menschen genauestens zu beobachten und mit extrem verfeinerter Sprache die leisesten Gefühlsregungen zu erfassen; drittens die Tatsache, daß der Realismus als Antithese zur moralisierenden Literaturauffassung (»kanzen chôaku«) ohne die *Voraussetzung* des Rationalismus (Klassizismus) und des naturwissenschaftlichen Geistes entstand[89], daß er folglich leicht eine Verbindung einging mit jener Kokugaku-Tradition der Verabsolutierung der konkreten Wirklichkeit und des Festhaltens an der unmittelbaren sinnlichen Erfahrung, während sich im Inneren des Ichbewußtseins das Normenempfinden nicht deutlich von den persönlichen Wünschen, von Anti- und Sympathien zu lösen vermochte; viertens: die Literaten sind – sieht man einmal ab von einer Ausnahme wie Mori Ôgai – von der bürokratischen Stufenleiter heruntergefallene, oder aus ihrer direkten Umgebung (Familie oder Heimat) geflohene Individuen; nicht wenige sind auch zur Literatur gekommen, um ihre Enttäuschung über die politische Bewegung zu kompensieren: In jedem Fall sind sie sowohl in ihren eigenen Augen wie auch in denen der anderen vom Weg des »normalen« kaiserlich-japanischen Untertanen abgekommene »überflüssige« Existenzen. Durch diese Umstände wurde die Literatur der institutionellen Modernisierung entfremdet, was umgekehrt eine noch stärkere Hinwendung der Literaten – ganz unabhängig von einer bewußten Entscheidung – zu »traditioneller« Gefühlslage und Ästhetik bewirkte.

Hier verbindet sich das gegen die Institutionen gerichtete Unbehagen (die antibürokratische *Stimmung*) untrennbar mit einem geradezu physischen Widerwillen gegenüber aller Abstraktion und Begrifflichkeit. Dazu kommt, daß die aus Antipathie und Verachtung gegenüber Stellung und Ehre in der oben beschriebenen »Emporkömmlingsgesellschaft« erwachsende Antiphilisterhaltung – durch eine Art buddhistische Weltverachtung unterstützt – die profane Welt mit der Welt der Erscheinungen und diese wiederum mit der Welt der Begriffe und der Welt der Normen (Gesetzmäßigkeiten) gleichsetzt, was den Widerstand gegen rationales und gesetzmäßiges Denken immer mehr zur »Tradition« werden läßt. Um aber (wie die europäischen Romantiker) den naturwissenschaftlichen Intellekt als solchen frontal zu negieren, hängt das moderne Japan insgesamt viel zu sehr von den Ergebnissen der Naturwissenschaften und der Technik ab, und zudem fehlt den japanischen Literaten nun doch die geistige Radikalität (oder: Starrsinnigkeit), die Gewißheit der Naturwissenschaften anzuzweifeln. So bleiben als sichere Welten nur die beiden Pole der unbezweifelbaren exakten Wissenschaften einerseits und der unmittelbar sinnlich wahrnehmbaren, engen Alltagswirklichkeit andererseits. Die literarische Wirklichkeitserfahrung wird entweder nur in der letzteren, der engen Welt der Alltagserfahrung befriedigt – oder aber im Sprung des absoluten Ich über Raum und Zeit hinweg, wo es in freier Intuition den Glanz der einen Augenblick lang aufblitzenden Wahrheit erfaßt. Die dazwischen liegende Welt namens »Gesellschaft« ist dagegen *von Natur aus* unbestimmt, je nach Laune *interpretierbar* und besteht ja letzten Endes aus ständig wechselnden Phänomenen. Zuguterletzt bleibt nur die Alternative: alles sind entweder Fragen vom Typ $2 + 2 = 4$ oder aber *stilistische* Probleme.[90]

Ich kann hier nicht eingehender darstellen, wie dieser Denkstil, der in allen politischen und gesellschaftlichen Ideologien »unreine Abstraktionen« wittert und sich hinter der sinnlichen Wirklichkeitserfahrung verschanzt, wenn er sich von einer überwältigenden Realität, z.B. dem Krieg, umgeben sieht, diese mit fast dem gleichen »unschuldigen« Gefühl verabsolutiert, mit welchem er auch der Wirklichkeit der *Natur* begegnet. Statt dessen möchte ich zum Schluß in Verbindung mit diesem Thema das Problem des Marxismus aufnehmen, welcher in Japan seit den zwanziger Jahren das sozialwissenschaftliche Denken repräsentiert und gleichzeitig schon traditionell den Widerstand der Vertreter der literarischen »Wirklichkeitserfahrung« hervorgerufen hat, um damit dann die Problematik der intellektuellen Struktur des modernen Japan zusammenzufassen.

Daß der Marxismus in Japan ganz allein das sozialwissenschaftliche Denken repräsentierte, führte zwar zu der im folgenden zu beschreibenden Tragödie, aber diese Tatsache hatte ihre eigene Notwendigkeit. Erstens erlernte die japanische Intelligenz mit dem Marxismus zum ersten Mal eine Methode, die gesellschaftliche Wirklichkeit nicht nur in ihren einzelnen Aspekten (Politik, Recht, Philosophie, Wirtschaft) zu erfassen, sondern diese einzelnen Aspekte in ihrem wechselseitigen Zusammenhang synthetisch zu betrachten; außerdem lernte sie, was die Geschichte betrifft, daß es nicht genügt, Einzeltatsachen anhand der Quellen zu sichern oder Aufstieg und Niedergang großer Männer darzustellen, sondern daß die Aufgabe des Historikers darin liegt, die treibenden Kräfte hinter den vielfältigen Phänomenen zu verfolgen. Diese Sehweise der synthetischen Sozialwissenschaft und der systematischen Geschichtswissenschaft war zu Anfang der Meiji-Zeit, als Comte, Rousseau, Herbert Spencer, Thomas B. Buckle u.a. rezipiert wurden, vorübergehend durchaus bekannt gewesen, verschwand dann aber wieder aus der intellektuellen Landschaft Japans: Zum einen bedingt durch den ideologischen Vereinheitlichungsprozeß des Tennōsystems, und zum anderen infolge der rasch fortschreitenden Spezialisierung der sozialwissenschaftlichen Disziplinen seit der zweiten Hälfte des 19. Jahrhunderts in Europa und der Übernahme dieser Wissenschaften in ihrer bereits spezialisierten Gestalt durch die jeweiligen akademischen Fächer in Japan, was durch die schnelle Verwandlung der »anspruchsvollen Zeitungen« der Meiji-Zeit in massenorientierte Journale noch gefördert wurde. In der Frontstellung gegen diese Spezialisierung lag die große *wissenschaftliche* Anziehungskraft des Marxismus.

Zweitens hat der Marxismus ein für allemal klar gemacht, daß keine wissenschaftliche Arbeit völlig voraussetzungslos bestehen kann, daß der Wissenschaftler – ob er sich dessen bewußt ist oder nicht – seine intellektuellen Operationen von einem bestimmten Standpunkt aus vornimmt. Den bis dahin nur in der Philosophie – dort aber in ganz ideeller Form – bewußt gemachten, engen Zusammenhang zwischen Wissenschaft und Denken bzw. Weltanschauung hielt der Marxismus nun allen Wissenschaftlern in der drastischen Form der »Parteilichkeit« entgegen. Und dieses marxistische Denken sah es zudem als unverzichtbare Aufgabe an, die Welt nicht nur verschieden zu interpretieren, sondern sie zu verändern. Der seit Descartes und Bacon dem modernen Intellekt eigentlich selbstverständliche Gedanke, daß, gerade indem das Erkenntnissubjekt in Distanz zur Realität als dem direkt Gegebenen tritt und in einem scharfen Spannungsverhältnis zu ihr die Welt logisch neu konstruiert, die Theorie zum die Wirklichkeit bewegenden *Hebel* wird, dieser Gedanke wurde in Japan, wie man ohne Übertreibung sagen kann, zum ersten Mal durch den Marxismus umfassend zu Bewußtsein gebracht. Ferner war es gerade der Marxismus, der hier, wo es nicht die Tradition des Christentums gab, in voller *gesellschaftlicher Breite* lehrte, daß Denken nicht einfach Gegenstand des geistigen Genusses in einer Studierstube ist, sondern daß der Mensch hier mit seiner ganzen Persönlichkeit haftet. Auch wenn man der Auffassung ist, die Massenkonversionen von Kommunisten im Japan der dreißiger Jahre seien, unter dem oben ausgeführten Aspekt des Denkstils betrachtet, größtenteils in einer durchaus traditionellen Form erfolgt, so ist es doch auf jeden Fall dem japanischen Denken vor dem Marxismus unbekannt, daß eine geistige Konversion überhaupt Spuren (wenn auch nur negative: als schlechtes Gewissen) hinterläßt. Schon allein daran wird wohl deutlich, wie oberflächlich der urteilt, der die nachhaltige und tiefgehende Wirkung des Marxismus auf die japanische Intelligenz lediglich der Neuigkeitssucht oder der intellektuellen Neugier der Japaner zuschreibt, wie diese sie allen möglichen Denkströmungen gegenüber zeigen.

Indessen lag gerade in dieser großen geistesgeschichtlichen Bedeutung, die der Marxismus für Japan besitzt, auch der Grund für eine tragische und unglückliche Entwicklung. Denn welches Weltbild vermöchte wohl ganz allein jene dreifache Aufgabe zu erfüllen, deren Bewältigung die Tradition des heutigen westeuropäischen Denkens ausmacht und die auch vom Marxismus, ob offen oder versteckt, *vorausgesetzt* wird: Die Aufgaben der Logik des neuzeitlichen Rationalismus, des christlichen Gewissens und des Geistes des Experiments, wie er von den modernen Naturwissenschaften entwickelt worden ist. Wenn sich der japanische Marxismus als dieser Aufgabenlast nicht gewachsen erwies und sich sozusagen eine Autointoxikation zuzog, so ist das keineswegs verwunderlich. Umgekehrt bedeutete das auch, daß der Marxismus ganz allein all den Widerstand und die Angriffe jener japanischen Sensibilität auf sich zog, der alles ausgesetzt ist, was theoretisch und begrifflich ist. Zweitens bedeutete es, daß die Tendenz zur Fetischisierung von Theorien und Ideen, die nicht nur den Marxisten, sondern ganz allgemein den Philosophen und Sozialwissenschaftlern mehr oder weniger eigen ist – die zudem eigentlich dann am deutlichsten hervortritt, wenn eine breite Leserschicht außerhalb der Spezialistenzirkel, sowie Politiker, Unternehmer, Militärs und Journalisten Philosophie und Sozialwissenschaften als »Bildung« betonen –, daß diese Tendenz als spezifisch marxistisch erschien, einfach weil der Marxismus zufällig sehr systematisch ist. Auch heute noch ist die Auffassung verbreitet, der Marxismus sei – genauso wie er einst in der Vorkriegszeit die »Weltanschauungsprobleme« (shisô mondai) monopolisierte – auch der einzige Vertreter des Formal*ismus*. Dabei wird kaum über die Bedeutung von »Form« oder »Formel« nachgedacht sowie leicht die Frage übersehen, ob denn die anderen, nicht-marxistischen »Ismen«, Weltanschauungen und Bildungsinhalte sich nicht genauso formal*istisch* entwickeln, wenn sie auf japanischem Boden rezipiert und übernommen werden.

Das Aufkommen dieser Theoriegläubigkeit korrespondiert geistig-strukturell der Fetischisierung der Institutionen. Ähnlich wie das moderne Japan seine Institutionen und »Mechanismen« nicht auf der Grundlage eines »Geistes« als deren schöpferischer Quelle (d.h. eines »Geistes«, aus welchem heraus ein freies Subjekt, ausgehend von einem strengen methodischen Bewußtsein, die Gegenstände begrifflich ordnet und sie mittels ständiger Verifizierung neu konstruiert) erhalten, sondern als »Fertigwaren« eingeführt hat, ganz ähnlich steht für dieses Theorieverständnis weniger die *von der* Realität abstra*hierende* Funktion der Theorie als vielmehr das Ergebnis der Abstraktion im Vordergrund. Hierdurch verlieren Theorien und Ideen ihre Bedeutung als »fiction« und schlagen in *eine Art* Realität um. Deshalb äußern westliche Lehrer in Japan manchmal mit halb ironischer Bewunderung, japanische Studenten oder Intellektuelle seien, was das Operieren mit Begriffen durch »abstrakte« Kombination von Kategorien betreffe, geschickter als Europäer.

Aber die so auf die gleiche Ebene wie die Realität gestellte Theorie macht – verglichen mit der reichen Wirklichkeit – notwendigerweise einen letztlich recht dürftigen Eindruck. Besonders den auf die direkte »Wirklichkeitserfahrung« fixierten Literaten erscheint die Aneignung dieser Theorie als ein schier unerträglicher geistiger Gewaltakt. Da für sie jegliche Formel schon Formal*ismus* ist, äußert sich ihr Widerwille gegen letztere als Verachtung für erstere *als solche,* womit dann der circulus vitiosus von Fixierung auf die direkte Wirklichkeitserfahrung und Theoriegläubigkeit beginnt.

Drittens darf auch nicht übersehen werden, daß die dem Marxismus als einem in bezug auf das Verhältnis von Theorie und Realität totalen Weltbild eigentümliche Denkweise gerade in der Verbindung mit dem Denkstil der japanischen Intellektuellen deren Tendenz zum Theoriefetischismus noch verstärkt hat. Der Marxismus steht bekanntlich in der Nachfolge des Hegelschen Denkens, demzufolge die Eule der Minerva »erst mit der *einbrechenden Dämmerung* ihren Flug« beginnt, das heißt: Erst wenn eine bestimmte historische Wirklichkeit ihren Entfaltungsprozeß im wesentlichen beendet hat, erst dann erfaßt die Philosophie sie mit der Vernunft und erhöht sie auf ihren Begriff. Der Marxismus übernahm diesen Gedanken, kam aber erst in dem Moment zu sich selbst, als er ihn umkehrte. In der Auffassung, die erfolgreiche Konstituierung der totalen Selbsterkenntnis der Welt sei gerade das wesentliche Symptom für deren *Untergang,* lag die Quelle für die dämonische Energie, mit der Marx den Gesamtprozeß der kapitalistischen Produktion theoretisch zu fassen versuchte. Dieser Gedanke der totalen Erfassung der historischen Wirklichkeit resultierte in Japan, welches eine die Theorie als »fiction« verstehende Tradition so gut wie nicht besitzt, häufig in dem Glauben an eine bequeme *prästabilierte Harmonie* von Theorie (oder: Gesetzmäßigkeit) und Wirklichkeit.

Die Aufgabe des Theoretikers liegt wesentlich nicht in einer unmittelbaren Verschmelzung von Theorie und Realität, sondern in einer methodischen Ordnung der komplizierten und vielgestaltigen Wirklichkeit im Lichte eines bestimmten Wertmaßstabs. Die als Ergebnis dieser Ordnungsarbeit zustandegekommene Erkenntnis schließt demgemäß, mag sie auch noch so fehlerlos sein, die unendlich komplizierte und vielgestaltige Wirklichkeit nie vollständig ein, noch ist sie gar ein Ersatz für diese. Sie ist vielmehr – in der Eigenverantwortlichkeit des Theoretikers – der Realität (oder besser: einem winzigen Teil von ihr) bewußt abgerungen. Das Auge des Theoretikers ist daher einerseits auf strenge Abstraktion gerichtet, andererseits muß er gegenüber der Wirklichkeit, welche um seinen konkreten Gegenstand herum endlos ausgebreitet daliegt und deren Ränder er im dämmrigen Zwielicht verschwimmen sieht, ständig Verzicht* üben, wobei er ein *tiefes Bedauern* angesichts der beim Prozeß der Abstraktion herausfallenden Inhalte empfindet. Daß man sich dieses Verzichtes und des unerklärt zurückbleibenden riesigen Restes bewußt ist, erzeugt ein strenges ethisches Bewußtsein gegenüber der eigenen intellektuellen Arbeit und weckt zugleich den Willen, die theoretische Anstrengung noch energischer voranzutreiben.

Aber in einem intellektuellen Klima, wo die Theorie, mit der Realität auf die gleiche Ebene gestellt – sei es in der Form eines Komplexes gegenüber der Praxis (der »Wirklichkeitserfahrung«!), sei es als Fetischisierung der Theorie –, mit dieser konkurrieren muß, in einem solchen Klima führt die Hegel-Marxsche Denkweise leicht dazu, daß man glaubt, der eigene theoretische Standpunkt sei *wesentlich* einer, der die Wirklichkeit total erfasse und auch erfassen könne, wobei dann die Begrenzung der Verantwortung verlorengeht und der Anspruch unbegrenzter Verantwortung gegenüber der unbegrenzten Wirklichkeit tatsächlich eine theoretische Verantwortungs*losigkeit* gegenüber der eigenen wissenschaftlichen Auffassung produziert. Im ungünstigen Falle wird diese Verantwortungslosigkeit noch durch ein vages humanistisches *Gefühl* verschleiert und gelangt nicht zu Bewußtsein. Im Marxismus gibt es allerdings einen Mechanismus, vermittels dessen die durch die totale Theoretisierung der Welt akkumulierte Schuld gegenüber der Realität durch deren totale revolutionäre Umwälzung beglichen wird. Aber dieser Mechanismus wird nur dann realisiert, wenn entweder jene totale Umwälzung auf die Tagesordnung rückt oder wenn die Organisationstheorie eine Verbindung von Naturwüchsigkeit (shizen-seichô-sei) und Zielbewußtheit (mokuteki-ishiki-sei) in allen Dimensionen, vom Alltagsleben bis zu den Problemen der höchsten Ebene, wirksam vorantreibt. Ist keine dieser Bedingungen gegeben und schreitet allein die Fetischisierung der Theorie voran, so verwandelt sich der Marxismus fast unvermeidlich in eine Art Revolutionsakademismus (d.h., die Revolution treibt Selbstbefriedigung *in* den Sozial- und Geschichtswissenschaften) oder pervertiert zur Exegese der heiligen Schrift, des *Kapital*.

Wie ich schon wiederholt gesagt habe, stellt sich dieses Problem der Theoriegläubigkeit keineswegs nur für die Marxisten im strengen Sinne, sondern betrifft tendenziell alle bisherige Sozialwissenschaft in Japan. Da die Sozialwissenschaften im Unterschied zur Literatur *ihrem Wesen nach* ein Bereich von Logik und Abstraktion sind und – mag man das nun für gut halten oder nicht – nicht unbedingt durch die eigene Innerlichkeit hindurchgehen, also nicht unbedingt die Vermittlung der Individualität durchlaufen, sondern gemäß der »Konvention« (den anerkannten Regeln) der exakten Wissenschaften gegenständlich operieren *können*, sind sie, wenigstens was in Theorie übersetzte Inhalte betrifft, arm an direkt mit dem japanischen Denkstil verbindenden Momenten. Um so leichter tut sich hier eine Kluft auf zwischen der vergegenständlichten Theorie und dem hinter dieser stehenden Denkstil des »Menschen aus Fleisch und Blut«. Darauf läßt sich zurückführen, daß die Gegensätzlichkeit von sozialwissenschaftlichem und literarischem Ansatz in Japan sich so darstellt, als ob es um das Problem »Europa« (*innerhalb Japans* befindliches Europa) versus »Tradition« gehe. Das wirkliche Problem liegt jedoch in der erkenntnistheoretischen Besonderheit der »Moderne« in Japan, durch welche Literatur wie Sozialwissenschaften gleichermaßen – gegensätzlich *und* voneinander abhängig – geprägt sind. Erst wenn diese Tatsache sowohl den Sozialwissenschaftlern als auch den Literaten bewußt wird, wird sich für beide ein Ort der Gemeinsamkeit und des gegenseitigen Austausches eröffnen. Hier etwa muß, meiner Meinung nach, der erste Schritt erfolgen, den wir tun müssen, um jenem circulus vitiosus von bürokratischem Denkstil und dem der »einfachen Leute« bzw. des »Außenseiters« die Grundlage zu entziehen.

* *Exkurs:* Ich möchte hier an das oben zitierte Wort von Troeltsch zum Verhältnis von Institutionalisierung und Wirklichkeit erinnern. »Grau, teurer Freund, ist alle Theorie / Und grün des Lebens goldner Baum« – dieses berühmte Wort Goethes (*Faust*, Schülerszene) war zugleich auch einer der Lieblingssätze Lenins, der nicht nur Praktiker, sondern auch einer der größten marxistischen Theoretiker war. Aber auch dieses Wort hat seine »schiefen« Variationen: Erstens jene, die denen, die die »Zeitläufte beklagen«, sowie den Anhängern der direkten Wirklichkeitserfahrung zur Legitimation dient: daß die theoretische Bemühung letztlich ohne Beziehung zu den wesentlichen Dingen des Lebens sei und daß sie – um einen berühmten, von Futabatei Shimei in anderem Kontext gebrauchten Ausdruck zu zitieren – nicht ausreiche »als Lebensaufgabe eines Mannes«.[91] Zweitens: Daß die für jedermann als physische Aktivität sichtbare »Praxis« Priorität habe. Drittens: Jene Schizophrenie, die

73

einerseits an einem scholastischen Theorieverständnis festhalten läßt, während man sich andererseits – in anderen Lebenssituationen – ganz opportunistisch der »Wirklichkeitserfahrung« unterwirft. (Da wir Intellektuelle in den verschiedensten Formen Komplexe gegenüber den einfachen Leuten haben, fühlen wir uns sehr leicht an unserer empfindlichsten Stelle getroffen, wenn wir mit der unmittelbaren »Wirklichkeitserfahrung der einfachen Leute« konfrontiert werden.) Die Anerkennung jenes Goetheschen Satzes verhindert somit keineswegs, daß Theoriegläubigkeit und der Glaube an die unmittelbare Wirklichkeitserfahrung in ein und derselben Person koexistieren.

Schlußbemerkungen

Hier möchte ich noch einmal zum Ausgangspunkt dieses Aufsatzes zurückkehren. Keine unserer traditionellen Religionen war in der Lage, sich mit den aus dem Westen einströmenden Ideologien geistig auseinanderzusetzen und dadurch eine bewußte Neugeburt von Tradition zu bewirken. Deshalb wurden die neuen Ideen völlig ungeordnet aufgehäuft, und die geistige Promiskuität der modernen Japaner nahm immer größere Ausmaße an. Das moderne japanische Tennôsystem versuchte dieser Situation zu begegnen, indem es das Zentrum der Staatsmacht *gleichzeitig* auch zur geistig-seelischen »Achse« erklärte. Da der »kokutai« sich jedoch in seinem Wesen auf die »Tradition« der Promiskuität stützte, fungierte er nicht als Prinzip, das unser Denken wirklich zu ordnen vermocht hätte, sondern wirkte vor allem in Richtung auf eine negative Gleichschaltung (durch Ausschließen von Häresien) und stellte notwendigerweise von Anfang an die entscheidende Fessel dar, die die Herausbildung einer autonomen Persönlichkeit – sowohl als freies Erkenntnissubjekt als auch als ethisch verantwortliches Subjekt und auch als ordnungsbildendes Subjekt – entscheidend behindern sollte. Die Umwälzung nach dem Kriegsende entzog dieser ideologischen Pseudo»achse« mit einem Schlag den Boden. Und hier wurde nun die schon lange vorhandene Ordnungslosigkeit in der geistig-seelischen Verfassung der Japaner durch eine zweite »Öffnung des Landes« (kaikoku) im Jahre 1945 vollständig bloßgelegt. Seit der Meiji-Zeit haben die herrschende Schicht und die moralisierenden Konservativen gerne von dem »geistigen Chaos« Japans gesprochen. Bedenkt man aber, wie sehr vor dem Krieg die Schaffung der notwendigen Voraussetzungen für freie Austauschbeziehungen zwischen Denken und Wirklichkeit behindert worden ist, dann begreifen wir, daß für uns erst jetzt das eigentliche »Chaos« beginnt. Ich weiß nicht, ob dieses Chaos irgend etwas Positives hervorbringen wird oder nicht. Mit Bestimmtheit läßt sich jedoch sagen, daß es keinen Weg zurück gibt und daß ein solcher Weg auch nicht wünschenswert ist.

Katô Shûichi[92] hat einmal die japanische Kultur als »Bastardkultur« (zasshu bunka) charakterisiert und vorgeschlagen, man solle – nachdem in der Vergangenheit alle Versuche, sie entweder im nationalistischen oder im westlichen Sinne zu »reinigen«, fehlgeschlagen seien – das Positive dieses Kreuzungscharakters sehen. Dies ist eine bedenkenswerte Meinung, und ich stimme ihr im Grundsätzlichen zu. Aber insbesondere im Hinblick auf das Denken scheinen mir einige Ergänzungen notwendig zu sein. Erstens: Es gibt jene »traditionelle« Auffassung, Japan sei berufen, Ost und West zu »verschmelzen«. Diese Auffassung bejaht den »Kreuzungscharakter«, aber in einem schlechten Sinne. Davon haben wir inzwischen wohl genug. Zweitens: Ich habe in diesem Aufsatz mehrfach von »geistiger Promiskuität« gesprochen. Tatsächlich besteht aber das Problem darin, daß die verschiedenen heterogenen Ideen nicht wirklich miteinander »verkehren«, sondern bloß räumlich nebeneinander existieren. Würden die verschiedenartigen Ideen, Denkweisen und Weltanschauungen miteinander verkehren, so müßte daraus eigentlich eine wirkliche *Kreuzung*, d.h. eine neue Individualität entstehen. Da sie aber nur miteinander schäkern oder zanken, kommen dabei allenfalls die erwähnten fruchtlosen Debatten heraus.

An anderer Stelle habe ich einmal bildlich »Sasara-Kultur« und »Takotsubo-Kultur« gegeneinander gestellt[93] Ich wollte damit eine Gesellschaft mit einer traditionellen »culture«, die von einer für alle Bereiche gemeinsamen Grundlage ausgeht, einer Gesellschaft gegenüberstellen, in der von Anfang an spezialisierte Intellektuellengruppen oder ideologisch geeinte Gruppen jeweils in sich abgeschlossene Bezirke – eben »takotsubo« – bilden und jeweils eine nur ihrer eigenen Gruppe verständliche Sprache sprechen, so daß sich kaum ein »Ort der Begegnung« herausbilden kann. Japan habe ich als diesem zweiten Typus zugehörig klassifiziert (mit dieser Typisierung sollte natürlich nur ein bestimmtes Charakteristikum hervorgehoben werden; ich hatte keineswegs die Absicht, damit eine allgemeine Theorie der Gesellschaftsformen aufzustellen). Nun hatte vor dem Krieg das Tennôsystem als geistige »Achse« die Funktion einer »Amtssprache« und verband als solche die einzelnen Bereiche (»takotsubo«) miteinander. Da diese Sprache aber nach dem Krieg ihre Gültigkeit verlor und überdies der internationale Austausch einen bisher unbekannten Umfang annahm, ergab sich das seltsame Phänomen, daß statt der Kommunikation zwischen den einzelnen Gruppen innerhalb Japans die Kommunikation auf internationaler Ebene über die jeweiligen gruppenspezifischen Verbindungskanäle sich als gut funktionierend erwies. Natürlich haben gleichzeitig die Erhöhung der sozialen Mobilität und die Entfaltung des Journalismus die Kontaktmöglichkeiten auch zwischen den einzelnen Gruppen bemerkenswert zunehmen lassen.

Auch im Falle der Diskussion über die *Geschichte der Shôwa-Zeit*[94] bestand der Anlaß ja darin, daß dieses Buch zufällig als Taschenbuch erschien. Denn von Fachhistorikern waren ähnliche Arbeiten zur Geschichte des Pazifischen Krieges schon seit einiger Zeit veröffentlicht worden. Jene Diskussion machte offenkundig, wie groß der Abstand zwischen dem Geschichtsbild der Sozialwissenschaftler und dem der Literaten war, und zeigte zugleich, wie sehr es an Kommunikation zwischen den beiden Seiten gefehlt hatte. In diesem Sinne könnten der Verkehr und der Dialog zwischen Intellektuellengruppen mit bisher völlig verschiedenen Wertnormen *eine* der Vorbedingungen werden, die ermöglichen, daß in den verschiedenen Erfahrungsbereichen die Abstraktionsarbeit (Abstraktion *von* den vielfältigen Erfahrungen) eingeübt wird – vorausgesetzt, die Bemühungen werden nicht durch den üblen Einfluß eines gewissen Journalismus zunichte gemacht. Gesellschaftlich noch breiter betrachtet, wird die vielfach verflochtene Organisierung der Menschen – um alle möglichen Diskussionsthemen herum, in allen möglichen Dimensionen (nach Klassen, Geschlechtern, Generationen, Regionen etc.) – vielleicht den durch die eindimensionale Konzentration der Wertinteressen verursachten Müßiggang des Denkens (das, was Fukuzawa Yukichi »wakudeki«[95] nannte) verhindern und selbständiges Denken stärken helfen. Gleichzeitig sind es eben diese gesellschaftlichen Bedingungen, die nicht nur die Ordnung von Erkenntnis noch weiter erschweren, sondern auch jene Tendenz befördern, sich auf fragmentarische »Wirklichkeitserfahrung« zu fixieren oder sich eventuell sogar einzubilden, diese selbst sei eine neue Denkform. Die

Energie, die das unproduktive Nebeneinander überwindet und eine echte »Kreuzung« zustandebringt, kann – sowohl als Erkenntnis wie auch als Praxis – letzten Endes nur von einem über zähe Selbstbeherrschung verfügenden Subjekt aufgebracht werden. Dieses Subjekt *aus uns selbst* hervorzubringen, das und nichts anderes ist die Aufgabe unserer »Revolution«.

Anmerkungen des Übersetzers und Quellennachweise des Autors

1 Tsuda Sôkichi (1873-1961), Historiker. Ein Teil des hier erwähnten umfangreichen Werkes *Bungaku ni arawaretaru waga kokumin shisô no kenkyû* (erste Fassung 1916-21, 4 Bde.) liegt in Englisch vor: *An Inquiry into the Japanese Mind as mirrored in Literature – The Flowering Period of Common People Literature,* Übers. F. Matsuda, Japan Society for the Promotion of Science, Tôkyô 1970.

2 Watsuji Tetsurô (1889-1960), Philosoph und Kulturhistoriker. Das erwähnte Werk *Nihon seishin-shi kenkyû* erschien 1926-35 in 2 Bänden. Zu Watsuji vgl. Robert N. Bellah, *Japan's Cultural Identity. Some Reflections on the Work of Watsuji Tetsurô,* in: JAS 24 (1965), S. 573-94. Eines der bekanntesten Werke Watsujis, *Fûdo,* liegt in englischer Übersetzung vor: *Climate and Culture,* Übers. G. Bownas, Tôkyô 1961, ²1971.

3 *Nihon rinri shisô-shi,* 2 Bde., 1952.

4 *Iki no kôzô* (1930, jetzt auch in der Serie Iwanami bunko), eine inzwischen klassische Analyse des »iki«, des ästhetischen Ideals der Stadtbürger in der Edo-Zeit durch den Philosophen Kuki Shûzô (1888-1941).

5 Diese Äußerung Karl Löwiths findet sich im »Nachwort an den japanischen Leser« zu *Der europäische Nihilismus* (Erstveröffentlichung 1940 in japanischer Sprache; jetzt in K. Löwith, *Sämtliche Schriften,* Bd. 2, Stuttgart 1983, S. 533). Karl Löwith lehrte 1936 bis 1941 an der Staatlichen Universität Sendai.

6 Gemeint ist die durch Inoue Tetsujirôs (vgl. Anm. 25) Artikel *Kyôiku to shûkyô no shôtotsu* (Nov. 1891) ausgelöste Diskussion über die Vereinbarkeit von Christentum und Staatstreue. »Kokutai« ist der zentrale ideologische Begriff des Tennôsystems (wörtlich: »Staats/Nations-Körper/Form«; als englische Übersetzung wird »national polity« gebraucht). Hiermit wurde die »Essenz« des japanischen Staates bezeichnet, welche vor allem in der seit Tausenden von Jahren ununterbrochenen Tennô-Abstammungslinie zum Ausdruck komme.

7 »Kokugaku« bezeichnet eine im 18. Jahrhundert aufgekommene gelehrte Schulrichtung, die – oft in heftiger Opposition zum Konfuzianismus und zur chinesischen Gelehrsamkeit – sich um die älteste japanische Literatur bemühte. Sie bildet eine Quelle sowohl der modernen japanischen Philologie als auch des modernen japanischen Nationalismus.

8 Kihira Tadayoshi (1874-1949): Philosoph; anfangs Vermittler der Hegelschen Philosophie, während des Zweiten Weltkrieges führender faschistischer Denker.

9 Kanokogi Kazunobu (1884-1949), Philosoph und Theoretiker des japanischen Faschismus; in den zwanziger und dreißiger Jahren mehrfach nach Berlin eingeladen, wo er am »Japaninstitut« lehrte und die Zeitschrift *Yamato* gründete. Veröffentlichungen auch in Deutsch, darunter *Der Geist Japans*, Leipzig 1930. Im »International Military Tribunal for the Far East« (1946/48) als »Kriegsverbrecher der Klasse A« eingestuft.

10 *Kaiten shishi*, 1844 von Fujita Tôko (1806-55), einem der führenden Denker der nationalistischen Mito-Schule des Konfuzianismus, niedergeschrieben (1856 gedruckt).

11 *Seiken igen*, 1687 niedergeschriebene Schrift des nationalistisch ausgerichteten Konfuzianers Asami Keisai (1652-1711); erst 1880 gedruckt.

12 Minoda Muneki (1894-1946): Rechtsradikaler Gelehrter, der sich in den dreißiger Jahren durch seine fanatischen Angriffe gegen sozialistische und liberale Professoren (z.B. Minobe Tatsukichi, Tsuda Sôkichi) hervortat.

13 »Mono no aware«, etwa: »das Anrührende der Dinge«: Ein ästhetischer Begriff aus der Kultur des 10./11. Jahrhunderts; von dem Kokugaku-Gelehrten Motoori Norinaga ins Zentrum seiner Betrachtung der klassischen japanischen Literatur gesetzt. Vgl. Sh. Matsumoto, *Motoori Norinaga*, 1730-1801, Cambridge Mass. 1970, vor allem S. 43-67.

14 Kobayashi Hideo (geb. 1902): Einflußreicher Literaturkritiker und Essayist, Kritiker der »Proletarierliteratur«. Arbeiten über Rimbaud, Baudelaire, Dostojewski, Bergson u.a. Vgl. Edward Seidensticker, *Kobayashi Hideo*, in: Donald H. Shiveley (Hg.), *Tradition and Modernization in Japanese Culture*, Princeton 1971, S. 419-461.

15 Der aus dem Kokugaku-Denken und der Bewegung zur Restauration der Kaiserherrschaft in der späten Edo-Zeit resultierende Versuch, die durch jahrhundertelange Symbiose verbundenen Religionen Buddhismus und Shintô zu trennen und einen »reinen Shintô« zu etablieren, führte kurz nach 1868 zu teilweise heftigen antibuddhistischen Ausschreitungen (»haibutsu kishaku«).

16 Der Konfuzianismus war als die offizielle Ideologie des abgeschafften Feudalsystems in den siebziger Jahren fast völlig aus der öffentlichen Diskussion verschwunden. Gezielte Versuche, ihn wiederzubeleben

und für die Moralerziehung auch im neuen Japan zu benützen, beginnen Anfang der achtziger Jahre. Vgl. Warren W. Smith, *Confucianism in Modern Japan*, Tôkyô 1973, S. 55 ff.

17 Diese Theorie (tennô kikan setsu), welche besagt, daß die Herrschaftsgewalt beim Staat liegt und der Tennô nur dessen höchstes Organ ist, war bereits Anfang dieses Jahrhunderts in akademischen Juristenkreisen durchaus anerkannt und wurde u. a. von Minobe Tatsukichi (1873-1948) vertreten, wurde aber 1935 plötzlich Gegenstand heftigster öffentlicher Angriffe und als »Rebellentheorie« gebrandmarkt. Minobe mußte schließlich von seinem Abgeordnetenmandat im japanischen Oberhaus zurücktreten, und seine Schriften wurden verboten. Vgl. Frank O. Miller, *Minobe Tatsukichi, Interpreter of Constitutionalism in Japan*, Berkeley and Los Angeles 1965.

18 Tokutomi Sohô (1863-1957): Anfangs protestantischer Christ und liberaler Journalist; machte nach dem Chinesisch-Japanischen Krieg und einer Europareise eine politische Kehrtwendung; verfügte aber auch danach als regierungsfreundlicher nationalistischer Journalist bis 1945 über großen Einfluß. Vgl. John D. Pierson, *Tokutomi Sohô 1863-1957. A Journalist for modern Japan*, Princeton 1980.

19 Takayama Chogyû (1871-1902): Literatur- und Kulturkritiker der japanischen Romantik; war Ende der neunziger Jahre als nationalistischer Journalist aktiv und wandte sich gegen Ende seines kurzen Lebens dem Studium Nietzsches und dann Nichirens zu. Vgl. H. D. Harootunian, *Between Politics and Culture. Authority and Ambiguity of Intellectual Choice in Imperial Japan*, in: B. S. Silberman u. H. D. Harootunian (Hg.), *Japan in Crisis*, Princeton 1974.

20 Yokomitsu Riichi (1898-1947): Schriftsteller, Autor von Romanen und Erzählungen; wichtiger Vertreter der nicht-sozialistischen, »modernistischen« Literatur in den zwanziger und dreißiger Jahren (»Neue Sensibilität«); ab Mitte der dreißiger Jahre geistige »Rückkehr nach Japan«. Vgl. Dennis Keene, *Yokomitsu Riichi. Modernist*, New York 1980.

21 Zitat aus der 1947 veröffentlichten autobiographischen Gedichtserie *Angû shôden* des Dichters und Bildhauers Takamura Kôtarô (1883-1956). Diese Serie vollständig übersetzt von H. Sato, in: *Chieko and other Poems of Takamura Kôtarô*, University of Hawaii, Honolulu 1980; das Zitat dort S. 143.

22 Takamura Kôtarô, der als Bildhauer stark unter dem Einfluß Rodins stand, veröffentlichte in seiner Jugend und dann wieder nach 1945 zahlreiche Texte über Rodin. Rodin ist in Japan Inbegriff einer individuellen und humanistischen Kunst und gehört somit zu der von Maruyama im folgenden zitierten *zweiten* Reihe.

23 Maruyama nennt hier Autoren und Texte, die im modernen Japan als Identifikationsobjekte für irrationalistische und nationalistische Gei-

stesströmungen oder auch für die »Reise nach Innen« gedient haben: Die Gedichtsammlung *Man'yôshû* (8. Jh.), in welcher die Gedichte der japanischen Frühzeit gesammelt sind; der Dichter und Eremit Saigyô (1168-90); das *Jinnô shôtôki*, ein 1339/43 von Kitabatake Chikafusa geschriebenes historisches Werk, welches als frühes Zeugnis einer leidenschaftlichen Loyalität zum Kaiserhaus großen Einfluß auf das politische Denken der Nachwelt hatte (eine deutsche Übersetzung von Hermann Bohner erschien 1935/39 in Tôkyô!); Yoshida Shôin (1830-59), politischer Denker der kaisertreuen Bewegung Ende der Edo-Zeit, 1859 hingerichtet und damit »Märtyrer« der Bewegung; Okakura Tenshin (1862-1913), im Westen als Kakuzo Okakura bekannt, Kunstbeamter der Meiji-Regierung (später als Museumsdirektor in Amerika tätig) und kulturkritischer Schriftsteller, welcher im Westen vor allem durch seine in Englisch geschriebenen Bücher (darunter *The Book of Tea*, 1906, deutsch: Frankfurt 1949 und 1979) bekannt wurde (in Japan selbst erst in den dreißiger Jahren größere Wirkung); *Hagakure*, 1716 entstandene Schrift über die Ethik des Samurai, während des Zweiten Weltkriegs und auch danach noch (Mishima Yukio!) als Quellenschrift des sogenannten Bushidô verehrt; Dôgen (1200-53), Gründer der Sôtô-Sekte des Zen-Buddhismus; Wen Tianxiang (1236-82), loyaler Anhänger der Süd-Song-Dynastie in China; für seinen Widerstand gegen die Mongolenherrschaft bekannt; Vorbild der ausländerfeindlich eingestellten Intellektuellen der Endzeit der Tokugawa-Herrschaft.

24 Die zweite Reihe zählt Autoren humanistischer und sozialistischer Ausrichtung auf: Tolstoi wurde in Japan vor allem auch wegen seiner weltanschaulichen Schriften geschätzt; Ishikawa Takuboku (1885-1912), Dichter alltagsverbundener Lyrik und scharfer Kritiker des Meiji-Staates; der chinesische Schriftsteller Lu Xun wurde in Japan bereits vor dem Krieg rezipiert und genießt nach 1945 hohes Ansehen in der japanischen Intelligenz.

25 Inoue Tetsujirô (1855-1944): Philosoph konservativer Prägung; studierte in den achtziger Jahren in Deutschland; später Professor an der Universität Tôkyô. Vgl. M. Yamazaki und T. Miyakawa, *Inoue Tetsujirô. The man and his works*, in: *Philosophical Studies of Japan*, Nr. 7 (1966), S. 111-126.

26 *Nihon Shushi-gakuha no tetsugaku*, Tôkyô 1905, S. 600.

27 Diese Formeln kommen etwa in bekannten Sätzen wie »Die Welt der Erscheinungen ist leer« (shiki zoku ze kû) oder »Materie und Geist sind eins« (busshin ichinyo) zur Anwendung.

28 Kobayashi Morito (Hg.), *Tenkôsha no shisô to seikatsu*, Tôkyô 1935, S. 48 f. (Kursiva im folgenden immer, falls nicht anders angegeben, von Maruyama).

29 Vorwort von L. Wirth zu: K. Mannheim, *Ideologie und Utopie*, Frankfurt a. M. 1965, S. IX.

30 Aizawa Seishisai (1781-1863): Denker und Politiker der nationalistischen Mito-Schule; führend in der kaisertreuen und ausländerfeindlichen Bewegung der späten Edo-Zeit, auf die er mit seiner Schrift *Shinron* (1825 geschrieben, 1857 gedruckt) großen Einfluß ausübte. Vgl.
Bob Tadashi Wakabayashi, *Anti-Foreignism and Western Learning in
Early Modern Japan*, Cambridge Mass. 1986.

31 Aizawa Seishisai, *Shinron*, Bd. 2, *Nihon shisô taikei*, Bd. 53, S. 95.
(Wakabayashi, o. c., S. 200).

32 Aizawa Seishisai, *Shinron*, Bd. 1, *Nihon shisô taikei*, Bd. 53, S. 69.
(Wakabayashi, o. c., S. 170).

33 Motoori Norinaga, *Naobi no mitama*, *Zôho Motoori Norinaga zenshû*,
Bd. 1, S. 54. Von dieser programmatischen Schrift Norinagas gibt es
eine Übersetzung von Hans Stolte als *Geist der Erneuerung*, in: *Monumenta Nipponica* 2 (1939), das Zitat dort S. 196.

34 Zentrale Kategorien der konfuzianischen Philosophie: dao (jap. dô) ist
der rechte »Weg«, Gesellschaft und Staat zu ordnen; ziran (jap. shizen)
ist das »von selbst«, natürlich Seiende, im Gegensatz zum künstlich
Gemachten; xing (jap. sei) ist »die spezifische Natur jeder individuellen
Gegebenheit im Rahmen der kosmischen Ordnung« (Shimada Kenji,
Die Neo-konfuzianische Philosophie, Übers. M. Übelhör, Hamburg
1979, S. 238).

35 »Li« ist in der neo-konfuzianischen Philosophie »das kosmische Ord-
nungsprinzip, das dem Universum als ganzem zugrunde liegt und in jedem Ding bzw. jedem Geschehen als dessen spezifische Natur (xing) in
Erscheinung tritt« (Shimada, a.a.O., S. 240).

36 Ogyû Sorai (1666-1728): Konfuzianischer Philosoph, der eine bedeu-
tende Rolle spielte in der Entwicklung des japanischen politischen
Denkens wie auch der historisch-philologischen Forschung. Vgl. Maruyama Masao, *Studies in the Intellectual History of Tokugawa Japan*,
Tôkyô 1974, S. 69 ff.

37 Motoori Norinaga, *Suzunoya tômonroku*, in: *Zôho Motoori Norinaga
zenshû*, Bd. 6, S. 122. Vgl. Maruyama Masao, a.a.O., S. 153. Allgemein über den geistesgeschichtlichen Zusammenhang zwischen Ogyû
Sorais Konfuzianismus und der Kokugaku, speziell Motoori Norinaga
vgl. ebenda, S. 135-176.

38 Motoori Norinaga, *Suzunoya tômonroku*, in: *Zôho Motoori Norinaga
zenshû*, Bd. 6, S. 129.

39 Katô Hiroyuki (1836-1916): Jurist und politischer Denker der Meiji-
Zeit. Schrieb bereits 1868 die früheste japanische Darstellung der konstitutionellen Regierungsform und vertrat die Theorie der angeborenen
Menschenrechte. Trat jedoch ab 1882 als scharfer Gegner der demokratischen Bewegung auf, die er mit Hilfe der Darwinschen Evolutionstheorie bekämpfte. Erster Rektor der Universität Tôkyô.

40 Nakae Chômin (1847-1901): Politischer Denker der Meiji-Zeit; füh-

render Theoretiker der demokratischen Bewegung der achtziger Jahre (»Bewegung für Freiheit und Volksrechte«). Vgl. Margret B. Dardess, *A Discourse on Government, Nakae Chômin and his Sansuijin keirin mondô*, Bellington, Wash. 1977.

41 Nakae Chômin, *Ichinen-yû-han, furoku*, in: *Meiji bungaku zenshû*, Bd. 13, Tôkyô 1967, S. 197.

42 Kôyama Iwao, *Sengo Nihon no seishin jôkyô*, in: *Gendai shûkyô kôza*, Bd. 6, Tôkyô 1960, S. 127-128 (Kursivierung = Sperrdruck des Autors).

43 »Datsu-a«: Ein von Fukuzawa Yukichi (1834-1901) geprägter Ausdruck, mit dem dieser im Jahre 1885 Japan aufrief, sich kulturell von den rückständigen asiatischen Nachbarländern abzukoppeln. Der betreffende Artikel übersetzt von H. Okada als *On De-Azianization*, in: Centre for East Asian Cultural Studies Tôkyô (Hg.), *Meiji Japan through contemporary sources*, Bd. 3, Tôkyô 1972, S. 129-133. Vgl. auch K. Miwa, *Fukuzawa Yukichi's ›Departure from Asia‹*, in: E. Skrzypzak (Hg.), *Japan's Modern Century*, Tôkyô 1968.

44 Fukuzawa Yukichi, *Bunmeiron no gairyaku* (1875), in: Fukuzawa Yukichi zenshû, Bd. 4, S. 155. Dieser Text als *An Outline of a Theory of Civilization* übersetzt von A. Dilworth und G. C. Hurst, Tôkyô 1973, das Zitat dort S. 144. Maruyamas neueste Arbeit ist ein umfassender Kommentar zu dieser Schrift Fukuzawas (1986 als dreibändiges Taschenbuch im Verlag Iwanami erschienen).

45 Unter dem Slogan »nôhon« (Bauern sind die Grundlage des Staates) versuchten ab der Meiji-Zeit verschiedene politische Denker ein die Übel des Kapitalismus vermeidendes Japan zu konzipieren. Diese Geistesströmung war besonders in den zwanziger und dreißiger Jahren stark und mündete in die Ideologie des japanischen Faschismus ein. Vgl. Thomas R. H. Havens, *Farm and Nation in Modern Japan. Agrarian Nationalism 1870-1940*, Princeton 1974.

46 Okakura, Kakuzo, *The Awakening of Japan*, London 1922 new impression, 1. Aufl. 1904, S. 83-84. Zu Okakura vgl. oben Anm. 23.

47 Vgl. Oka Yoshitake, *Meiji shoki no jiyû-minken-ronsha no me ni eijitaru tôji no kokusai jôsei*, in: *Meiji-shi kenkyû sôsho*, Tôkyô 1957, Bd. 4 (Erstveröffentlichung 1935).

48 Shimizu Noburu, *Teikoku kenpô seitei kaigi*, Tôkyô 1940, S. 88. Allgemein zur Schaffung der Meiji-Verfassung vgl. George M. Beckmann, *The Making of the Meiji Constitution*, Lawrence 1957; George Akita, *Foundations of Constitutional Government in Modern Japan 1868-1900*; Murakami Junichi, *Einführung in die Grundlagen des japanischen Rechts*, Darmstadt 1974, S. 26-37.

49 Motoda Eifu (1818-91): Konfuzianer mit bedeutendem Einfluß am Hofe; führend beteiligt an der Niederschrift des »Erziehungserlasses« (vgl. Anm. 50). Vgl. Donald H. Shively, *Motoda Eifu. Confucian Lec-*

turer to the Meiji Emperor, in: David S. Nivison u.a. (Hg.), *Confucianism in Action, Stanford* 1959, S. 302-333; vgl. auch das oben erwähnte (Anm. 16) Werk von Warren W. Smith, passim.

50 Der »Kaiserliche Erziehungserlaß« (kyôiku chokugo) vom Oktober 1890 verkündet, gestützt auf das Konzept des Familienstaates und unter Berufung auf die Mythologie, die ewige Dauer des Kaiserhauses und die Pflicht der Untertanen zu absoluter Loyalität und Patriotismus. Ein Exemplar dieses kaiserlichen Erlasses befand sich bis 1945 in jeder Schule des Landes und wurde bei bestimmten Gelegenheiten feierlich verlesen. Dieser relativ simple Text diente als zentrale »heilige Schrift« des Tennôsystems. Die offizielle englische Übersetzung verschiedentlich nachgedruckt, u.a. in: Jon Livingston u.a. (Hg.), *The Japan Reader I,* Penguin Books 1976, S. 153-54, und in: Warren W. Smith, a.a.O., S. 268 (dort auch ausführlich über die Entstehung dieses Textes). Das erwähnte »Erziehungskonzept« (kyôiku gi) war ein in der Vorbereitungsphase des »Erziehungserlasses« von Inoue Kowashi niedergeschriebener Text, über den sich eine Diskussion mit Motoda Eifu entspann.

51 Shimizu Noboru, a.a.O., S. 89.

52 *Itô Hirobumi den,* Tôkyô 1940, 2. Bd., S. 656.

53 Dieser kaum übersetzbare Ausdruck (wörtlich: »Problem des Denkens«, aber praktisch: Frage der – regierungsfeindlichen – Weltanschauung bzw. Gesinnung) wurde besonders seit den späten zwanziger Jahren im Zusammenhang mit verschiedenen gegen sozialistische und liberale Ideen gerichteten Maßnahmen der Regierung gebraucht.

54 E. Lederer und E. Lederer-Seidler, *Japan – Europa. Wandlungen im Fernen Osten,* Frankfurt a. M. 1929, S. 229. Vgl. Mizunuma Tomokazu, *E. Rêderâ ‹Nihon – Yôroppa› oboegaki,* in: *Andô Yoshio kyôju kanreki kinen, Nihon shihonshugi – tenka to ronri,* Tôkyô 1978.

55 A.a.O., S. 230 (Kursivierung Lederer).

56 »Chian iji hô«: 1925 gleichzeitig mit dem allgemeinen Männerwahlrecht verkündetes Gesetz zur Kontrolle aller radikalen Bewegungen; 1928 verschärft (Todesstrafe und Lebenslänglich ergänzt); nach weiteren Verschärfungen 1934 und 1941 nach Kriegsende 1945 abgeschafft. Vgl. Richard H. Mitchell, *Thought Control in Prewar Japan,* Ithaca u. London 1976.

57 Gerichtsentscheidung vom 31. 5. 1929.

58 Der zuerst genannte Gesetzentwurf, »Kageki shakai undô torishimari hôan«, wurde 1922 von der Regierung dem Parlament vorgelegt, jedoch nach heftigen Protesten der Arbeiterbewegung wieder zurückgezogen. Seine Ziele wurden wenig später durch das 1925 verkündete »Gesetz zur Aufrechterhaltung von Ruhe und Ordnung« (vgl. Anm. 56) realisiert. Das als drittes genannte Gesetz, das »Shisô-han hogo kansatsu hô« (1936) hatte die Kontrolle der nach dem vorgenannten

Gesetz Angeklagten oder Verurteilten nach ihrer Entlassung, während eventueller Bewährungsfristen usw. zum Ziel. Zu diesem Zweck wurden in den Polizeistationen gesonderte Abteilungen geschaffen.

59 Die zentrale Organisation dieses Systems war die »Taisei yokusan kai« (Vereinigung zur Unterstützung der kaiserlichen Regierung), welche 1940 nach der Auflösung aller Parteien gegründet wurde und mit Hilfe verschiedener Zweigorganisationen möglichst viele der bisherigen politischen und gesellschaftlichen Organisationen absorbieren und für die Regierungsziele mobilisieren sollte, tatsächlich aber wegen interner Gegensätze nicht sehr effektiv war.

60 Gaimushô (Hg.), *Shûsen shiroku*, Tôkyô 1952, S. 631 (Kursivierung im Original).

61 Ôi Atsushi, *Tennô-sei to taiheiyô sensô*, in: desgl. S. 752.

62 Hiraizumi Kiyoshi (geb. 1895): Nationalistischer Historiker; seit 1935 Professor an der Universität Tôkyô; während des Krieges sehr einflußreich.

63 Die »Fünf-Artikel-Eidescharta« (gokajô no seimon) war die erste öffentliche politische Erklärung des neuen Tennô im März 1868. Da sie (in sehr knapper, allgemeiner Form) die weltoffenen, fortschrittlichen Aspekte der neuen Politik artikulierte, wurde dieser »Eid« des Tennô später gerne als Zeugnis für den demokratischen Charakter des neuen Systems interpretiert. Eine englische Übersetzung in: Tsunoda, Ryusaku, u.a. (Hg.), *Sources of Japanese Tradition*, New York 1958, S. 643-4.

64 Dieser Ausdruck bezeichnet in der alten japanischen Mythologie die alljährlich im 10. Monat in Izumo stattfindende Versammlung der Götter des ganzes Landes.

65 Aussage von Dr. Uzawa vor dem »International Military Tribunal for the Far East (1946/48).

66 Dieser in chinesischen und japanischen (konfuzianischen) politischen Texten in verschiedenen Variationen vorkommende Satz (Morohashi Nr. 5833, 245: »Das Reich ist nicht das Reich eines einzelnen Herrschers«; Morohashi Nr. 5833, 249: »Das Reich ist nicht das Reich eines Einzelnen, es ist das Reich des Reiches«) wurde Ende der Edo-Zeit z.B. von dem kaisertreuen Aktivisten Yoshida Shôin anfangs als Argument gegen den Shôgun bejaht, später aber als der Kaiserherrschaft widersprechend verneint. Vgl. David M. Earl, *Emperor and Nation in Japan*, Seattle 1964, S. 11 und 188.

67 »Genrô« (in Englisch als »elder statesmen« übersetzt) bezeichnete eine informelle, nicht in der Verfassung vorgesehene Gruppe von Politikern, die den Kaiser berieten und u.a. den entscheidenden Einfluß bei der Ernennung des Ministerpräsidenten hatten. Diese Gruppe setzte sich aus um die Umwälzung von 1868 und den Aufbau des neuen Systems verdienten Männern zusammen und löste sich auf natürlichem Wege auf: der letzte Genrô, Saionji Kinmochi, starb 1940. Ab Mitte

der dreißiger Jahre wurde diese Gruppe deshalb von der ebenso informellen, nicht in der Verfassung vorgesehenen Institution der »jûshin« (»führende Vasallen«, »senior retainer«) abgelöst, welche sich aus ehemaligen Ministerpräsidenten und führenden Hofbeamten zusammensetzte. Vgl. R. F. Hackett, *The Meiji Genro*, in: R. E. Ward und D. A. Rustow (Hg.), *Political Modernization in Japan and Turkey*, Princeton 1964, S. 328-354.

68 »Bungen« und »bunsai« sind aus dem konfuzianischen Denken überkommene Begriffe, die beide gleicherweise »Begrenzung des Anteils [der Pflichten]« bedeuten. »Bun« ist der vom »Himmel« dem einzelnen zugewiesene »Anteil«.

69 Mori Arinori (1847-89): Aufklärer der frühen Meiji-Zeit, 1885 erster Kultusminister Japans, 1889 von einem nationalistischen Fanatiker ermordet. Sein 1869 vorgebrachter Vorschlag, das Schwerttragen der Samurai abzuschaffen, rief damals heftigste Reaktionen hervor. Vgl. Ivan P. Hall, *Mori Arinori*, Cambridge, Mass. 1973.

70 Dies in der Bewegung für Freiheit und Volksrechte entstandene populäre Lied lautet in Japanisch: »Yoshiya shibiru wa mada fujiyû de mo, porichikaru sae jiyû nara«.

71 E. Troeltsch, *Gesammelte Schriften*, Bd. 4, S. 302.

72 H. J. Laski, *The Grammar of Politics*, London 1925, S. 21.

73 Die Revision der ab 1858 mit den verschiedenen europäischen Mächten und den USA geschlossenen »Freundschafts- und Handelsverträgen«, welche in bestimmten Punkten für Japan sehr ungünstig waren (Einschränkung der Zollhoheit, keine Jurisdiktion über Ausländer u.a.), bildeten ein wichtiges Thema der japanischen Politik während der achtziger und neunziger Jahre des 19. Jahrhunderts. An diesem Thema entzündete sich die Opposition zur Regierung, und es war auch ein treibendes Motiv für die Anstrengungen der Regierenden in Richtung auf institutionelle Reformen (ein von der Gegenseite vorgebrachtes Argument für die Nicht-Gleichbehandlung Japans war, daß Japan noch kein »zivilisiertes« gesellschaftliches System habe). Der Kampf für die Revision dieser Verträge fand erst 1911 seinen erfolgreichen Abschluß.

74 Yamagata Aritomo (1838-1922): Führender Militär und Politiker der Meiji-Zeit; zunächst Aufbau der neuen Armee, ab 1885 als erster Innenminister Japans Aufbau der auf die Zentralregierung ausgerichteten, auf die Großgrundbesitzer gestützten lokalen Selbstverwaltung. 1889-91 und 1898-1900 Ministerpräsident, aber auch danach als »Genrô« großer Einfluß auf die Politik.

75 »Iriai« bezeichnet das Gewohnheitsrecht der Bewohner eines Dorfes oder einer Gegend, gemeinsam bestimmte Wälder und Felder bzw. Fluß- oder Meeresabschnitte zu nutzen.

76 Kobayashi Morito, *Tenkôsha no shisô to seikatsu*, Tôkyô 1935, S. 15.

77 Zeitschrift *Rôsei jihô* vom 21. 8. 1942.

78 Zeitschrift *Sangyô kumiai* vom Mai 1938, S. 54.

79 Dieser berühmte Satz des Juristen Hozumi Yatsuka (1860-1912) steht in einem im August 1891 veröffentlichten, gegen das neue Bürgerliche Gesetzbuch gerichteten Aufsatz. Die Diskussion über dieses am französischen Vorbild orientierte Gesetzbuch führte schließlich zum Aufschub der Inkraftsetzung des bereits verkündeten Gesetzeswerks und schließlich zur Schaffung eines stärker am deutschen BGB orientierten Gesetzbuches (ab 1898 in Kraft). Vgl. Ishii, Ryosuke, *Japanese Legislation in the Meiji Era*, Tôkyô 1958, S. 577 ff., und Murakami, Junichi, *Einführung in die Grundlagen des japanischen Rechts*, Darmstadt 1974, S. 46 ff.

80 »Genyôsha«: 1881 von Tôyama Mitsuru u.a. gegründete nationalistische Vereinigung. Aus der demokratischen Bewegung heraus entstanden, artikulierte sie im Widerstand zur Regierung stark traditionelle Emotionen und antimodernistische Gedanken. Mit ihrem Panasianismus bildete sie ein Bindeglied zu den Befreiungsbewegungen Asiens, beförderte aber gleichzeitig die imperialistische Ausbreitung Japans auf dem Festland und mündete schließlich in den japanischen Faschismus ein. Vgl. Marius B. Jansen, *The Japanese and Sun Yat-sen*, Stanford 1954, S. 35 ff.

81 »Dai Nihon seisan tô«: 1931 gegründete Partei, in welcher sich verschiedene rechtsgerichtete Gruppen zusammenfanden und die sich (durch Gewerkschaftsgründung u.ä.) um die Schaffung einer breiten Basis für die faschistische Bewegung bemühte.

82 »Kindai no chôkoku«: Titel einer Gesprächsrunde mit Kobayashi Hideo (vgl. Anm. 14), Kamei Katsuichirô und anderen; wird zur Kennzeichnung verschiedener antimodernistischer Geistesströmungen gebraucht (Nov./Okt. 1942 in der Zeitschrift *Bungakukai*).

83 *Kaku rentai-ku kannai minjô fûzoku shisôkai no genjô*, Bericht vom Dezember 1913.

84 Shibusawa Eiichi (1840-1931): Bedeutender Industrieller; schuf in der Meiji-Zeit die »Shibusawa-zaibatsu«, der über 500 Firmen angehörten. Vgl. J. Hirschmeier, *Shibusawa Eiichi: Industrial Pioneer*, in: W. W. Lockwood (Hg.), *The State and Economic Enterprise in Japan*, Princeton 1970[2], S. 209-247.

85 Stellungnahme Shibusawa Eiichis auf der ersten »Nô-shô-kô kôtô kaigi« (Konferenz von Vertretern von Landwirtschaft, Handel und Industrie mit hohen Beamten der Ministerien) im Oktober 1896.

86 Hozumi Yatsuka, *Hozumi Yatsuka hakushi ronbunshû*, Tôkyô 1913, S. 365 und 329.

87 Kida Minoru (geb. 1894): Schriftsteller; mit seinen ab 1948 veröffentlichten Romanen (*Kichigai buraku shûyû kikô* usw.) und Essays versuchte er die kulturelle Situation des heutigen Japan aus der Perspektive des Dorfes kritisch zu erfassen.

88 Der Schriftsteller Arishima Takeo (1878-1923) gebrauchte das englische Wort »loafer« (eigentlich: Herumtreiber, Gammler), um sein Ideal des freien, nur der Entfaltung der eigenen Individualität lebenden, keine Kompromisse mit der Konvention schließenden Menschen zu kennzeichnen. Dieses Ideal sah er in Walt Whitman verwirklicht.

89 Maruyama bezieht sich hier auf die Begründung der realistischen Schreibweise durch Tsubouchi Shôyô (1859-1935), vor allem in dessen romantheoretischer Schrift *Shôsetsu shinzui* (1885/6). Dort wird die Technik des bürgerlichen realistischen Romans (kausale Handlungsverknüpfung, »gemischte« Charaktere usw.) gegen die traditionelle moralisierende Literaturauffassung der Edo-Zeit gesetzt, während in Westeuropa (im 18. Jahrhundert) diese Technik Ausdruck eines durch rationale Welterfassung und bürgerliche Moralität charakterisierten neuen Menschenbildes vor. Zwar fehlte auch bei Shôyô nicht das Element des neuen Menschenbildes, war dort jedoch tatsächlich schwächer ausgebildet, was den Rückfall in die Beschränkung auf das Erfassen der unmittelbaren sinnlichen Erfahrung und der Gefühlsnuancen (in den neunziger Jahren) ermöglichte. Zu Shôyô vgl. Marleigh G. Ryan, *The Development of Realism in the Fiction of Tsubouchi Shôyô*, Seattle 1975, und dies., *Japan's First Modern Novel*, New York 1967.

90 Kobayashi Hideo: X e no tegami: »2 + 2 = 4 ist eine saubere Abstraktion. Es ist eine so saubere Abstraktion, daß es schon albern ist, dies als Abstraktion zu bezeichnen. Da sie auf solchen sauberen Abstraktionen aufgebaut ist, vermag die exakte Wissenschaft in allem Beweisbarkeit anzustreben, und sie ist auch beweisbar. Alles nicht zu dieser abstrakten Welt gehörende menschliche Denken ist unbeweisbar. Denn dies alles ist mehr oder weniger auf unsauberen Abstraktionen aufgebaut. Deshalb ist in der Menschenwelt auch der genaueste logische Ausdruck strenggenommen nur eine Angelegenheit des Stils, nur eine Frage der Rhetorik. Mit einfachen Worten gesagt: alles Denken des Menschen mit Ausnahme der exakten Wissenschaften ist Literatur.« (*Kobayashi Hideo zenshû*, Bd. 2, Tôkyô 1956, S. 147.

91 Maruyama bezieht sich hier auf ein berühmtes Zitat des Schriftstellers Futabatei Shimei (1864-1909): »Die Literatur reicht nicht hin, um daraus die Lebensaufgabe eines Mannes zu machen.« Tatsächlich hat der Autor diesen Ausspruch nie wörtlich so getan. Allerdings gibt es von ihm eine ganze Reihe von Äußerungen der Geringschätzung der Literatur (im Vergleich mit gesellschaftlich-staatlichem Handeln). Zu diesem Zitat vgl. Shimizu Shigeru (Hg.): *Futabatei Shimei*, Tôkyô 1967, S. 10 f.

92 Katô Shûichi (geb. 1919). Kulturkritiker, auch international aktiv (in den siebziger Jahren zeitweise Professor an der FU Berlin). Die von Maruyama erwähnte Auffassung findet sich in der Aufsatzsammlung *Zasshu bunka* (= Bastardkultur, 1956) ausgeführt.

93 Maruyama gebrauchte diese Bilder in dem Aufsatz »Shisô no arikata ni tsuite« (= Über die Situation des Denkens, Erstveröffentlichung 1957, 1961 in der Buchausgabe von *Nihon no shisô*). »Sasara« ist ein Bambusbesen, der aus mehreren zusammengebundenen, an der Spitze jeweils fein aufgespaltenen Bambusstöcken besteht. »Takotsubo« sind irdene Töpfe mit engen Öffnungen, die zu mehreren ins Meer versenkt werden, um darin Polypen zu fangen (zum Schluß sitzt in jedem Topf ein Polyp und kann nicht mehr heraus).

94 *Shôwa shi:* Titel einer von drei marxistischen Historikern (Tôyama Shigeki u. a.) 1955 veröffentlichten Darstellung der Geschichte der sog. Shôwa-Zeit (ab 1926), d. h. praktisch des Zweiten Weltkrieges und seiner Vorbereitung. Dieses Buch wurde damals von manchen Kritikern (Kamei Katsuichirô u. a.) als »Geschichte ohne Menschen« kritisiert und löste eine Diskussion über die Methode der Geschichtsforschung und -schreibung aus.

95 Das schwer übersetzbare Wort »wakudeki« (= engl. »infatuation, credulity«) gebrauchte Fukuzawa Yukichi zur Charakterisierung des kritiklosen Festhaltens an liebgewordenen Gewohnheiten. Vgl. Carmen Blacker, *The Japanese Enlightenment*, Cambridge 1964, S. 63.

Die japanischen Intellektuellen

I

Obwohl das Wort »Intellektuelle« heutzutage überall in der Welt ebenso wie die Begriffe »Sozialismus«, »Totalitarismus« oder »Ideologie« geläufig ist, gehört es wie diese zu jener Gruppe von Wörtern, deren Bedeutung vage ist. Die Diskussionen über die Intellektuellen gehen dementsprechend meist von der Frage »Was ist ein Intellektueller?« aus. Wenn aber ein Japaner sich gegenüber einem westeuropäischen Publikum über Intellektuelle in Japan äußern möchte, dann steht er, noch bevor er mit einer Definition beginnt, vor der Frage, *welchen* japanischen Begriff er denn eigentlich zu Anfang definieren sollte. Natürlich haben die einzelnen europäischen Wörter, wenn wir einmal Englisch (*the intellectuals*), Französisch (*les intellectuels*) und Deutsch (*die Intellektuellen*) als Beispiele nehmen, jeweils leicht unterschiedliche Nuancen, aber sie sind alle vor dem Hintergrund der westeuropäischen *culture* entstanden und besitzen eine gemeinsame Wurzel, so daß sie bei allen Differenzen höchstens Variationen innerhalb derselben Kultur sind. Falls in Westeuropa eine Reflexion dieser Ausdrücke erforderlich ist, so würde es meines Erachtens ausreichen, über die Beziehung zwischen den gerade genannten Wörtern und dem aus dem Russischen stammenden *intelligencija* nachzudenken. Im Falle Japans jedoch müssen wir mit der Prüfung *vieler* japanischer Wörter beginnen, die mit dem westeuropäischen Begriff »Intellektueller« – sei es nun im Englischen, Französischen oder Deutschen – alle mehr oder weniger einen Bedeutungszusammenhang haben. Sicherlich sind auch im modernen Japan Menschen aufgetreten, die *ihrem Wesen nach* den Intellektuellen Westeuropas in etwa entsprechen, und wir kennen ebenfalls die Probleme, die in der intellektuellen Welt Europas im Rahmen der Diskussion über »die Intellektuellen« behandelt werden. Wir haben in erstaunlichem Maße Gemeinsamkeiten – bis hin zu den Schmähungen der Intellektuellen des eigenen Landes. Oft wird darüber geschimpft, daß nirgends sonst so wie in Japan die Intellektuellen über ihr Land schlecht sprechen, daß nirgendwo sonst die Intellektuellen es schlechterdings als eine Schande empfinden, in ihrem eigenen Lande geboren zu sein, usw. – ironischerweise eben von japanischen

Intellektuellen. Aber es war niemand anderes als George Orwell, der im Jahre 1941 gesagt hat: »Daß Intellektuelle sich ihrer eigenen Nationalität schämen, dürfte unter den großen Ländern der Welt wahrscheinlich nur in England der Fall sein.« So können wir die Diskussion über die Intellektuellen hier und in Westeuropa als *dem Wesen nach* gleich gelagert ansehen. Dennoch: wenn wir *eines* der japanischen Wörter, die auf die »Intellektuellen« weisen, auswählen sollen, dann stehen wir vor einer fast unlösbaren Aufgabe. Das muß man sich zunächst vergegenwärtigen.

Zählen wir im folgenden einmal die seit der Meiji-Reform aufgekommenen wichtigsten japanischen Begriffe in ihrer historischen Reihenfolge auf, die bei der Erörterung von Problemen verwendet wurden, die denen in Diskussionen über die Intellektuellen in Westeuropa gleichen: a) *gakusha* (Gelehrter/Wissenschaftler), *gakusha sensei* (Herr Gelehrter); b) *gakushikisha* (Gelehrter), c) *yûshikisha* (Gebildeter), *yûshikisha-kaikyû* (Gebildetenklasse). Diese Ausdrücke wurden in der Meiji-Zeit (1868-1912) benutzt. Mit der Taishô-Zeit (1912-1926) kamen d) *chishiki-kaikyû* (Intelligenz-Klasse) und e) *interi* (Intellektuelle) in Gebrauch; und als nach dem Zweiten Weltkrieg verwendetes Wort gibt es noch f) *bunkajin* (Kulturträger). Wenn wir hier noch *chishikijin* (Intellektuelle) hinzufügen, kommen wir auf sieben verschiedene Ausdrücke. Weil dieser zuletzt angeführte Ausdruck *chishikijin* (Intellektuelle) eine direkte Übesetzung aus den westeuropäischen Sprachen ist, wird er heutzutage in Zeitschriften und Zeitungsfeuilletons verwendet, wenn über die Intellektuellen diskutiert wird, aber in der Alltagssprache benutzen wir Japaner das Wort nicht allzu häufig. Daß man im wissenschaftlichen oder literarischen Bereich also den Ausdruck *chishikijin* wählen muß, welcher *kein Alltagsausdruck* ist, wenn man über die Intellektuellen redet, ist selbst schon ein Hinweis darauf, daß keiner der gerade angeführten Ausdrücke eine genaue Entsprechung von »Intellektueller« ist. Und in der spezifischen Form der »kulturellen Tradition« und der »Europäisierung« Japans liegt begründet, daß wir statt eines Wortes mehrere ähnliche bzw. einander nahe Wörter haben. Folglich ist es zwar leicht, unter Hintanstellung der Bedeutungsfrage, und indem man es als selbstverständlich ansieht, daß es in Japan tatsächlich »Intellektuelle« gibt, über die Intellektuellen zu reden, aber für ein Verständnis der Position und der Rolle der Intellektuellen im Kontext der japanischen Gesellschaft dürfte gerade dieses Vorgehen eher Mißverständnisse produzieren. Es mag paradox klingen, aber ich halte es für gefährlich – gerade weil überall in der Welt Menschen, die als Zeugen der Universalität kulturellen Tätigkeiten nachgehen, als »Intellektuelle« charakterisiert werden –, daß Intellektuelle wie selbstverständlich davon ausgehen, überall in der Welt müsse es eben auch ihresgleichen geben. Denn über Intellektuelle in einer bestimmten Gesellschaft kann man nicht diskutieren, ohne das Bild zu berücksichtigen, welches die Menschen *jener* Gesellschaft traditionell von den Intellektuellen haben. Mir scheint der Umstand, daß seit 1868 verschiedene Bezeichnungen benutzt wurden, die Differenzierung des japanischen Bildes des Intellektuellen im Verlauf der modernen Geschichte Japans widerzuspiegeln.

Als ein konkretes Beispiel, das zeigt, daß diese terminologische Frage keine Spitzfindigkeit ist, sondern in einer tiefen Beziehung zur soziologischen Betrachtung des Intellektuellen steht, möchte ich aus der oben angeführten Reihe das Wort e), also das japanische Lehnwort *interi*, herausgreifen und die Entwicklung seiner Bedeutung untersuchen. Auch *interi* ist kein Wort, das an sich dem »Intellektuellen« entspricht. Aber es wird im Vergleich mit den anderen Wörtern ähnlichen Bedeutungsgehalts am häufigsten im Alltag benutzt. Gerade deshalb drückt sich die Schwierigkeit zu bestimmen, wer eigentlich im modernen Japan Intellektueller ist, in der Unschärfe dieses Begriffs *interi* konzentriert aus.

Seiner Herkunft nach ist *interi* die japanische Abkürzung des russischen *intelligencija*. Dementsprechend trug es zum Zeitpunkt seiner Einführung in den zwanziger Jahren mehr oder weniger seine ursprüngliche Bedeutung, d.h., dieser Ausdruck bezeichnete die revolutionären oder systemkritischen Intellektuellen des zaristischen Rußland – wofern er sich nicht auf die orientierungs- und energielosen Intellektuellen, wie sie etwa in Gončarovs Roman *Oblomov* vorkommen, bezog – und deren »japanische Ausgabe«, für die auch die ursprüngliche russische Bedeutung galt. Bald jedoch begann dieses Lehnwort hier Wurzeln zu schlagen, wurde zum Alltagsausdruck *interi*, und man begann es in einem vom Wortursprung losgelösten weiteren Sinn zu benutzten. Zugleich flossen eine Reihe historischer Vorstellungen, wie sie mit den oben erwähnten Begriffen »Gelehrter« etc. verbunden waren, ein.

Nehmen wir also das Wort *interi* und versuchen seine Bedeutung zu analysieren. Erstens werden mit *interi* Intellektuelle nach ihrer formalen Qualifikation definiert. Dies wollen wir vorläufig »Intellektuelle in formalem Sinne« nennen. Es sind dies Leute, die zum Zeitpunkt ihrer Kennzeichnung als *interi* eine höhere Bildung erhalten, sowie solche, die eine höhere Schulbildung erfahren haben. In diesem Fall ist »höhere Schulbildung« ein historisch relativer Begriff. Bis zum Ende der Meiji-Zeit bedeutete eine *höhere* Schulbildung den Eintritt in die Mittelschule nach Beendigung der Schulpflicht. Bis zur Zeit vor dem Zweiten Weltkrieg verstand man unter höherer Schulbildung den Besuch von Oberschulen oder Fachschulen bzw. den Abschluß einer darüber hinausgehenden Ausbildung. Wer einen solchen Bildungsgang vorweisen konnte, war ein sogenannter *interi*. Wenn man z.B. vor dem Krieg als Soldat einberufen wurde oder wenn wir zum jährlichen Appell antreten mußten, wurden wir beim Aufstellen der Gemusterten so eingeteilt: »Wer die Mittelschule abgeschlossen hat, stellt sich hier auf!«, »Wer Ober- oder Fachschule abgeschlossen hat, stellt sich dort auf!« Es hieß also »Wer Ober- oder Fachschule abgeschlossen hat«, und nicht »Universitätsabsolventen«. Die Universitätsabsolventen bildeten gegenüber der großen Mehrheit der Bevölkerung mit Volksschulabschluß eine Gruppe, die sozusagen über den Wolken schwebte. Ich habe mich niemals so von der Bevölkerung isoliert gefühlt wie damals. Unter der Menge der in einem großen Park versammelten Gemusterten machten die Schulabgänger von Ober- oder Fachschulen wirklich nur eine Handvoll aus. In dieser Weise ist »höhere Schulbildung« ein historischer Begriff. Auch die Universitätsstudenten waren *interi*, und ich erinnere mich daran, während meiner Studienzeit von einem Taxifahrer vorwurfsvoll mit »ihr *interi*!« angeredet worden zu sein.

Zu beachten ist im Zusammenhang mit dieser ersten Definition, daß es für die, die einen Bildungsgang mit »höherer Schulbildung« durchlaufen hatten, *belanglos* war, wie sie ihren Intellekt nach Schulabschluß benützten – das Abschlußzeugnis an sich besaß als Beweis ihrer Zugehörigkeit zu den *interi* lebenslang Gültigkeit. Hierin liegt die Bedeutung von »diploma society« (nach R. Dore) (*gakureki-shakai*), von der heutzutage oft gesprochen wird. Denn »Ausbildungsgang« (*gakureki*) ist ein aus der Verbindung zweier eigentlich sich widersprechender Prinzipien – dem »Konkurrenzprinzip« und dem »ständischen Prinzip« – hervorgegangener Begriff. In Europa ist es ein vergleichsweise junges Phänomen, daß man Techniker und überhaupt umfassend die Angestellten in Ver-

waltung und Unternehmen in Erörterungen über »Intellektuelle«
einbezieht. In Japan aber wurden schon etwa ab 1890 z.B. hohe
Beamte und die Managerschicht an der Spitze von Unternehmen,
aber auch die überwältigende Mehrheit der Angehörigen der
öffentlichen und privaten Bürokratien wegen ihres »höhere Bildung« umfassenden Ausbildungsganges bzw. ihrer formalen schulischen Qualifikation als »Gelehrte« (*gakushikisha*), »Gebildete«
(*yûshikisha*) oder »Intelligenz-Klasse« (*chishiki-kaikyû*) bezeichnet, und diese Bedeutungen flossen später in das Bild von den *interi* ein. Da weiterhin seitens der Gesellschaft in die Studenten und
Absolventen der höheren Bildungseinrichtungen die Erwartung
gesetzt wurde, daß diese in der Zukunft die Elite des Großjapanischen Reiches bildeten, ist in der angeführten formalen Begriffsbe-
stimmung von *interi* neben »schulischer Qualifikation« auch
enthalten: »Leute, die jetzt oder in Zukunft in der öffentlichen
oder privaten Bürokratie eine relativ hohe Position einnehmen
werden«. In diesem Sinne können wir diese formale zugleich auch
als eine »institutionelle Definition« bezeichnen. Die *interi* bzw.
ein Großteil von ihnen waren *organization-men* und innerhalb der
Organisationen wiederum die Elite. Eine solche Definition ist
auch heute im Fall der Entwicklungsländer oder der sozialistischen
Länder nicht besonders ungewöhnlich; im Falle Japans jedoch war
diese Definition, auch nachdem es die Phase des »take-off« der
kapitalistischen Modernisierung schon längst hinter sich hatte und
zum hochentwickelten Industriestaat herangewachsen war, weiterhin lebendig. Zur Zeit der Wirtschaftskrise Anfang der dreißiger Jahre tauchte der Ausdruck »die Notlage der *interi*« manchmal
in den Schlagzeilen von Zeitungen und Zeitschriften auf. Dieser
Ausdruck bezeichnete nicht die Notlage von Wissenschaftlern,
Schiftstellern, Künstlern, Kulturkritikern, Juristen, Ärzten, Lehrern oder ähnlichen Leuten, sondern das Phänomen, daß Leute
trotz einer schulischen Qualifikation mit »höherer Bildung« nicht
wie bisher gleich nach ihrem Schul- oder Universitätsabschluß eine
Stelle in einer Behörde oder Firma antreten konnten bzw. daß die
Anzahl der aufgrund von Rationalisierung oder Bankrott von Unternehmen entlassenen Leute rapide zunahm. Das war der Gegenstand von Zeitungsberichten über die »Notlage der *interi*«.
  Wenige Jahre zuvor war das russische Wort *intelligencija* eingeführt worden. Bekanntlich wurde von der zweiten Hälfte der
zwanziger Jahre bis Anfang der dreißiger Jahre das »Weltanschau-

ungsproblem« (*shisô-mondai*) (wörtlich: »Gedanken-Frage«, im Sinne »gefährlicher Gedanken/Ideen« aus dem Ausland, die die Loyalität der Japaner zum Staat untergraben könnten – d. Übers.) zum Gegenstand heftiger Auseinandersetzungen. Zu Beginn taten wir uns sehr schwer damit, diesen Begriff Ausländern zu erklären, aber inzwischen hat er ziemliche Verbreitung gefunden, so daß, wenn man ihn mechanisch mit »thought problem« übersetzt, jedenfalls die Japan-Experten im allgemeinen sofort verstehen, worum es geht. Der Grund, warum die herrschenden Schichten Japans über dieses »Weltanschauungsproblem« in Aufregung und Schrecken gerieten, war nicht die Radikalisierung einer *intelligencija* im ursprüglichen Sinne, sondern vielmehr die Tendenz von *interi* im oben erwähnten erweiterten Wortsinn, also von Studenten und Absolventen der Universitäten, Ober- und Fachschulen, mit »gefährlichen Gedanken« infiziert zu werden. So findet sich damals in einem Untersuchungsbericht der Abteilung für innere Sicherheit im Innenministerium der folgende Passus: » Sieht man das mit dem Weltkrieg einsetzende Hereinströmen der demokratischen Ideen, sieht man weiterhin den Import sozialistischer und kommunistischer Ideen unter dem Einfluß der Russischen Revolution, so kann man feststellen, daß sich diese Ideen sogleich wie ein Steppenbrand im Denken der Bevölkerung ausbreiteten, bis schließlich nach dem Großen Erdbeben (1923) *die sogenannten gebildeten Schichten, die Absolventen von Ober- und Fachschulen sowie Universitäten* ganz besonders von dieser geistigen Bolschewisierung erfaßt wurden …« (Hervorhebung von M. M.)

Die Frage, welche Bedeutung dieses »Weltanschauungsproblem« damals für die Intellektuellen hatte, werde ich später nochmals aufgreifen; hier möchte ich die Aufmerksamkeit darauf lenken, daß die traditionelle, formale und institutionelle Definition von »gebildeten Schichten« auch in der Diskussion über die Bolschewisierungstendenzen unter den *interi* unverändert wirksam war. Falls die der »Bolschewisierung« Verdächtigen nur aus der Intelligenz im engen Sinne, d.h. im Sinne der zaristischen *intelligencija* gekommen wären, hätte sich die Situation für die Behörden weit harmloser dargestellt; diese mußten aber feststellen, daß es sich darüber hinausgehend um breite Teile der »gebildeten Schichten« handelte – daß sich also gerade jene Leute »bolschewisierten«, von denen man erwartete, sie würden die Elite des Großjapanischen Reiches bilden. Deshalb wurde das »Weltanschauungsproblem«

zum Alptraum für die herrschenden Schichten, der sie zum Zittern zu bringen vermochte. Mehr noch als vor dem Druck der Arbeiterklasse hatte man die Furcht, die »Bolschewisierten« könnten Termiten gleich das Establishment des Großjapanischen Reiches von innen zerfressen: hierin liegt die Ironie der »Bolschewisierungs«frage im Vorkriegs-Japan.

Als Folge der nach dem Zweiten Weltkrieg durchgeführten umfassenden Reform des Erziehungssystems und des raschen Anstiegs der Studentenzahlen sank natürlich die gesellschaftliche Wertschätzung von Studenten und Hochschulabsolventen im Vergleich zu früher. Es trat also ein Wertverlust der Absolventen mit höherer Schulbildung ein, verursacht durch die inflationäre Zunahme ihrer Zahl; insoweit geriet die Gleichung »Absolventen mit höherer Schulbildung = *interi*« ins Wanken, wobei aber bekanntlich nach wie vor durch einen Abschluß an einer der traditionsreichen »berühmten Universitäten« der Aufstieg in Behörden und Großunternehmen garantiert ist. Unverändert werden auch Abteilungsleiter in Großunternehmen und Behörden selbstverständlich als *interi* angesehen. Universitätsprofessoren betrachtet man natürlich als die *interi* innerhalb der *interi*, aber auch dies nicht wegen ihres intellektuellen Formats, sondern eher wegen ihres Professorenstatus. Der Schriftsteller Oda Makoto führt in einem Bericht über Amerika eine Unterhaltung an, in der der Satz vorkommt: »Is he just a university professor or an intellectual?« Würden wir nicht den Fragenden für etwas seltsam halten, wenn wir uns diese Frage wörtlich ins Japanische übersetzt und in Japan gesprochen vorstellen? Es besteht also ein Problem der *Differenz* zwischen den anfangs erwähnten Wörtern.

Ist nun die Bedeutung von *interi* mit solcher formalen und institutionellen Definition erschöpft? Keineswegs. Nehmen wir etwa den Fall, daß in einer Unterhaltung unter einfachen Leuten ohne besondere Schulbildung gesagt wird: »Du bist aber wirklich *interi*!« Hier kommt eine substantielle Definition von *interi* zum Tragen. Allerdings wird das Wort dabei nicht wie das Substantiv »Gebildeter« benutzt, sondern adjektivisch: »Du bist aber wirklich *interi*!« (»Du bist aber wirklich intelligent!«). In diesem Fall weist das Wort auf die Fähigkeit und die Neigung hin, über Fertigkeiten und Wissen, die an einen bestimmten Arbeitsplatz gebunden sind, hinausgehend allgemeine, universale Angelegenheiten zu diskutieren; solcher Gebrauch kommt der Definition von »Intellektueller« in der westeuropäischen Welt näher. Der Prototyp für diesen Wortgebrauch findet sich vielleicht in dem in den klassischen Witzgeschichten (Rakugo) vorkommenden *monoshiri* (der »über alles Mögliche Bescheid Wissende«) – in der Regel der Besitzer von Mietwohnungen oder ein alter Mann, der sich aufs Altenteil zurückgezogen hat. Zumindest ist zu beachten, daß in der heutigen Alltagssprache das Wort in den meisten Fällen adjektivisch benutzt wird und eine auf eine bestimmte soziale Schicht hinweisende Bedeutung nur schwach entwickelt ist. Dies verweist darauf, daß in Japan jedenfalls auf universales Wissen gerichtete intellektuelle Neugier nicht auf die oben definierten *interi* beschränkt ist, sondern in der allgemeinen Öffentlichkeit verbreitet ist. Mit einem etwas übertriebenen Ausdruck könnte man im Hinblick auf diese Neigung vom japanischen Volk als »100 Millionen Kritiker« sprechen.

Es fällt schwer, sich die japanischen Intellektuellen als eine die verschiedenen *professions* (von Anfang an existiert kein japanisches Wort für »Beruf« oder »profession«!) wie Schriftsteller, Künstler, Kolumnisten, Kritiker, oder auch Lehrer, Juristen und Ärzte umfassende, in bezug auf ihre soziale Zusammensetzung *in sich geschlossene* soziale Gruppierung vorzustellen. Eher gilt eine Definition durch die schulische Qualifikation oder eine Unterscheidung nach Zugehörigkeit zu einer öffentlichen oder privaten Bürokratie als Unterscheidungsmerkmal bei der Beantwortung der Frage »Was für einer ist der?« Im Vergleich zu den westeuropäischen Ländern sind andererseits universale Bildung und der Hunger nach Bildung durchaus nicht proportional zu schulischer Qualifikation und gesellschaftlicher Position, sondern finden sich in sehr weiten Kreisen der Bevölkerung verteilt. Wir können also hier von einer Art Doppelstruktur sprechen.

Es wird ab und zu darauf hingewiesen, daß der Inhalt der repräsentativen Zeitungen Japans mit einer Auflage von mehreren Millionen, verglichen mit den *quality papers* Europas und Amerikas, allgemeinverständlich und am großen Publikum orientiert ist, daß aber im Gegensatz zu den Massenblättern Westeuropas hier Diskussionsbeiträge und Essays abgedruckt werden von einem Niveau, wie man es dort beim besten Willen nicht finden kann. Daß ferner die von Unterhaltungszeitschriften deutlich unterschiedenen kritischen Monatszeitschriften Zigtausende oder gar über hunderttausend feste Leser haben, versetzt Westeuropäer öfters in Staunen. Auch daß besonders schwierige philosophische Texte, von Nietzsche bis zu Sartre, mehrfach übersetzt werden und auch diese eine Auflage von mehreren zehntausend oder mehr als hunderttausend haben, ist keineswegs ein Phänomen der Nachkriegszeit. Nehmen wir als Beispiel die Gesammelten Werke von Marx und Engels: Die ersten Bände erschienen 1928 im Verlag Kaizôsha, und in fünf Jahren war die Ausgabe abgeschlossen. Eine solche Gesamtausgabe gab es damals nicht einmal in der Sowjetunion; sie war die einzige umfassende Sammlung der Werke von Marx und Engels in der Welt. Japan war das erste Land, in dem eine solche Sammlung erschien. Fragen wir nach den verkauften Exemplaren, so waren dies beim ersten ausgelieferten Band 150.000; von jedem Band wurden durchschnittlich 120.000 Exemplare verkauft. Diese Auflage ist nicht nur in den USA, sondern auch in Europa kaum vorstellbar. Natürlich bedeutet Gekauftwerden nicht unbedingt Gelesenwerden. Und Gelesenwerden ist wieder etwas anderes als Verstandenwerden. Aber selbst dies in Rechnung gestellt, kann man, glaube ich, das allgemein hohe Niveau der intellektuellen Neugier der Japaner und deren gesellschaftliche Verbreitung nicht leugnen.

Allerdings ist diese kulturelle und intellektuelle Neugier, wenn auch sozial weit verbreitet, in überwältigendem Maße auf die junge Generation zwischen Sechzehn und Dreißig konzentriert. Daher »absolviert« der größte Teil dieser Leser (einschließlich der Universitätsabsolventen) mit den höheren Bildungseinrichtungen auch sehr rasch die universale Bildung. D.h., es besteht die Tendenz, nun ausschließlich nach den mit dem Arbeitsplatz verbundenen technischen Kenntnissen zu streben. Dieser Übergang ist eines der Charakteristika der »Jugendkultur« in Japan. In einem japanischen privaten Kurzwellensender gibt es ein Musikprogramm mit dem Titel »Classic for Young« (so lautet der etwas seltsame »englische« Titel), wohingegen man sich ein Programm »Classic for Old« überhaupt nicht vorstellen kann. Dies betrifft nicht nur klassische Musik: fast die gesamte Kulturproduktion ist in Japan »for young«. Demgegenüber ist das Land in Politik und Geschäftswelt nach wie vor in erstaunlichem Maße eine Gerontokratie. In einem europäischen Opernhaus, in dessen Publikum sich Alt und Jung, Männer und Frauen mischen, habe ich einmal einen neben mir sitzenden Freund im Scherz gefragt, ob man nicht mal in Japan jene Beziehung umkehren und den Grundsatz »Herrschaft der Jungen,

Kultur der Alten« aufstellen sollte. Vielleicht wäre es besser, die Jungen frühzeitig zur Übernahme von Verantwortung und zur Aneignung von Fähigkeiten bei der Durchführung organisatorischer Aufgaben zu veranlassen. Und vielleicht würde umgekehrt die Kultur, für die die Akkumulation von Tradition unabdingbar ist, sich erst dann von seichter Flatterhaftigkeit befreien, wenn auch die älter werdenden, ohne frühzeitig Kultur und Bildung zu »absolvieren«, weiterhin an ihnen partizipierten.

Ich bin etwas abgeschweift. Zurück zur Frage der Terminologie und zu der nach 1945 neu aufgetauchten Kategorie *bunkajin* (wörtlich: Kulturmensch). Man kommt in große Schwierigkeiten, will man definieren, was *bunkajin* bedeutet. Natürlich hat das Wort nicht den Sinn des deutschen »*Kulturmensch*«. Mit Sicherheit können wir sagen, daß die rapide Entwicklung der Massenmedien, wie sie besonders vom Fernsehen repräsentiert wird, eine Bedingung für die Prägung dieses neuen Ausdrucks bildet. Zweitens hat sich die soziale Position von Leuten, die in der Vorkriegszeit nicht in die oben erwähnte Kategorie *interi* hineingepaßt hätten – z. B. Moderatoren, Fernseh- und Filmschauspieler, allgemein Unterhaltungskünstler –, nach dem Krieg rasch verbessert. Da dieser gesellschaftliche Tatbestand letztlich mit der Entwicklung der Massenmedien, insbesondere mit der durch das Fernsehen vermittelten Berühmtheit verknüpft ist, dürfte das Aufkommen des Wortes *bunkajin* nur im Zusammenhang mit den Massenmedien zu verstehen sein. Zugleich sind aus den Reihen der Universitätsprofessoren, Oberschullehrer, Kritiker, Journalisten etc. sogenannte »Talent-Intellektuelle« in Erscheinung getreten, die im Fernsehen als ständige Mitarbeiter Zeitfragen kommentieren, eventuell sogar durch häufiges Auftreten zusammen mit Prominenten aus Film und Unterhaltung in Unterhaltungsprogrammen sich einen Namen gemacht haben. So hat sich die gesellschaftliche Position berühmter Künstler aus der Unterhaltungsbranche erhöht, wie auch andererseits zumindest ein Teil der Intellektuellen im traditionellen Sinne sich aus seinem Studierzimmer oder vom Schreibtisch seines Arbeitsplatzes hinwegbegeben und begonnen hat, eine geschickte, auf ein Massenpublikum hin orientierte Argumentation einzusetzen – darin in nichts den bekannten Unterhaltungskünstlern nachstehend. Ich bin also der Auffassung, daß, einfach gesagt, zwei Tendenzen – die »Verwandlung der *interi* in Unterhaltungskünstler« und die »Verwandlung der Unterhaltungskünstler in *interi*« – zusammengeflossen sind; an diesem Punkt wurde dann ein Wort, das beides gemeinsam faßt, notwendig, und die Bezeichnung *bunkajin* kam auf. Wenn deshalb in den Zeitungen eine »Versammlung von *bunkajin*« oder eine »Demonstration von *bunkajin*« erwähnt wird, heißt das meistens, daß Professoren, Schriftsteller und Künstler zusammen mit Stars aus der Unterhaltungsbranche öffentlich auftreten. Folglich verändert sich die Bedeutung etwas, wenn von einer »Versammlung von *interi*« gesprochen wird – ganz davon zu schweigen, daß es irgendwie unpassend erscheint (unabhängig von jeder Qualitätsbewertung), wenn die oben erwähnten Prominenten aus der Unterhaltungsbranche oder Fernsehmoderatoren als »Intellektuelle« bezeichnet werden. D.h., der Abstand zu den »Intellektuellen« tritt in diesem Wort *bunkajin* sehr deutlich hervor. Ich glaube, man kann deshalb die Bedeutungsparameter von *interi* als traditionellem Terminus und dem nach 1945 neu geprägten *bunkajin* als zwei sich teilweise überschneidende Kreise zeichnen.

2

Da ich hervorheben möchte, wie gefährlich es ist, im Falle Japans sich dem Problem der Intellektuellen ohne Prüfung der hier zur Anwendung kommenden Termini zu nähern, habe ich im ersten Teil dieses Aufsatzes sicherlich weitschweifig diverse Wörter angeführt. Amerikanische Forscher sagen z.B. häufig: »In Japan ist das gesellschaftliche Ansehen der Intellektuellen und der Grad des ihnen entgegengebrachten Respekts traditionell hoch«. In diesem Punkt bilde Japan einen Kontrast zu den USA und stehe vielmehr Frankreich nahe. Wir müssen hier jedoch die Gegenfrage stellen: »*Wen* meinen Sie, wenn Sie von Intellektuellen sprechen?« Das gesellschaftliche Ansehen von Schriftstellern und Journalisten in Japan kann man zumindest bis zur Zeit vor dem Zweiten Weltkrieg durchaus nicht als hoch bezeichnen; es war im Vergleich zu hohen Regierungsbeamten und Managern von Großunternehmen deutlich niedriger und sogar, verglichen mit der Angestelltenschicht, im allgemeinen keineswegs hoch. Wenn ich aus eigener Erfahrung berichten darf: Von meiner Mutter hörte ich als Kind, daß mein Vater, der Journalist war, als er von Ôsaka nach Tôkyô überwechselte und dort eine Wohnung suchte, sich den Vermietern gegenüber als »Firmenangestellter« vorstellte. Hätte er »Journalist« als Beruf angegeben, so hätte er keine Wohnung bekommen. Eine, wie ich glaube, sehr bezeichnende Geschichte. Schriftsteller (*bungakusha*) sind dem westeuropäischen Begriff zufolge *interi* innerhalb der *interi*, aber im Großjapanischen Reich wurden die als »Literaten« (*bunshi*) Bezeichneten als moralisch fragwürdige Existenzen betrachtet, die nicht dem anständigen Broterwerb eines Untertanen nachgingen. Die zu ihren Lebzeiten auch sozial geachteten Schriftsteller Natsume Sôseki[1] und Mori Ôgai[2] gehörten sozusagen zu einer »Sonderklasse« und waren Ausnahmen. Aus diesem Grunde, meine ich, müssen wir nachfragen: »In welcher Bedeutung gebrauchen Sie das Wort ›Intellektueller‹?«

Verglichen mit der gesellschaftlichen Achtung, die Literaten (*bunshi*) oder »Schreiberlingen« (*bunya*) entgegengebracht wurde, war der Respekt vor den Lehrern traditionell tatsächlich hoch. So hat sich z. B. die Höflichkeitsbezeichnung für Lehrer, *sensei*, schrittweise verallgemeinert, so daß heutzutage sogar Fernsehmoderatoren und populäre Sänger und Sängerinnen neben vielen anderen mit *sensei* angeredet werden und bei dieser Anrede gar kein so schlechtes Gefühl haben; dies kann man nicht verstehen, wenn man das hohe Maß an Respekt außer Betracht läßt, das Erziehern historisch entgegengebracht wurde. Dieser historische Sachverhalt beruht zweifellos auf dem Einfluß der konfuzianischen Kultur. Dementsprechend ist es nicht verwunderlich, wenn Wissenschaftler aus Amerika mit seiner ausgeprägten Tradition des »Antiintellektualismus« diesen Aspekt sehen und die japanischen Professoren beneiden, weil deren Stellung ähnlich der in Frankreich sei. Aber ich glaube, daß selbst in diesem Fall einige Einschränkungen nötig sind. Beispielsweise beruht insbesondere das gesellschaftliche Ansehen von Professoren der traditionellen Staatlichen Universitäten, wie oben erwähnt, nicht unbedingt auf dem Charakter ihrer *profession*. Wenn ihr Ansehen hoch ist, so rührt dies daher, daß sie zusammen mit hohen Regierungsbeamten und Großunternehmern innerhalb der weltlichen Hierarchie des japanischen Staates eine hochrangige Position einnehmen. Und was die Vorkriegszeit betrifft, so beruhte das Ausmaß des Respekts vor den Professoren darauf, daß sie vom Kaiser direkt ernannte Beamte des so-und-sovielten Ranges waren. Lehrer allgemein im weiteren Sinne genossen, auch wenn sie mit *sensei* im ursprünglichen Sinn tituliert wurden, unbesehen nicht jene gesellschaftliche Achtung, die etwa den konfuzianischen Gelehrten Chinas und Koreas zukam. Die Gelehrten im chinesischen Kaiserreich und im Korea der Yi-Dynastie (1392-1910, d. Übers.) bildeten aufgrund ihres Anspruchs, Kenner der konfuzianischen Klassiker zu sein, buchstäblich eine herrschende Klasse, und sie konnten prinzipiell zu gegebener Zeit Beamte werden, selbst wenn sie derzeit kein Amt bekleideten. In Japan hingegen, das kein Prüfungssystem für Staatsbeamte kannte, waren die berufsmäßigen *Konfuzianer* sogar in der Edo-Zeit (1600-1867, d. Übers.), als der konfuzianischen *Lehre* von der politischen Macht zwar nicht die Stellung einer Orthodoxie, doch zumindest eine sich dieser annähernde eingeräumt wurde, höchstens intellektuelle Ratgeber; in der Realität konnten sie die konkrete Politik nicht bestimmen, und auch wenn sie ein Amt innehatten, war ihr Gehalt im allgemeinen niedrig. Der im folgenden Passus des *Ukiyo-doko* von Shikitei Sanba[3] enthaltene Spott über einen »Herrn Gelehrten« war in der damaligen Zeit keineswegs unüblich: »Er ist immerzu nur auf der Suche nach chinesischen Dingen, und dabei sieht er nicht, wo er seinen Fuß hinsetzt; da hat er sich 'ne schlimme Krankheit geholt.« Und: »Den Weg des Konfuzius kennt er vielleicht, aber vom Weg nach Ôji (dort gab es ein Vergnügungsviertel – Anm. von M. M.) hat er keine Ahnung.« Hier findet sich in der Empfindung der Normalbürger eher eine Gemeinsamkeit mit dem aus der pragmatischen Lebenshaltung des »*common man*« in Amerika stammenden »Antiintellektualismus«: die »Herren Gelehrten« stünden dem wirklichen Leben fern und betrieben nur graue Theorie. Auch das bekannte, in der Edo-Zeit entstandene witzige Kurzgedicht: »So dumm ist er nun auch wieder nicht, daß man ihn ›Professor‹ nennen müßte«, ironisiert den Mangel an Fähigkeiten, die realen Alltagsgeschäfte zu erledigen. Im traditionellen China oder Korea hätte ein solcher Sarkasmus wahrscheinlich nicht entstehen können. Natürlich ist die Bedeutung dieses Verses sehr subtil und mit »Antiintellektualismus« noch nicht ausreichend gekennzeichnet. Eine zwischen Verehrung und Verachtung schwankende, ambivalente Einschätzung ist darin enthalten, und dieser paradoxe Gehalt bringt uns zum Schmunzeln. Auch der bereits erwähnte Satz »Du bist aber wirklich *interi* (d. h. intelligent)!« hat diesen raffinierten Doppelsinn. Auf jeden Fall ist meines Erachtens, wenn es überhaupt in Ostasien ein – in bezug auf die Verbindung von Autorität der klassischen Texte und Respekt vor den Intellektuellen – mit

Frankreich vergleichbares Land geben sollte, dieses nicht Japan, sondern China.

Letztlich gibt es im modernen Japan zwar verschiedene Berufe, deren Träger zusammen *realiter* die »Intellektuellen« bilden; aber die Vorstellung einer aufgrund eines gemeinsamen Nenners mehr oder weniger geschlossenen sozialen Gruppe mit dieser Bezeichnung ist sowohl unter den Angehörigen dieser Berufe selbst als auch unter den übrigen Mitgliedern der Gesellschaft nur sehr schwach ausgeprägt. In der Vorstellung des durchschnittlichen Japaners ist – falls es eine für die verschiedenen Berufe gültige hierarchische Einteilung gibt – der Unterschied zwischen den zu einer Organisationseinheit (etwa einer Behörde oder Firma) gehörenden und den einer unabhängigen Arbeit nachgehenden Personen schärfer. Dementsprechend wurde innerhalb der sogenannten *professions* zumindest historisch eine unsichtbare Linie zwischen der Gruppe der Universitätsprofessoren, Institutsangestellten, Ärzten an großen Krankenhäusern, ferner – unter den Juristen – den Richtern und Staatsanwälten einerseits, und der Gruppe der Privatgelehrten, freischaffenden Publizisten, niedergelassenen Ärzte, Rechtsanwälte andererseits gezogen. Maßgeblichen Einfluß auf das gesellschaftliche »Image« hat die Frage, ob der Berufsausübende einer Organisation angehört oder nicht, und der Grad seiner Vertrauenswürdigkeit ist in ersterem Falle höher. Daß es in Japan nur wenige freie Journalisten und Privatgelehrte gibt, hat verschiedenartige Gründe, aber ich denke, auch solche gesellschaftlichen »Images« spielen dabei eine Rolle. Oft sagt man z.B. bei der Vorstellung: »Ich bin (oder: dieser Herr ist) von der und der Universität«, und nicht: »Ich bin (oder: dieser Herr ist) Politikwissenschaftler.« Und anstatt etwa zu sagen: »Ich bin Produzent«, nennt man eher seine Zugehörigkeit: »Ich gehöre zu der und der Rundfunkanstalt.« Kurzum, die Angabe der Organisation, zu der jemand gehört, kennzeichnet ihn deutlicher als die Beantwortung der Frage, ob er einer »intellektuellen« Arbeit nachgeht oder nicht. Ich erhalte häufig Fragebögen, die der Erstellung von Nachschlagewerken über Wissenschaftler etc. dienen; darin gibt es die Spalte »Arbeitsplatz«, und in diese trage ich heutzutage ein: »ohne Arbeitsplatz«. In nicht wenigen Fällen steht dort nur »Arbeitsplatz«; eine Spalte »Beruf« fehlt. Nun ist in Japan keinen Arbeitsplatz zu haben gleichbedeutend mit »sich die Zeit mit Herumbummeln vertreiben«. Karl Mannheim, von dem die Charakterisierung des modernen Intellektuellen als »gesellschaftlich freischwebend« stammt, würde sicher große Augen machen.

So hat sich letztlich in Japan unter den betroffenen Gruppen ein Bewußtsein gemeinsamer Zugehörigkeit, nämlich Bewohner eines unsichtbaren »Reichs des Intellekts« zu sein, nicht herausgebildet, obgleich es Menschen gab, die dem Inhalt nach in verschiedenen Formen den »Intellektuellen« entsprechen. Dies wird dadurch symbolisiert, daß statt des einen, eingangs erwähnten Wortes für »Intellektuelle« (*chishikijin*) eine *Vielzahl* dafür existiert.

3

Obwohl sich also das Bewußtsein, daß Intellektuelle über die Unterschiede ihres jeweiligen Arbeitsplatzes hinaus eine eigene, intellektuelle Gemeinschaft darstellen, im modernen Japan nicht entfalten konnte, lassen sich doch im Rückblick drei Perioden ausmachen, in denen ein solches Bewußtsein sich in gewissem Maße ausgebildet hat. Diese Perioden werde ich im folgenden der Reihe nach behandeln.

Die erste Periode ist die Zeit von der Meiji-Restauration (1868) bis ungefähr zum Jahre 1888; dies ist die Geburtsphase des modernen Intellektuellen. Ohne hier in die Einzelheiten gehen zu können, möchte ich auf folgendes hinweisen: Die in der Meirokusha[4] zusammengekommenen Männer brachten die *Meiroku zasshi*, die erste anspruchsvolle kritische Zeitschrift im modernen Japan, heraus; in dieser Zeitschrift veröffentlichte Fukuzawa Yukichi[5] den Text *Über die Pflichten des Gelehrten* (Gakusha shokubun ron). Es ging um die berühmte Frage »Soll der Gelehrte der Regierung dienen oder außerhalb der offiziellen Institutionen verbleiben?« Das Aufwerfen einer solchen Frage selber kündigt schon die Geburt des modernen Intellektuellen an – eben der von Mannheim als »freischwebende soziale Schicht« bezeichneten Intellektuellen. Die Mitglieder der Meirokusha vertraten hierzu ganz unterschiedliche Positionen, doch gehörten sie unabhängig davon, ob sie nun in Regierungsdiensten standen oder nicht, weiterhin dem intellektuellen Salon namens Meirokusha an und behielten auch nach dessen Auflösung das Bewußtsein bei, Mitglieder einer solchen intellektuellen Gemeinschaft zu sein. Dieses Phänomen war keineswegs auf die Meirokusha beschränkt. Auch als (in den frühen

achtziger Jahren des 19. Jahrhunderts – d. Übers.) heftige Auseinandersetzungen über das Thema »Freiheit und Volksrechte« auf-
brachen, ging unter den gegensätzliche Standpunkte vertretenden
»Gelehrten« und »politischen Journalisten« das Bewußtsein nicht
verloren, Bewohner eines gemeinsamen »Reiches des Intellekts«
zu sein.

In dem 1888 erschienenen, in jüngster Zeit häufig diskutierten
Gespräch dreier Betrunkener über den Staat (San suijin keirin
mondô) von Nakae Chômin[6] treten drei Figuren auf: »Yôgaku
shinshi« (der westlich gebildete Gentleman). »Gôketsu-kun«
(›Großer Held‹) und »Nankai-sensei« (Professor Südmeer). Sie
treffen sich im Hause von Nankai-sensei und diskutieren beim
Sake die ganze Nacht hindurch über Politik. Ideologisch vertreten
sie verschiedene Standpunkte, und es kommt zuweilen zu harten
Konfrontationen. Schließlich bricht mit dem Ende der großen
Diskussion der Morgen an, und sie gehen auseinander. Das ist das
Szenario. Grob gesagt vertritt »Yôgaku-shinshi« radikale Demokratie und absoluten Pazifismus mit völliger Abschaffung der Rüstung, »Gôketsu-kun« stellt sich frontal gegen »Yôgaku-shinshi«
und sieht vom Standpunkt der Machtpolitik aus Japans Zukunft in
einem militärischen Vormarsch auf den Kontinent, während
»Nankai-sensei« ausgleichend in die Debatte der beiden eingreift
und mit seiner Argumentation bei einer konstitutionellen Politik
nach englischem Vorbild und der Wahrnehmung eines gemäßigten
national interest anlangt. Schließlich gehen die drei ohne Annähe-
rung ihrer Standpunkte auseinander. Chômin zeichnet anhand
dieser Diskussion ein vorzügliches Bild der Hauptfragen, vor
deren Lösung sich das damalige Japan gestellt sah und wo es sich
für eine der Alternativen zu entscheiden hatte. Ich habe jedoch
dieses Buch hier *nicht* wegen seines Inhalts angeführt, sondern es
geht mir vielmehr um den Schluß. Dort heißt es: »Die beiden Gä-
ste kamen schließlich nicht wieder. Es heißt, Yôgaku-shinshi habe
Japan verlassen, um nach Nordamerika zu gehen, und Gôketsu
sich nach Shanghai begeben. Nankai-sensei jedoch trinkt unverändert seinen Sake.« Damit geht die Geschichte zu Ende. Mir scheint
dieser Schluß – wahrscheinlich mehr noch, als sich Chômin dessen
bewußt war – den Weg, den die Intellektuellen des modernen
Japan anschließend zurückgelegt haben, zu versinnbildlichen. Tatsächlich herrschte nämlich um das Jahr 1888 noch eine geistige At-
mosphäre, in der sich Personen mit solchen verschiedenen Ideolo-

gien trafen und die ganze Nacht hindurch diskutierten. Der Autor läßt die drei nach dieser Nacht nicht mehr zusammenkommen. Wie erging es ihnen nun anschließend?

Die Entwicklung von Menschen wie dem »westlich gebildeten Gentleman« verlief im weiteren so, daß sie entweder Karriere machten und schließlich »Doktortitel oder Ministeramt« erhielten, oder aber Christen und Sozialisten wurden. Natürlich gehörte die große Mehrzahl zur ersten Gruppe, und unter ihnen waren zu Beginn der Meiji-Zeit auch radikale Liberale. – Der zweite Typ – »Großer Held« – geht später nach Shanghai. Wie der »westlich gebildete Gentleman« macht er sich nach Übersee auf, aber wenn die Reise nach China, Südostasien, Indien etc. geht, spricht man – im Gegensatz zur Reise des »westlich gebildeten Gentleman« – normalerweise nicht von einer »Reise nach Übersee« (*yôkô*). Wir können schon vermuten, daß sich der weitere Lebensweg des »Großen Helden« dementsprechend entgegengesetzt zu jenem des »westlich gebildeten Gentleman« entwickelt. Das Reiseziel des »Großen Helden« – Shanghai – verweist auf den Prozeß, in dem sich die aktivistischen Intellektuellen zu sogenannten »Festland-Abenteurern« (*tairiku-rônin*) wandelten: da sie die Situation anhaltender innenpolitischer Wirren, beginnend mit der Serie von Rebellionen nach der Meiji-Restauration bis hin zur Radikalisierung der Bewegung für Freiheit und Volksrechte, erlebt hatten, wurde es für sie geradezu zur Gewohnheit, Trost allein im Strudel ununterbrochenen Chaos zu finden – was man mit einem alten, traditionellen Ausdruck als »von Natur aus der Rebellion zugetan sein« bezeichnet. Überdrüssig einer Lage, in der sich der japanische Staat und das japanische Gesellschaftssystem rasch festigten, suchten sie enttäuscht auf dem chinesischen Festland nach einem Wirkungskreis für ihren romantischen Ehrgeiz. Dort hatte das Dahinsiechen des Kaiserreichs der Mandschu-Dynastie ein nicht endenwollendes Chaos hervorgerufen. Diese »Festland-Abenteurer« sind zwar der Prototyp der späteren radikalen rechten Nationalisten, aber sie in der Meiji-Zeit unterschiedslos als »Rechte« zu etikettieren, wäre voreilig. Ihre Entrüstung über das Vordringen des westlichen Imperialismus in Asien, ihr Aufruf zum solidarischen Widerstand der asiatischen Länder gegen den europäischen Druck stand in Wahrheit in der Nachfolge der mit den Ideen der Französischen und Amerikanischen Revolution gewappneten Bewegung für Freiheit und Volksrechte. Deshalb war es auch bis zu einem bestimmten

Zeitpunkt sehr wohl möglich, daß innerhalb des Szenarios der realen Politik »der westlich gebildete Gentleman« und »Großer Held« im Kampf gegen die Oligarchie der Meiji-Regierung wider Erwarten fast einer Meinung waren. Und ähnlich wie sich der »Yôgakushinshi«-Typus in Intellektuelle, die in staatlichen Institutionen arbeiteten, und solche, die zu außerinstitutionellen Oppositionellen wurden, aufspaltete, entwickelte sich auch die vom »Gôketsukun«-Typus zum »Festland-Abenteurer« führende Linie mit der imperialistischen Expansion Japans nach Korea und aufs chinesische Festland bald darauf in zwei Richtungen: einerseits die, die als rechte Hand und Beauftragte (Spione!) von Regierung und/oder Militär agierten, andererseits jene, die in radikaler Konsequenz des Asianismus den Weg der *häretischen* Rechten gingen (Ôkawa Shûmei[7], Kita Ikki[8] u.a.). Insgesamt gesehen sind die Intellektuellen im modernen Japan allerdings von ihrer Bildung her im großen und ganzen als »Westler« zu bezeichnen; deshalb lag der Anteil der *interi* in der ultrarechten Bewegung (ich greife hier zeitlich vor) der dreißiger Jahre äußerst niedrig, wobei diese in ihrer Mehrzahl zudem weniger Abkömmlinge von »Gôketsu-kun« als vielmehr Überläufer von Sozialismus und Marxismus waren.

Wenn wir nun den nach dem Abschied von seinen zwei Gesprächspartnern zurückgezogen in seinem Haus sich alleine und still am Sake erfreuenden »Professor Südmeer« als den *dritten* Intellektuellen-Typus ansehen, so fällt eine eindeutige Bestimmung seines historischen Lebensweges schwerer als bei den beiden anderen. Die Haltung jener chinesischen Literaten, die sich nach dem Scheitern ihrer politisch-gesellschaftlichen Ambitionen in ihre ländliche Heimat oder weit ab von menschlichen Siedlungen in die Berge oder ans Meer zurückzogen, um dort im Einklang mit der Natur ein friedlich-freies Leben zu führen (typisch dafür Tao Yuanming's berühmtes *Gedicht über die Heimkehr aufs Land*[9]), war bereits seit dem Altertum in Japan bekannt, wurde durch die Philosophie der »Untätigkeit« im Taoismus von Laozi und Zhuangzi sowie die buddhistische Idee der Weltentsagung verstärkt und war zum geistigen Erbe auch der Meiji-Intellektuellen geworden. Daß sich jedoch im modernen Japan der Rückzug von Intellektuellen aus gesellschaftlichen Aktivitäten mit einer *anti*politischen Haltung verband und diese Kombination sogar als ein sozialer Typus ins Blickfeld zu rücken begann, dürfte erst nach den neunziger Jahren des 19. Jahrhunderts geschehen sein. Dies fand zur gleichen Zeit statt, als die bei den aufklärerischen Intellektuellen kurz nach der Meiji-Restauration fast unauflöslich miteinander verbundenen, auf persönliche Selbständigkeit (damals *risshi* genannt: »aus eigener Kraft emporkommen«, d. Übers.) gerichteten Ambitionen und das Streben nach nationaler Unabhängigkeit auseinanderzutreten begannen. Insbesondere mit der durch die Siege im Japanisch-Chinesischen und Russisch-Japanischen Krieg verursachten Abschwächung des seit dem Ende der Tokugawa-Zeit drückend lastenden Bewußtseins, die Nation befinde sich in einer internationalen Krisensituation, kam es unter der intellektuellen Jugend zu einer *Infragestellung* der *raison d'être* des Zwangsapparats »Staat« – etwas, was bis dahin niemandem auch nur in den Sinn gekommen war – und davon ausgehend unter dem Einfluß von Schopenhauers Philosophie und der russischen Literatur zur *Skepsis* gegenüber dem menschlichen Leben selbst. (Diese Jugend wurde von dem Publizisten Tokutomi Sohô als »Seelenpein-Jugend« bezeichnet.[10]) Weil außerdem der rasche Ausbau der höheren Bildungseinrichtungen das Tempo der Industrialisierung des japanischen Kapitalismus übertraf, traten auch solche Intellektuelle (*interi*) auf, die trotz höherer Bildung keinen ihnen gemäßen Beruf fanden, von Eltern und Verwandten durchgefüttert wurden und ihre Zeit in Langeweile und Überdruß verbrachten. (Damals nannte man sie »Höhere Arbeitslose«.) Ihnen waren alltägliche Interessen zu fremd, als daß sie den Weg der in den Institutionen tätigen Intellektuellen hätten gehen können, und sie waren von ihrer Lebenshaltung her auch allzu *in*aktiv, um vom Vorstoß auf den asiatischen Kontinent zu träumen. Von großem Interesse ist nun, daß moderne Literatur und moderne Kunst in Japan ihre Entstehungsphase in eben jener Periode hatten, in der, wie erwähnt, der glückliche Gleichklang von Ich-Bewußtsein und staatlichem Streben auseinanderbrach, so daß sie vor dem Hintergrund einer in Japan im wörtlichen Sinne *fin de siècle*-Stimmung ihre wichtigsten Träger in *outsider*-Intellektuellengruppen fanden.

Literatur und Kunst die Aufgabe einer Antithese zur bürgerlichen Gesellschaft und zur Politik zu stellen, ist an sich nicht spezifisch für Japan, sondern zweifelsohne eine überall in der Welt vorhandene Tendenz. Es war aber eher selten, daß die den Literaten und Künstlern des modernen Japan mehr oder weniger gemeinsame *anti*politische oder *un*politische Haltung sich als *Verteidigung* der Kunst gegen die Politik oder als *Protest* gegen die

Staatsgewalt äußerte – eben weil jene Haltung aus einem gesellschaftlichen »Rückzug« resultierte. Im Gegensatz zu gesellschaftlichem *engagement* bedeutete ihr Antiphilistertum, das Sanktuarium »Kunst« gegenüber dem allgemeinen Publikum mit einem Zaun zu umgeben, und folglich stellte sich ihnen auch die bescheidenste politische Aktivität, die jemand als ganz gewöhnlicher Bürger zusammen mit seinen Nachbarn unternimmt, leicht als ein Abstieg zum Spießbürger dar. (Da dieser »Anti-Politizismus« nicht in der Lage ist, die Position der Politik *als eines Teils* menschlicher Aktivität zu bestimmen und damit zugleich zu begrenzen, kippt er bisweilen in einen Totalpolitizismus um. Dieses Problem lasse ich hier aber beiseite.) Jedenfalls muß wohl nicht darauf hingewiesen werden, daß eine solche Geisteshaltung die Bildung eines auf der Solidarität des Intellekts beruhenden Gemeinschaft behindert.

Auf diese Weise ging das Bewußtsein einer intellektuellen Gemeinschaft, wie es unter den Teilnehmern des *Gesprächs dreier Betrunkener über den Staat* bestanden hatte, bereits am Anfang des 20. Jahrhunderts rasch verloren. Es kam eben zu keinem weiteren Treffen der drei. Und dies nicht unbedingt, weil sich die ideologischen Gegensätze zugespitzt hätten. Der Abstand zwischen diesen war in der Zeit *vor* der Verkündung der »Verfassung des Großjapanischen Reiches« (1889) vielleicht sogar größer als nachher. Denn in den Jahren zwischen 1878 und 1888 sind Positionen bis hin zur Lehre von der Volkssouveränität furchtlos zur Diskussion gestellt worden. Das Problem liegt eher darin, daß mit dem Ausbau des innenpolitischen Systems des Großjapanischen Reiches und der beschleunigten institutionellen Modernisierung in den verschiedenen Bereichen wie Politik, Wirtschaft, Erziehung, Rüstung etc. sich die soziale Mobilität der Intellektuellen *verringerte*. D.h., die Differenzierung zwischen den in die öffentlichen und privaten Bürokratien integrierten, in Institutionen tätigen Intellektuellen und den »freien Intellektuellen« wurde zunehmend *starr*. Zudem verstärkte sich die Tendenz bei den freien Intellektuellen selbst, ihre Aktivitäten auf jeweils exklusive Berufsbereiche zu beschränken. Auf der anderen Seite entwickelten sich überhaupt keine Orte, an denen Intellektuelle aus unterschiedlichen Gebieten sich treffen und lebhaft miteinander geistreiche Gespräche führen – Orte wie z. B. die Salons, in denen die französischen Enzyklopädisten zusammenkamen, oder viel später die Caféhäuser von

St. Germain-des-Prés oder die englischen Clubs. Damit verlor auch die gemeinsame, die jeweils isolierten Arbeitsplätze verbindende intellektuelle Sprache an Kraft. Gefördert wurde diese Entwicklung noch dadurch, daß sich die Gemeinsamkeit einer klassischen Bildung, wie es die chinesische Gelehrsamkeit war, verflüchtigte. Hinzu trat als aktiver Faktor die bereits früh voranschreitende Spezialisierung und Technikorientierung der Intellektuellen. Symbolische Bedeutung hat hier meines Erachtens die gleich am Anfang vorgenommene Einrichtung einer Technischen Fakultät an der damals einzigen Kaiserlichen Universität. In der Einrichtung einer solchen Fakultät auf Universitätsebene gingen die japanischen Universitäten den ansonsten zum Vorbild genommenen europäischen voran.

Ich vermeide es hier, mich in die Frage zu vertiefen, welche Bedeutung das frühzeitige Auftreten spezialisierter, technischer Intellektueller in Japan hatte, sondern will statt dessen ein einzelnes Beispiel anführen: Yamaji Aizan[11], Verfasser historischer Abhandlungen und ein großer Journalist, schrieb bereits 1910: »Von den heutzutage einflußreichen jungen Beamten haben neun von zehn eine Universität absolviert, aber ihre Gedanken sind allein *auf die von ihnen auszuführende Arbeit konzentriert*. Man kann sagen, daß das Zeitalter der Helden (dies meint hier das Zeitalter der kaisertreuen Patrioten gegen Ende der Edo-Zeit, Anm. von M. M.) vergangen ist, dann das der ›Studenten‹ gekommen und vergangen ist, und jetzt *das Zeitalter der Spezialisten erreicht ist*.« (Hervorhebung von M. M.) Ich glaube, man kann daher ohne Übertreibung feststellen, daß die jetzt in der ganzen Welt beklagten Tendenzen zu einer mit Spezialisierung einhergehenden Departementalisierung und Sektionalisierung in Japan beinahe so etwas wie die »Erbsünde« der Modernisierung an sich waren. Ich selbst war an der Universität tätig, deshalb schließt dies auch Selbstkritik ein. Aber wir müssen konstatieren, daß in den *Universit*äten Japans – ganz im Gegensatz zum Sinn von *université* – die Arkanisierung der Fakultäten und Fachrichtungen schon früh einsetzte, da sie durch den Einzelimport der jeweiligen speziellen Fachrichtungen der westeuropäischen Wissenschaft zustande gekommen sind, und demgemäß die Wände zwischen den Fakultäten wesentlich dicker als in den Universitäten des Westens sind. Zieht man diesen historischen Hintergrund in Betracht, dann ist es nur natürlich, daß hier ein Professor z.B. äußert: »Mein Fachgebiet ist Archäologie, deshalb verstehe ich nichts von der Studentenbewegung«, und eine solche Äußerung auch nicht als besonders merkwürdig aufgenommen wird. Selbst die Philosophie, das Muster der *humanities*, nahm an den hiesigen Universitäten ihren Anfang als Gegenstand eines »Fachstudiums«.

Es waren also nicht nur die Intellektuellen innerhalb der staatlichen Behörden und die ohne Amt, die sich »nicht noch einmal trafen«. Zwar sind Wissenschaft und Kunst auch im Alltagsverständnis benachbarte Kulturbereiche, aber im modernen Japan betrachten sich die beiden »Menschensorten« des Wissenschaftlers und des Künstlers, von wenigen Ausnahmen abgesehen, nicht nur nicht als Nachbarn, sondern beinahe als Bewohner verschiedener Planeten. Ein gewichtiges Hindernis, das den Brückenbau zwischen diesen beiden Gebieten erschwert hat, ist außer den erwähnten Verhältnissen auf beiden Seiten noch die wissenschaftliche Terminologie. Denn die Begriffe der Human- und Sozialwissenschaften – von den Naturwissenschaften ganz zu schweigen – sind in überwältigendem Maß übersetzte Wörter und nach 1868 geprägt. Entsprechend gewaltig ist der Abstand zur Alltagssprache. In Westeuropa wurzeln die Kunstwörter alle, wie schwer verständlich sie auch erscheinen mögen, zumindest im Bereich der Human- und Sozialwissenschaften in der Alltagssprache; sie haben lediglich eine Verfeinerung und damit Neudefinition erfahren. Es ist für Westeuropäer beinahe unvorstellbar, welch große Schwierigkeiten aufgrund solchen unterschiedlichen terminologischen Hintergrunds etwa entstehen, wenn zwischen einem japanischen Literaten und einem japanischen Forscher eine intellektuelle Unterhaltung geführt wird. Wie selbstverständlich der von einem Wissenschaftler entsprechend den »Regeln« der Wissenschaft geübte Wortgebrauch unter Wissenschaftlern auch sein mag – dem Literaten stellt er sich als bisweilen roher und häßlicher Ausdruck dar, welcher kaum als Japanisch zu bezeichnen ist. Da es sich hierbei um ein sehr schwerwiegendes Problem handelt, möchte ich es an dieser Stelle nicht weiter verfolgen, den Leser jedoch bitten, im Auge zu behalten, daß es im Hintergrund dieses Problem »Stil« gibt, welches die Reifung des intellektuellen Zusammengehörigkeitsbewußtseins zumindest zwischen Wissenschaftlern und Literaten (im weiteren Sinne Künstlern) erschwert hat.

Das Aufkommen des anfangs kurz berührten »Weltanschauungsproblems« seit den zwanziger Jahren markiert eine zweite Epoche,
in der – nach dem etwa der Mitte der Meiji-Zeit einsetzenden Zerfall
der durch die Meiji-Reform entstandenen intellektuellen Gemeinschaft – eine neuerliche geistige Verbindung der in verschiedene
abgeschlossene Räume aufgesplitterten Intellektuellen möglich
wurde. Wie erwähnt handelte es sich bei diesem »Weltanschauungsproblem« keineswegs um eine von den Intellektuellen selbst
aufgeworfene Frage, sondern um einen von den »zuständigen Behörden« geprägten Ausdruck. Es waren die damaligen *interi*, die
als Objekte des »Weltanschauungsproblems« von den Behörden
bestimmt und als die Schicht, aus der sich die als »Weltanschau-
ungstäter« Verdächtigten am ehesten rekrutieren könnten, sozusagen heteronom definiert wurden. Die in den zwanziger Jahren somit durch die Behörden »von oben« als Objekte des »Weltanschauungsproblems« zusammengefaßten Intellektuellen wurden in
derselben Zeit aber auch »von unten« zu einem Bündel vereinigt.
Auf diesen Prozeß gehe ich hier nicht genauer ein, doch sei soviel
gesagt, daß er mit dem raschen Aufkommen der Arbeiterbewegung nach dem Ersten Weltkrieg zusammenhängt. An ihrem Anfang steht ideologisch der Anarcho-Syndikalismus. In einer Situation ohne Gewerkschaftsgesetz und bei einem Organisationsgrad
der Arbeiter von 5 bis 6 Prozent von »Syndikalismus« zu sprechen, ist etwas seltsam, doch übernahm die frühe japanische
Arbeiterbewegung zumindest in ideologischer Hinsicht gerade
den für den europäischen Syndikalismus charakteristischen »Antiintellektualismus«. In dieser Bewegung waren folglich Mißtrauen
und Hohn gegenüber den kleinbürgerlichen Intellektuellen vor-
herrschend; Studenten der höheren Bildungseinrichtungen wie
white-collar-Angestellten, Literaten wie Künstlern wurde allesamt
das Etikett »den Mittelschichten zuzurechnende Kleinbürger,
deren Schicksal es ist, eingeklemmt zwischen den Fronten des po-
larisierenden Klassenkampfes unterzugehen«, angeheftet. Weil die
so zusammengefaßten *interi* selber jenes außerordentliche Sen-
dungs- und Elitebewußtsein, welches noch ihre Vorläufergenera-
tion in der Meiji-Zeit auszeichnete, schon längst verloren und sich
als Rädchen im riesigen Getriebe der Gesellschaft zu sehen begonnen hatten, wurde von ihnen auch das gerade erwähnte voreilige

Urteil relativ einfach akzeptiert. »Bleichgesichtige Intellektuelle« (*aojiroki interi*), eine Bezeichnung mit einem Beigeschmack von Masochismus, wurde damals zum Modewort. (Arishima Takeos[12] *Ein Manifest* [Sengen hitotsu] von 1922 kann als Text eines Intellektuellen angeführt werden, der diese Tendenz überaus ehrlich vertritt.) Gleichzeitig treten unter den Studenten Personen auf, die, angespornt durch die heftigen globalen Erschütterungen nach der Russischen Revolution, sich unter der Losung »Ins Volk!« (V naròd!) in die Arbeiterbewegung stürzten. Tatsächlich änderte das Organ der Gruppe »Shinjinkai«[13] an den Kaiserlichen Universitäten damals seinen Titel in *V narod*. Aber selbst diese Studenten, die sich der Arbeiterbewegung anschlossen, setzten dort nicht ihren Intellekt und ihr Wissen für die Bewegung aktiv ein, sondern versuchten vielmehr, sich durch die »Selbstnegation« als bleichgesichtige Intellektuelle mit den Arbeitermassen zu identifizieren. Dementsprechend wurde in der Anfangsphase des Auftretens des »Weltanschauungsproblems« ein Beruf und Status überschreitendes Bewußtsein der Gemeinsamkeit als Intellektuelle in beiden Fällen – ob »von oben« oder »von unten« – nur von außen initiiert.

Bei der Frage, was die auf diese Weise während der zwanziger Jahre gleichsam heteronom zu einer sozialen Gruppe zusammengeschlossenen Intellektuellen veranlaßt hat, in einem positiveren Sinne sich ihrer gemeinsamen Grundlagen und ihrer Rolle bewußt zu werden, stößt man meines Erachtens auf die gewaltige historische Bedeutung, welche der Marxismus in den Jahren um 1930 hatte. Die Einführung des Marxismus nach Japan erfolgte schon früher, und seine Entwicklung ist von den verschiedensten Seiten erörtert worden; an dieser Stelle will ich mich ausschließlich auf die Rolle beschränken, die er für die Neuformierung einer intellektuellen Gemeinschaft gespielt hat, und dazu den Marxismus der späten zwanziger Jahre aufgreifen. In dieser Hinsicht hat der zeitweilig alles dominierende Einfluß des berühmt-berüchtigten »Fukumoto-ismus«[14] große symbolische Bedeutung. Lenin hat in bezug auf das Bewußtsein der Arbeiterbewegung zwischen »Zielbewußtheit« und »Spontaneität« unterschieden (in *Was tun?*, 1902 – d. Übers.). Fukumoto Kazuo stützte sich darauf und forderte: »Nicht die Ausweitung in die Massen ist die dringendste Aufgabe für die Bewegung in Japan. Wir sollten jeglichem Synkretismus und flauem Kompromiß eine Absage erteilen und zuerst die

Arbeiterklasse mit einer strengen Theorie und Weltanschauung bewaffnen.« Den bis dahin von ihren Komplexen gegenüber den Arbeiter- und Bauernmassen gequälten, mit dem Schuldgefühl des »zwischen den Fronten des heftigen Klassenkampfes eingeklemmten, ohnmächtigen und bleichgesichtigen Intellektuellen« beladenen *interi* wurde hier zum ersten Mal eine positive Mission übertragen, nämlich der Arbeiterklasse Theorie und Weltanschauung einzupflanzen, sich also nicht an das bloß naturwüchsige Klassenbewußtsein der Arbeiter anzuhängen, sondern durch das Hineintragen eines theoretischen Systems in das Proletariat diesem zu einem wirklich revolutionären Klassenbewußtsein zu verhelfen – das gerade sollte nun die ruhmvolle Aufgabe der Avantgarde-Intellektuellen sein. Natürlich hat diese Theorie Fukumotos keine neue intellektuelle Gemeinschaft geschaffen, sondern umgekehrt wurde der »Fukumotoismus« für die Bewegung zu einem Faktor endloser Spaltungen. Ich möchte nur sagen, daß diese Denkweise Fukumotos selbst schon die geistesgeschichtliche Bedeutung des Marxismus als intellektuelle Bewegung treffend vor Augen führt. Dies wird dadurch belegt, daß die Betonung von Methodologie, Theorie und System, auch nachdem der »Fukumotoismus« aufgrund der Kritik der Komintern bereits untergegangen war, unverändert charakteristisch war für die linke Bewegung in Japan. Einer Untersuchung des Innenministeriums aus dem Jahre 1935 zufolge betrug der Anteil der Studenten und Absolventen von höheren Fachschulen und Universitäten an den aufgrund des »Gesetzes zur Aufrechterhaltung von Sicherheit und Ordnung« Angeklagten 31 Prozent. Und 1931 führte das Erziehungsministerium in seiner Untersuchung über die Motive der »Linkswendung« verhafteter Studenten den »Einfluß von Literatur zur linken Theorie sowie den Einfluß von Vorträgen und Vorlesungen über linke Theorie« an: dieses Motiv nimmt in der Untersuchung mit 50 Prozent den ersten Rang ein. Verglichen mit den 12,55 Prozent für das Motiv »Zweifel am gegenwärtigen Zustand der Gesellschaft« ist ersteres wesentlich gewichtiger. Natürlich muß man den Umstand berücksichtigen, daß der Spielraum für eine legale sozialistische Praxis sehr eng war; aber selbst dann ist das Gewicht des akademischen Charakters in der linken Bewegung Japans vor dem Zweiten Weltkrieg, insbesondere des Elements »Studieren« im Sinne von Stubengelehrsamkeit, nicht zu leugnen. Auch die erwähnte Tatsache, daß die Gesammelten Werke von Marx und Engels damals allein in Japan vollständig erschienen und erstaunlich viel verkauft werden konnten, hängt natürlich mit diesem Punkt zusammen.

Darüber hinaus war der Einfluß des Marxismus in Japan als intellektuelle Bewegung keineswegs auf die sogenannte linke Ideologie beschränkt, was, wie ich glaube, ein sehr wichtiger Punkt ist. Denn nehmen wir einmal die kurze Periode um die Meiji-Restauration aus, während der die westeuropäische Kultur wie eine Brandungswelle ins Land strömte, dann wurden, was die Wissenschaft im modernen Japan betrifft, jeweils spezielle, getrennte Einzelwissenschaften importiert, so daß sich, wie erwähnt, in den jeweiligen Fakultäten und Fachrichtungen von früh an Tendenzen der Arkanisierung entwickelten. Wir können sagen, daß gegenüber dem in diese Falle geratenen japanischen Akademismus die marxistische Philosophie und Geschichtsauffassung dasjenige Denken war, welches zum ersten Mal Wirtschaft und Recht und Politik, ja sogar Literatur und Kunst, nicht als isolierte Gebiete, sondern in ihrem Zusammenhang zu verstehen gelehrt hat: ein Denken zudem, das, indem es auf die den verschiedenen »Überbauten« gemeinsame Basis wies, die Wandlungen des gesellschaftlichen Systems total zu erklären gleichsam *geistig erzwang*. Ein wenig überzogen formuliert, bedeutet dies, daß Japan, genau umgekehrt wie im westeuropäischen Fall, *nach* der Periode der Spezialisierung in Wissenschaft und Kultur durch Vermittlung des Marxismus das Zeitalter eines renaissance-artigen Universalismus und des kritischen Geistes der »Aufklärung« erlebt hat. Der Marxismus war hier also keine »Philosophie der Verzweiflung«, sondern zu ihm wurde als dem strahlenden Gipfel von Humanismus und Fortschritt aufgeblickt. Daß vor dem Krieg der Marxismus internationalistisches Bewußtsein und Sinn für internationale Zusammenhänge repräsentierte und daß man unter »Sozialwissenschaften« ausschließlich marxistische Sozialwissenschaften verstand – was verschiedene unglückliche Umstände und negative Auswirkungen nach sich zog –, war also zureichend historisch begründet.

Überdies übte der Marxismus nicht bloß in den Bereichen der Sozialwissenschaften und der Philosophie, sondern auch auf die Aktivitäten in Literatur und Kunst, die eigentlich den exakten Wissenschaften fernstanden, nachhaltigen Einfluß aus. Es war der Schock des Marxismus, der ein ernsthaftes Nachdenken über das Problem der »Methode« in der Literatur – auch bei den *anti*marxistischen Literaten – veranlaßte. Oben habe ich als einen das intellektuelle Gespräch zwischen Sozialwissenschaftlern einerseits und Schriftstellern, Künstlern andererseits erschwerenden Umstand die Frage der wissenschaftlichen Terminologie erwähnt; ironischerweise schmecken gerade die »Kunstwörter« der marxistischen Philosophie und Ökonomie noch mehr nach Übersetzung und sind als japanische Wörter steif und unbeholfen. Demgemäß war es auch natürlich, daß einige Literaten in bezug auf den Stil offen ihren Widerwillen ausdrückten; aber sie empfanden die Notwendigkeit, sich in Marxismus zu »schulen« – auch wenn sie dabei ihre natürlichen Antipathien mühsam unterdrücken mußten. Wie sehr man auch immer den japanischen Kommunismus als soziale und politische Bewegung kritisieren mag – als ein *intellectual movement* hat der Marxismus in Japan die nach Arbeitsfeld und Generation segmentierten Intellektuellen dazu veranlaßt, über die Situation des bestehenden Wissens zu reflektieren und die gemeinsamen Grundlagen des Intellekts zu Bewußtsein zu bringen; damit hat der Marxismus unauslöschliche Spuren in der Geschichte des modernen Japan hinterlassen.

Bald darauf bricht in den dreißiger Jahren, besonders um die Mitte des Jahrzehnts, der Sturm der Reaktion und des Militarismus los. Das ist in der Geschichte der japanischen Intellektuellen die Zeit der »Bekehrungen«. Bekehrung (*tenkô*) und Konversion (*kaishin*) sind beides Wandlungen der Glaubensüberzeugung von etwas zu etwas anderem. Während jedoch im Falle von »Konversion« der Akzent auf dem neuen Glauben *an* etwas liegt, liegt bei der »Bekehrung« in Japan das entscheidende Gewicht auf der Trennung *von* etwas. Natürlich begannen die »Bekehrungen« um 1933 zunächst mit der Trennung von der kommunistischen *Bewegung*. (Die »Bekehrungs«erklärungen von Sano und Nabeyama markieren hier die entscheidende Wende.[15]) Die in dieser »Bekehrung« implizierte Bedeutung weitete sich jedoch bald lawinenartig aus: sie entwickelte sich zur Abkehr von den *Ideen* des Kommunismus (d.h. des Marxismus-Leninismus), dann zur Abkehr von der Sozialdemokratie und zuletzt zur Abkehr von jeglicher »modernen, westlichen Weltanschauung« einschließlich des bürgerlichen Liberalismus. Derselbe historische Prozeß beinhaltete aus der Sicht der staatlichen Behörden die rasche Ausweitung des Definitioninhalts der »gefährlichen Ideen«.

Es stellt sich nun die Frage: Bekehrung *wozu*? Natürlich ist die neue Bindung der Glaube an den »die ganze Welt überragenden

Staatsorganismus Japans« und an die strahlende Geschichte der Volksgemeinschaft. Insoweit scheint die Situation der japanischen Intellektuellen ähnlich der der deutschen unter der *Gleichschaltung* durch den Nazismus gewesen zu sein. Der Faschismus im Osten wie im Westen setzte alle Energie daran, die Intellektuellen aus ihrem *Zusammenhang* als Intellektuelle herauszulösen und sie in das »Neue System« einzubeziehen. In einem Gespräch zwischen Außenminister Matsuoka und Außenminister Ribbentrop am 5. April 1941 sagte Matsuoka: »Die Intellektuellenklasse macht immer noch ihren Einfluß geltend«, worauf der Außenminister der Nazis folgendermaßen antwortete: »Ein Volk, das für das Wohlergehen der Nation kämpfen muß, muß sich von ihnen (d.h. der Intellektuellenschicht – M. M.) trennen. Die Intellektuellenschicht hat Frankreich zugrundegerichtet. Auch in Deutschland hatte sie bereits mit schädlichen Aktionen begonnen, aber die Nationalsozialisten haben diese Aktionen unterbunden. Und diese Intellektuellenschichten sind auch der Grund für den mit Sicherheit bald zu erwartenden Untergang Englands.« (Protokolle des Internationalen Militärtribunals für den Fernen Osten, Protokoll Nr. 77) In ihrem Antiintellektualismus stimmten die beiden die Achse repräsentierenden Führer völlig überein. Wir müssen hier jedoch die unterschiedlichen Situationen der beiden Länder beachten. Da die »Modernisierung« Japans seit 1870 fast ohne jeden Widerstand autonomer, zwischen Staat und Bevölkerung stehender Gewalten – wie der Kirchen, Freien Städte, Universitäten, Gilden und Zünfte, lokalen Gemeinden etc. – erfolgte, haben die Verbreitung der Schulpflicht und die Entwicklung des Kommunikationsnetzes bereits *vor* dem Aufkommen des militaristischen Totalitarismus zur Herausbildung einer Art geistiger und emotionaler »Gleichschaltung« unter den »Reichsuntertanen« geführt. Während Nazi-Deutschland den *Mythus des 20. Jahrhunderts* (Alfred Rosenberg) erst neu zu schaffen hatte, konnte sich Japan für die Generalmobilmachung seiner Bevölkerung damit begnügen, aus seinem *vor* dem 20. Jahrhundert entstandenen »Mythos« jene Teile herauszugreifen und zu betonen, die sich auf die Ursprünge der um das Kaiserhaus zentrierten »Reichsgründung« beziehen. Dabei gab es jedoch zugleich einen dem Vorhaben *entgegenstehenden* Sachverhalt, sozusagen die Kehrseite der Medaille. Der rechte Totalitarismus in Japan verfügte nämlich nicht über jene vorteilhaften Bedingungen, wie sie der Nazismus besaß: der Nazismus in

Deutschland konnte, indem er den deutschen Goethe, den deutschen Beethoven zitierte, die Intellektuellen dafür begeistern, auf die angeblich echte und reine – d. h. nicht-jüdische – germanische Kulturtradition stolz zu sein. Da in Japan aber die Bildungsinhalte der Intellektuellen in überwältigendem Maße von den kulturellen Produktionen Westeuropas abhängig waren – die Frage nach der *Qualität* ihres Verständnisses sei hier beiseite gelassen –, übten »Kaiserlicher Weg« oder »Japanischer Geist« ungeachtet der Flut von Veröffentlichungen hierüber auf die *interi* keinerlei Anziehungskraft aus. Deshalb bedeutete die »Bekehrung« sozialistischer und liberaler Intellektueller weniger eine Konversion *hin zur* Ideologie des Totalitarismus als das Ablegen aller in Westeuropa produzierten »Ismen« und lediglich die Identifizierung – zumindest nach außen hin – mit den *normalen*, treuen und aufrichtigen Untertanen des Kaisers. Sicherlich gab es in Japan nur wenige Intellektuelle, die gegen den Militarismus Widerstand leisteten, aber man kann auch sagen, daß das Ausmaß, in dem sich Intellektuelle für die fanatisch propagierte Ideologie des »Kaiserlichen Weges« engagierten, geringer war als bei dem entsprechenden Engagement im Nazi-Deutschland. Das »Reich des Intellekts«, durch das »Weltanschauungsproblem« von neuem ins Leben gerufen, brach zwar einfach zusammen, aber die Kooperation mit dem System der Kriegszeit bedeutete mehr ein Sich-Anhängen und *Sich-Identifizieren* mit der »öffentlichen Meinung« und dem Gefühl der Bevölkerung insgesamt als ein ideologisches *Bekenntnis*; darin drückt sich konzentriert die im ersten Kapitel erwähnte Doppelstruktur des Intellekts im modernen Japan aus: die Schwäche des Zusammenschlusses der *interi* als Gesellschaftsschicht und die Anziehungskraft der »Pseudo-Intelligenz«, die aus der egalitären gesellschaftlichen Verteilung des Intellekts herrührt. Und vor diesem historischen Hintergrund läßt sich auch verstehen, daß die »Befreiung« des Denkens nach 1945 in weit größerem Maße als in Europa als Befreiung der Intellektuellen *allgemein* erlebt wurde. Von der traditionell unter dem dominierenden Einfluß der deutschen Staatsrechtslehre stehenden Rechtswissenschaft wird berichtet, daß ein gewisser Professor nach der Niederlage einem Kollegen gegenüber geäußert haben soll: »Von jetzt an können wir endlich über ›*Allgemeine Staatslehre*‹ sprechen.«[16]

5

Damit beginnt die dritte Epoche, die Zeit direkt nach der Kriegsniederlage. Die starken Mauern der geistig »geschlossenen« Gesellschaft des Großjapanischen Reiches stürzten in sich zusammen;
bei den Intellektuellen, die das »dunkle Tal« der Kriegzeit durch-
schritten hatten, wurde zum dritten Mal ein Bewußtsein gemeinsamer Zugehörigkeit zu einem Reich des Intellekts geweckt.

Heute ist es zu einer Art Mode geworden, jene Intellektuellen,
die unmittelbar nach 1945 als intellektuelle Vorreiter der Demokratie aktiv gewesen sind, mit Vorwürfen und Spott zu überschüt-
ten: Sie seien, ohne sich der harten Realität der militärischen Ok-
kupation durch die Alliierten direkt zu stellen, über die aufgrund
der »Potsdamer Erklärung« erfolgte Befreiung »von außen« hell-
auf begeistert und von einem optimistischen Aufklärertum bene-
belt gewesen und den in den ausgebrannten Städten umherirren-
den, ratlos nach Kleidung, Nahrung und Wohnung suchenden
Massen als kluge Reden führende, selbsternannte Pioniere gegen-
übergetreten. Die geistige Landschaft direkt nach der Niederlage
pauschal mit diesen Vorwürfen zu belegen, ist jedoch nicht nur
eine Übertreibung, sondern läuft selbst auf ein Propagandabild für
einen neuen politischen Mythos hinaus. Dieser Mythos besteht in
der Behauptung, die Reformen der Nachkriegsdemokratie seien
»Übertreibungen«, die neue Verfassung mit ihrer Bestimmung der
Nichtbewaffnung Japans sei utopisch, d.h. eine Selbsttäuschung,
und die überragenden Traditionen Japans würden von diesen Intellektuellen, die davon lebten, Schlechtes über ihr Vaterland zu
verbreiten, mit Füßen getreten – das will dieser Mythos die Bevölkerung glauben machen.

Die Motive, die nach der Niederlage die Intellektuellen von neuem zu gemeinsamen Themen und Aufgaben miteinander verban-
den und ihr Engagement begründeten, waren in Wirklichkeit jedoch komplizierter: Um die »zugeteilte Freiheit« in etwas Selbst-
entwickeltes umzuwandeln, müssen wir selber als Intellektuelle,
genau wie der japanische Staat, einen neuen Anfang machen – dies
war ihr Entschluß, und ihm zugrunde lag die kaum auflösbare
Verbindung zweier Gefühle: der freudigen Hoffnung auf die Zukunft und der Reue über die Vergangenheit, also des Befreiungsge-
fühls und der Selbstanklage. Ich nenne das mit einem vielleicht
etwas seltsamen Ausdruck vorläufig die »Bildung einer Reuege-

meinschaft«. D.h., das gleich nach der Niederlage den Intellektuellen gemeinsame Gefühl war »Selbstkritik« in bezug auf die jeweilige individuelle Position und das jeweilige Gebiet: »Können wir
eigentlich damit zufrieden sein, wie wir uns bisher als Intellektuelle verhalten haben? Ist nicht ein von einer gründlichen Reflexion
über die Vergangenheit ausgehender Neubeginn nötig?« – darin
bestand das gemeinsame Gefühl inmitten der Trümmer des Krieges.

Natürlich war das, *was* bereut wurde, je nach dem von dem Betreffenden bis zur Niederlage verfolgten weltanschaulichen Weg
verschieden und variierte auch je nach Generation. Die, die einst
als »Rote« verhaftet und ins Gefängnis geworfen worden waren
und dann den Behörden Aufzeichnungen über ihre »Bekehrung«
vorgelegt hatten, bereuten ihre intellektuelle und moralische
Schwäche, derentwegen sie ihre eigenen Prinzipien in dem sich
wandelnden geistigen Klima nicht hatten durchhalten können.
Auch die sogenannten liberalen Intellektuellen bereuten ihren
Konformismus. Dieser hatte sie soweit angefressen, daß sie, trotz
ihrer Zweifel und Unsicherheiten angesichts des politischen Aufstiegs des Militärs und der Rechten im Lande selbst und angesichts
der Militäraktionen Japans auf dem Kontinent, die sich unter dem
Vorwand, das chinesische Festland vor der drohenden »Bolschewisierung« zu schützen, immer mehr ausgeweitet hatten, schließlich von vollendeten Tatsachen erdrückt in die Propagierung des
»Neuen Systems« einstimmten. Auch unter der spezialisierten
technischen Intelligenz der verschiedenen Fachgebiete verbreiteten
sich Reuegefühle und Selbstkritik: daß man gegenüber der gesellschaftlichen und politischen Situation zu ignorant gewesen sei, seine Arbeit weitergemacht habe, während man in Fragen, die
außerhalb des eigenen Gebiets lagen, genauso wie die sogenannte
»ungebildete« breite Bevölkerung die Verlautbarungen von Regierung und Hauptquartier einfach geglaubt habe, und daß man daher fortan einen weiteren weltpolitischen Horizont haben müsse.
Auch die im reinen Glauben an den »Heiligen Krieg« und die
»Unbesiegbarkeit des Götterlandes« an die Front gezogenen Schü-
lersoldaten aus den Oberschulen und den Universitäten waren nun
entschlossen – in ihrer Art –, Unwissenheit und Kritiklosigkeit
abzulegen. Dies dürfte eine Erklärung für die damals so häufig zu
sehenden Schlangen vor den Buchläden sein: Menschen, die mit
leeren Mägen anstanden, um philosophische und sozialwissen-

schaftliche Bücher zu kaufen. Selbst die wenigen Intellektuellen, die gegen den Krieg gewesen waren und deshalb Schlimmes durchgemacht hatten, fragten sich, ob das, was sie getan hatten, nicht bestenfalls passiver Widerstand gewesen sei. Auch wenn in jener Zeit Schweigen und Sich-Zurückziehen bereits unter den Verdacht mangelnder Kooperation gefallen sei – müsse man nicht selbstkritisch die Tatsache, daß es in unserem Land den Versuch einer *résistance*, die diesen Namen verdient hätte, kaum gegeben habe, als Problem der gesellschaftlichen Verantwortung der Intellektuellen überprüfen? Und müsse man nicht, falls dies aus einer fehlenden Tradition des Widerstands gegen die Staatsgewalt und gegen die standardisierte »öffentliche Meinung« in Japan resultiere, die grundlegende Arbeit für den Aufbruch eines neuen Japan mit der Überprüfung der Kehrseite der »erstaunlichen Erfolge der Modernisierung« Japans beginnen? Die Aufgabe, der sich Japan gegenübersehe, bestehe nicht nur in der gesellschaftlichen Umwälzung des alten Systems, sondern erfordere auch ihre eigene »geistige Revolution«. Das aus diesen Überlegungen resultierende Gefühl des »So geht es nicht weiter!« erfaßte damals auch einen Großteil der seinerzeit nicht kooperationsbereiten Intellektuellen.

So entstanden gleich nach dem Krieg verschiedene Gruppen, die die Überwindung der Trennwände zwischen den verschiedenen Fachgebieten und Berufen und damit den Aufbau einer neuen Intellektualität anstrebten. Gruppen wie die »Vereinigung Demokratischer Wissenschaftler« (Minshushugi kagakusha kyōkai) und die »Neue Gesellschaft für Japanische Literatur« (Shin Nihon bungakukai) wurden zu Beginn der fünfziger Jahre zwar bereits als Vereinigungen von Kommunisten und ihren Sympathisanten betrachtet; sieht man sich aber die Dokumente der Gründungsphase an, so findet man unter ihren einflußreichen Mitgliedern Namen, die einen heutzutage erstaunen: »Sogar der war damals dabei ...«, mag man dann denken. »Neuaufbruch der Intellektuellen« – das bedeutete damals: sollten Intellektuelle nicht über die Schranken ihres Fachs hinweg miteinander solidarisch sein und ein Bewußtsein gemeinsamer Verantwortung haben? Jene sich ausbreitende Stimmung möchte ich mit dem Wort »Reuegemeinschaft« fassen.

Natürlich gab es auch Intellektuelle, deren Verhalten im Krieg untersucht wurde und die sich daraufhin erst so richtig in Positur brachten; und das erwähnte Reuebewußtsein führte auch durchaus nicht immer zu erfreulichen Ergebnissen. So gab es z.B. bei den ehemals aus der kommunistischen Bewegung ausgeschiedenen Intellektuellen die Tendenz, nach dem Krieg umso stärkere Reuegefühle zu entwickeln und ihre »Apostasie« ausschließlich auf die eigene Schwäche zurückzuführen. Diese Heftigkeit des Schuldgefühls ist ein in den Fällen, in denen Intellektuelle bis dahin einen der zahlreichen nach Japan eingeführten *anderen* »Ismen« über Bord warfen, nahezu unbekanntes Phänomen: es läßt den Charakter der »seelischen Revolution«, die der Kommunismus im Vorkriegs-Japan für seine Anhänger besaß, gleichsam in Gestalt eines Negativs hervortreten. Soweit so gut. Bedenklich wurde es aber, wenn solches Schuldbewußtsein so weit ging, daß es als Stütze für den Entschluß diente: »Das nächste Mal werde ich diesen Fehler, der Partei den Rücken zu kehren, nicht wiederholen.« Damit wurde dann die Tendenz reproduziert, sich selbst zu verleugnen und bedingungslos den Anordnungen von oben zu unterwerfen, auch dann, wenn sich Zweifel etwa am bürokratischen Charakter der Parteiorganisation oder an den Leitlinien der Zentrale meldeten. Hinter dem konformistischen Verhalten intellektueller Parteimitglieder stand (besonders im Fall der vor dem Krieg aufgewachsenen) ein aus dieser Erfahrung in der Vergangenheit geprägter Moralismus.

Auch eine Art Minderwertigkeitsgefühl, das ziemlich viele nicht-kommunistische Intellektuelle gegenüber der nach der Niederlage zum ersten Mal in die Legalität hinaustretenden Kommunistischen Partei hegten, trug zu dem erwähnten Gefühl der Selbstanklage und Reue bei. In Frankreich und Italien verdankte die Kommunistische Partei den Respekt, den sie nach dem Kriege genoß, ihren Verdiensten im »patriotischen« Widerstand gegen Nazi-Deutschland. Im Falle Japans dagegen beruhte die Hochachtung, die die Kommunistische Partei nach 1945 unter den Intellektuellen genoß, darauf, daß allein diese illegale Partei gerade während der wildesten Stürme des patriotischen Fanatismus die Fahne des Internationalismus und Antimilitarismus hochgehalten hatte. An der Spitze der Kommunistischen Partei stand eine Handvoll Menschen, die durch alle Veränderungen des politischen Klimas, durch alle Unterdrückung und Verfolgung hindurch unbeugsam geblieben war. Die Massen jubelten ihnen ganz naiv als Helden zu (sogar die Spitzen der konservativen Parteien hatten sich zur Begrüßungsfeier für den aus dem chinesischen Exil heimkehrenden Nosaka Sanzô[17] versammelt!), aber für viele Intellektuelle bedeuteten diese

Kommunisten eine sie »blendende« Existenz – einen Spiegel, der ihnen die in ihrem Innern nistende Schwäche zeigte.

Dies führte dazu, daß einerseits unter den nichtkommunistischen Intellektuellen eine Haltung sympathisantenhaften Sichanhängens an die Kommunistische Partei genährt, zugleich aber auch in der KP ein Hochmut produziert wurde, der sich darauf berief, sich »nicht gebeugt« (*hi-tenkô*) zu haben. Führt man jedoch das Ansehen der KP unter den nichtkommunistischen Intellektuellen nach dem Krieg ausschließlich auf ein »autoritätsfixiertes Sichanhängen der Intellektuellen an die gerade einflußreichen Kräfte« zurück – dies tun mit Vorliebe die berufsmäßigen Antikommunisten –, so wird der wirkliche Sachverhalt verfälscht. Dafür genügt es, auf die folgenden Tatsachen zu verweisen: *Auch nachdem* die Flitterwochen mit dem General Head Quarter (GHQ) der Besatzungsarmee, der obersten Gewalt in Japan damals, ein jähes Ende fanden, die Kommunistische Partei mit dem Oberkommandierenden MacArthur aneinandergeriet und um die Zeit des Korea-Krieges von neuem in den Untergrund getrieben worden war, verfügte sie unter den Intellektuellen über ein ausgedehntes Netz von Sympathisanten. Bezeichnend dafür war, daß angesichts des »Red Purge« in den Universitäten[18] sich überall unter Lehrkräften und Studenten eine Widerstandsbewegung sehr großen Ausmaßes formierte und dadurch die Absichten des GHQ und der im Einklang mit diesem handelnden japanischen Staatsgewalt beinahe gescheitert wären. Der Verfall des Ansehens der KP dürfte nicht das *Resultat* der wachsenden antikommunistischen Stimmung gewesen sein, sondern vielmehr von Verhaltensweisen der Partei selber herbeigeführt worden sein, etwa den innerparteilichen Kämpfen und Spaltungen oder der zwischen linkem Abenteurertum und Opportunismus schwankenden Taktik. Hier wollte ich nur auf den Umstand hinweisen, daß die bei Intellektuellen direkt nach dem Krieg (wenn auch nicht bei allen) zu beobachtende, geradezu übersteigerte Sympathisantenhaltung gegenüber der KP auf jenem weitverbreiteten Gefühl der Selbstanklage und der Reue beruhte.

Im Zusammenhang hiermit ist es vielleicht nötig, eine Anmerkung zu dem bis heute gängigen Ausdruck »fortschrittliche Kulturträger« (shinpoteki bunkajin) zu geben. Wir finden zwar in den verschiedensten Ländern den Ausdruck »revolutionäre Intellektuelle«, doch die Bezeichnung »fortschrittliche Kulturträger« ist eigentümlich für Japan. Zu Beginn dieses Textes habe ich über die

Entstehung der Kategorie *bunkajin* (Kulturträger) gesprochen (siehe oben S. 98). Zu beachten ist hier nun, daß das Adjektiv »fortschrittlich« *kein* Hinweis auf eine Differenzierung innerhalb dieser Kategorie ist. Denn Bezeichnungen wie »reaktionäre Kulturträger« oder »politisch in der Mitte stehende« haben keine allgemeine Verbreitung gefunden; es gibt allein den Begriff »fortschrittliche Kulturträger«. Diese Bezeichnung wird ausschließlich in bezug auf andere Menschen benutzt und hat außerdem immer eine herabsetzende und spottende Färbung. Sie bezieht sich vor allem auf jene Intellektuellen, die sich engagiert in der Bewegung zum Schutz der Verfassung, in der Antikriegs- und Friedensbewegung, zu den amerikanischen Stützpunkten, zu den diskriminierten Buraku[19] und in letzter Zeit zu den von Unternehmen verursachten Umweltschäden äußern und dabei die jeweiligen konservativen Regierungen kritisieren. Es handelt sich bei dieser Bezeichnung jedoch um kein sehr genaues, auf eine bestimmte Gruppe deutendes Wort; was gemeint ist, scheint eher von dem Bild abzuhängen, das sich die attackierende Seite von diesen Intellektuellen macht, und dieses Bild scheint mehr als bloß eine bestimmte, fest umrissene Gruppe zu umfassen. Hier will ich mich damit begnügen, auf die diesen Attacken gegen die als »fortschrittliche Kulturträger« – und die Angriffe sind schon beinahe stereotyp – innewohnende Ironie einzugehen.

Erstens gelten die »fortschrittlichen Kulturträger« unabhängig davon, ob dem so ist oder nicht, als mit realen politischen Kräften wie der Sozialistischen Partei, der Kommunistischen Partei oder dem Gewerkschaftsdachverband Sôhyô verbunden und werden als Leute betrachtet, die diese politisch oppositionellen Kräfte ideologisch unterstützen. Im realen Japan haben aber – insbesondere seit dem Zusammenschluß der Konservativen im Jahre 1955 – die konservativen (und zu einem Teil deutlich reaktionären) Kräfte in Politik, Wirtschaft, Bürokratie und sogar in Bildung und Erziehung eine dominierende Position inne, und diese politische Konstellation ist nahezu *fixiert*. Dessenungeachtet werden die »fortschrittlichen Kulturträger« bezichtigt, sie hätten sich der »herrschenden Zeitströmung« angepaßt. Heißt dies nun, die politisch-gesellschaftlich herrschenden Kräfte schwimmen gegen die Strömung der Zeit? Oder, falls das nicht gemeint ist: geht diese Denunziation an der tatsächlichen Situation völlig vorbei? Nur eines von beiden kann der Fall sein.

Die zweite Ironie besteht darin, daß der Spott über die fortschrittlichen Kulturträger fast ausnahmslos herausstellen will, ihre Ansichten über Demokratie und Pazifismus seien lediglich eine Spielerei mit leeren Ideen und unfähig, die Realität zu verändern. Man kann ein Schmunzeln nicht unterdrücken, wenn man sieht, wie diese berufsmäßigen Spötter – und in der Tat ist die Verhöhnung in einer bestimmten Sorte von Fernsehprogrammen und Zeitungen wie Zeitschriften »professionalisiert« – eben diese Ohnmächtigkeit und Vergeblichkeit verspotten, obschon sie doch nichts mehr fürchten als eine stärkere Position der progressiven Intellektuellen und eine Zunahme ihres Einflusses. Wenn die Äußerungen der »fortschrittlichen Kulturträger« dermaßen wirkungslos wären, würde es doch angemessen sein, sie einfach zu ignorieren; dennoch setzen diese professionellen Kritiker bis heute unverdrossen ihre Attacken fort – ganz so, als ob es in der japanischen Gesellschaft nichts anderes zu kritisieren gäbe. Seitens der »fortschrittlichen Kulturträger« sollte man dies deshalb nicht allzu ernst nehmen, sondern vielmehr die hysterische Heftigkeit der Angriffe als Beweis des Gegenteils betrachten: nämlich daß man selbst doch einen gewissen Einfluß auf die reale Situation *ausübt*.

Drittens sind Vorwürfe gegen die »fortschrittlichen Kulturträger« mehr oder weniger mit der Vorstellung verknüpft, diese hätten sich während der Kriegszeit bei Militär und rechten Kräften angebiedert, aber nach Kriegsende plötzlich auf »Demokratie« umgesattelt; sie seien daher Opportunisten, denen man keinen Glauben schenken könne. Wenn sie von »Reue« sprächen, so sei ihre Reue *gespielt*, sei eine große Gebärde, mit der sie ihre eigene Anpassung an die veränderte Situation zu verschleiern suchten. Daß es Intellektuelle, auf die solche Vorwürfe und Anklagen zutreffen, unter Sozialisten und Liberalen *in der Tat gibt*, ist überhaupt nicht zu leugnen. Aus folgendem Grund enthält aber auch dieser Vorwurf meines Erachtens eine Ironie: Sind denn nur die sogenannten »fortschrittlichen Kulturträger« vom Vorwurf solcher weltanschaulichen Inkonsequenz betroffen? Schon durch einen flüchtigen Blick auf Dokumente aus der Kriegszeit wird klar, daß dem nicht so ist. Es bereitet keinerlei Schwierigkeiten, unter den Antikommunisten und konservativen Intellektuellen – von Politikern und Unternehmern, die nach 1945 zu Amerika und dem »Lager der freien Welt« als zu ihrem Schutzgott aufblicken, ganz zu schweigen – die alten Gesichter zu erkennen, die seinerzeit den

Großostasiatischen Wohlstandsblock[20] priesen und von den »Teufeln und Bestien USA und England« sprachen. Und auch unter den sich selbst so nennenden demokratischen Sozialisten, die gegenwärtig in den Chor der Kritiker der »fortschrittlichen Kulturträger« einstimmen, gibt es Intellektuelle, die einst das Organisationspotential des Nazismus bewunderten und behaupteten, sich vom angelsächsischen Liberalismus zu trennen und den Weg zum Totalitarismus zu beschreiten, sei – in einer etwas marxistischen Formulierung – »unser weltgeschichtlich notwendiger Weg«. Warum wird dann aber nur die Vergangenheit jener Intellektueller enthüllt, die sich in der Antikriegs- und Friedensbewegung oder in der Bewegung zum Schutz der Verfassung engagieren? Auch hierbei sollten die »fortschrittlichen Kulturträger« nicht über die Ungerechtigkeit der gegen sie erhobenen Vorwürfe jammern, sondern vielmehr darauf stolz sein, daß an ihre weltanschaulich-intellektuelle Integrität strengere moralische Maßstäbe angelegt werden als im Falle der »politisch in der Mitte stehenden« oder der »reaktionären Kulturträger« – wobei die Tatsache, daß es diese zwar in der Realität gibt, ein Wort dafür aber *nicht existiert*, selber schon symbolische Bedeutung hat.

Da es bei der Erörterung ideologischer Konsequenz schwierig ist, klar zwischen »Konsequenz« und »Verbohrtheit« *zu unterscheiden*, rutscht man leicht in fruchtlose Debatten ab. Mir scheint eher die Unterscheidung zwischen den Leuten, die den direkt nach der Niederlage erfahrenen Nullpunkt der Reue und Selbstkritik *weiterhin lebendig erhalten*, und jenen, die das alles sauber vergessen und sich an die veränderte Gegenwartssituation anpassen, eine realistischere Erkenntnis der Weichenstellung im Lebensweg der Intellektuellen zu ermöglichen. Natürlich verlangt der Fall jener Nachkriegs-Intellektuellen, die überhaupt keine Erfahrung von Krieg und Niederlage haben, eine gesonderte Diskussion.

Dennoch soll nicht bestritten werden, daß im Zustandekommen dieser dritten Epoche einer intellektuellen Gemeinschaft als »Reuegemeinschaft« auch ihre Grenzen lagen. Denn als Gesamttendenz gilt, daß so wie die Erinnerung an die Kriegserlebnisse unscharf wurde, auch das »Reuebewußtsein« im Fluß der Zeit unweigerlich seine scharfen Konturen einbüßte. Es veränderte sich analog zum historischen Prozeß im Nachkriegs-Japan. Die Frage der Kriegsverantwortung wurde vertuscht, die ehemals als »Kriegsverbrecher« zur Rechenschaft gezogenen Persönlichkeiten kehrten in ihrem jeweiligen Bereich wieder in Amt und Würden zurück, die »Demokratie« verlor die Leidenschaft der Negation und verwandelte sich, statt Idee und Bewegung zu sein, vielmehr zu etwas in die Rechtsinstitutionen »Eingebautem«. Parallel hierzu vollzog sich die Erosion der »Reue«. Mit dem rasanten Wiederaufbau Japans von etwa 1960 bis in die Periode des hohen Wirtschaftswachstums wurden auf allen Gebieten – Politik, Wirtschaft, Erziehung etc. – die vorübergehend in einen Zustand der Lähmung geratenen Strukturen rasch wieder gefestigt, die Organisationen blähten sich auf, und das Leben der Bevölkerung bewegte sich bald insgesamt in den geordneten Bahnen der Routine. Natürlich sind die Tendenzen zu Spezialisierung und zu Bürokratisierung eine allen entwickelten Ländern gemeinsame Erscheinung; worauf ich aber hier nochmals hinweisen möchte: diese Tendenzen sind gleichsam das »Karma« des modernen Japan, und sie wurden ungefähr von der Zeit an, als man vom »Ende der Nachkriegszeit« zu sprechen begann[21], noch weiter beschleunigt. Bereits in der Meiji-Zeit hatte, wie erwähnt, Yamaji Aizan auf das Auftreten des von Max Weber so bezeichneten »Fachmenschen ohne Geist«[22] hingewiesen, aber diese Entwicklung wurde nach 1945 noch zusätzlich durch globale Tendenzen verstärkt. Somit ist meines Erachtens die heutige Situation dadurch gekennzeichnet, daß sich die Intellektuellen von neuem in die Gehäuse ihrer jeweiligen Berufsbereiche zurückgezogen haben, so wie auch die sogenannten Systemkritiker auf ihre Art abgeschlossene Gruppen von Gleichgesinnten gebildet haben. Weil diese Situation von unserer alltäglichen Erfahrung bestätigt wird, brauche ich sie hier nicht in aller Breite darzustellen; vielmehr wollte ich, indem ich mit dem etwas merkwürdigen Ausdruck »Reuegemeinschaft« den Nullpunkt der Nachkriegsentwicklung kennzeichnete, den frappanten Unterschied zwischen der intellektuellen Landschaft gleich nach dem Krieg und der heutigen deutlich machen. Mit einem bitteren Lächeln werden nicht wenige ältere Intellektuelle sich an jene Zeit erinnern, als Politiker und Unternehmer, bei denen eine Beziehung zu Kultur ganz undenkbar war, einstimmig verkündeten: »Von nun an kann Japan nur als ›Kulturstaat‹ fortbestehen.«

Blicken wir nun auf die Wandlungen zurück, die das Bild von den »Herren Gelehrten« seit der Meiji-Restauration bei diesen selbst wie in der Gesellschaft durchgemacht hat, dann fällt uns ein historisches Paradox auf: Wir sprechen beim Gesellschaftssystem der Edo-Zeit von einer »Ständegesellschaft«. Die Gesellschaft war nicht allein nach den Ständen der Krieger, Bauern, Handwerker und Kaufleute gegliedert, sondern ganz Japan auch in fast dreihundert in sich abgeschlossene Lehensgebiete aufgeteilt. Die Ironie liegt nun darin, daß es in diesem nach Ständen und Lehen horizontal wie vertikal segmentierten System trotzdem unter den Intellektuellen das Bewußtsein gab, Mitglieder einer intellektuellen Gemeinschaft zu sein. Die traditionellen Intellektuellen damals waren »Konfuzianer«. Von diesen dienten die einen einem Lehnsherrn, die anderen nicht. Dabei führten sie untereinander heftigste Auseinandersetzungen, einige vom Standpunkt der Lehre Zhu Xis[23], andere von dem der »Kogaku«[24] aus. Aber sie waren, unabhängig davon, ob sie nun ein Amt bekleideten oder nicht, und über die Differenzen zwischen den Lehensgebieten hinweg durch das gemeinsame Bewußtsein miteinander verbunden, den »Weg der Heiligen« zu erlernen. Gerade deshalb konnten sie ihre Auseinandersetzungen um denselben »Weg« ja auf gemeinsamem Boden führen. Sogar in den Debatten mit den Anhängern der »Kokugaku«[25], die einen den Konfuzianern entgegengesetzten »Weg« vertraten, herrschte unter den beiden Gruppen ein Bewußtsein gemeinsamer Zugehörigkeit zum Kreis der Gelehrten. Unter den einfachen Leuten entspricht ihnen der oben erwähnte, im klassischen Rakugo auftretende *monoshiri*, »der über alles Bescheid weiß« – das waren in den Städten die bejahrten Männer, die sich in einem Hinterhaus auf ihr Altenteil zurückgezogen hatten, und die Hausbesitzer, auf dem Lande die buddhistischen Priester oder die Lehrer in der Dorfschule.[26] Dieser Typ des »Bescheidwissenden« ist, wie karikiert er auch im Rakugo gezeichnet sein mag, der Prototyp des modernen Intellektuellen; er ist jemand, der voller Wißbegierde sein Zugehörigkeitsbewußtsein zu einem Lehen oder einem Stand, wie Krieger oder Arzt, überwindet und nach einer universalen Kultur strebt. Diese intellektuelle Schicht wurde damals sowohl in ihrem eigenen Bewußtsein als auch in den Augen der Leute als »die Herren Gelehrten« zusammengefaßt, ungeachtet des Lehensgebietes, Dorfes oder dergleichen. Umgekehrt trat nach der Bildung des Großjapanischen Reiches und dem kühnen Niederreißen der Feudalgesellschaft mit ihrer Schichtung und dem der regionalen Barrieren eine rasch voranschreitende Bürokratisierung und Spezialisierung an deren Stelle, so daß die Zugehörigkeit zu einer Organisation Vorrang vor dem Bewußtsein, Teil der intellektuellen

Gemeinschaft zu sein, erlangte. Diese paradoxe Entwicklung scheint mir deutlich sichtbar zu sein.

Ich möchte mich hier nicht als ein Historiker, der als »zurückblik-kender Prophet« definiert wird, zu den zukünftigen Möglichkeiten und Tendenzen äußern, von neuem eine intellektuelle Gemeinschaft aufzubauen, sondern mich damit begnügen, zum Schluß nur das folgende »Problem« zu formulieren:

Anklagen gegen die Suche nach dem »Allgemeinen« – diese Suche ist ja das, was den Intellektuellen ausmacht – als »bürgerliche Begrenztheit« oder »falscher Humanismus« werden gegenwärtig von westeuropäischen Intellektuellen vorgebracht, wobei gerade J.-P. Sartre eine führende Rolle spielt. Aber auch in diesem Fall müssen wir uns davor hüten, die intellektuellen Fronten in Westeuropa mechanisch auf Japan zu übertragen. Wenn es in der Vergangenheit einen problematischen Aspekt des »Intellekts« in Japan gegeben hat, dann bestand dieser zumindest vorrangig *nicht* in den bürgerlichen Beschränkungen des Humanismus oder in den klassenbedingten Grenzen des Universalismus. Dies wird ersichtlich an der paradoxen Rolle des Marxismus im Vorkriegs-Japan, auf die ich oben kurz eingegangen bin. Im modernen Japan ist es *auch nicht ein einziges Mal* vorgekommen, daß sich die Bourgeoisie für Universalismus oder Humanismus engagiert hätte. (Für die Beweisführung habe ich hier leider keinen Raum.) *Falls* man den »Universalismus« im japanischen Intellekt in Frage stellen will, so müßte sich dies meines Erachtens darauf beziehen, daß sich dieser »Universalismus« jeweils mit einem *bestimmten* Staat – etwa China oder einer der Großmächte Westeuropas – oder einer *bestimmten* historischen Stufe der Kultur – wie der westeuropäischen Zivilisation des 19. Jahrhunderts – »außerhalb« Japans verquickte und damit selbst in einen Partikularismus abglitt bzw. abzuleiten drohte. In einem im Rahmen einer kleinen Tagung auf Englisch gehaltenen Referat über das Thema *Utopisches Denken und Modellstaat* bin ich seinerzeit zu dem Schluß gelangt, daß die japanische Ideengeschichte eine große Armut an utopischem Denken aufweist. Utopisches Denken besteht ursprünglich nicht in Träumereien oder Illusionen, sondern ist Produkt eines drängenden und umfassenden kritischen Bewußtseins gegenüber der Realität; in Japan war es jedoch – wenn eine grobe Vereinfachung erlaubt ist – der »Modellstaat«, welcher die Stelle utopischen Denkens eingenommen hat. Der Modellstaat war in der Frühzeit Japans das chinesische Reich der Sui- (581-618) und der T'ang-Dynastie (618-907) und auch danach noch für lange Zeit das von »heiligen Königen« regierte China der ältesten Zeit, bis am Ende der Edo-Zeit und dann verstärkt seit der Meiji-Restauration die Umstellung auf »Europa und Amerika« erfolgte. Selbst im Falle des Marxismus konnte der Universalismus hierzulande der Neigung nicht widerstehen, sich mit der Sowjetunion oder der Komintern, d.h. mit einem *realen* Staat bzw. einer *bestimmten* Gruppe, zu identifizieren. Das zeigt sich auch darin, daß dem »Trotzkismus« im Lager der hiesigen Sozialisten erst sehr spät das Bürgerrecht gewährt wurde, im Vergleich mit den westlichen Ländern sogar am spätesten. Da der Universalismus etwas »außer« einem selbst oder »außerhalb« des eigenen Landes Befindliches ist, tritt die Reaktion dagegen notwendig als Betonung des »Innen« auf. »Innen« – das bedeutet hier nicht das seelische Innen, sondern: unser Land, unser Dorf, unsere Familie. In ideologischer Hinsicht ist es die Basis des in verschiedenen Varianten anzutreffenden Gedankens der Bodenständigkeit (oder genauer: der *bodenständigen Entwicklung*). So haben der Pseudo-Universalismus in Gestalt der Idealisierung des »Außen« und die Konzentration auf das »Innen« sich in einem circulus vitiosus abgewechselt. Oben habe ich erwähnt, daß die »Bekehrung« der japanischen Intellektuellen sich in Form einer Lösung der Identifikation mit den im Ausland produzierten »Ismen« vollzog. Aber auch hier wäre es präziser, statt von einem Konvertieren zum Glauben an das Japan Spezifische eher von einer Identifizierung mit dem »real Existierenden«, der im »Innen« (d.h. in Japan) lebenden breiten Bevölkerung, zu sprechen. So wie der Kern des Nationalismus in der bekannten Redensart »Right or wrong – my country« komprimiert ausgedrückt wird, so entsteht wirklicher Universalismus auch erst dort, wo es heißt: »Ob ›eigen‹ oder ›fremd‹ – was wahr ist, ist wahr, und was gerecht, ist gerecht.« Dasselbe gilt für den Humanismus. Uchimura Kanzô[27] sagt: »Die Menschheit – das ist Lieschen Müller von nebenan.« Diese Sichtweise, Lieschen Müller *zugleich* als Teil der Menschheit zu sehen – das ist Humanismus. »Die Menschheit« ist eben nicht etwas Fernes, in anderen Himmelsregionen Existierendes. Ein »internationaler Mensch« (ein merkwürdiger Ausdruck!) ist nicht etwa jemand, der häufig ins Ausland reist. Es ist keine Frage des abstrakten *Denkens*, sondern der *Empfindung und der Erfahrung*.

Setzen wir das Gesagte in Beziehung zur Möglichkeit eines »Reiches des Geistes«, so ergibt sich: Das Denken in den Kategorien von »Außen« und »Innen« spaltet die Intellektuellen nicht allein durch den Gegensatz von fremdem Universalismus und einheimischer Bodenständigkeit, sondern sie werden auch durch die Orientierung an verschiedenen »*Aus*ländern« gespalten. Der »Modellstaat« nach der Meiji-Restauration war in bezug auf das Heer Preußen, in bezug auf die Marine England. Für die Konstitutionalisten der Bewegung für Freiheit und Volksrechte war er England, für die Egalitaristen Amerika, und das »Modell« der Nachkriegsdemokratie war wiederum Amerika. Für die Kommunisten war es, wie erwähnt, lange Jahre hindurch die Sowjetunion, während einer gewissen Periode nach dem Krieg trat China an die Stelle der Sowjetunion. Für Schriftsteller und Künstler hatten wohl *hauptsächlich* Frankreich und das Rußland des 19. Jahrhunderts diese Position inne. Solche Verzweigungen bei der Suche nach dem »Modellstaat« müssen natürlich zu Spaltungen (!) des Universalismus selber und damit zu Faktoren werden, die der Bildung einer intellektuellen Gemeinschaft entgegenstehen.

Beenden möchte ich diese Erörterung mit der Frage, ob nicht eher als die Überwindung des bürgerlichen Universalismus das Durchbrechen des Teufelskreises von »Außen«-Universalismus und »Innen«-Bodenständigkeitsdenken die weit dringendere Aufgabe der japanischen Intellektuellen ist.

Anmerkungen des Übersetzers

1 Natsume Sôseki (1867-1916): Schriftsteller; Autor von Romanen, Erzählungen und Essays. Lebte als freier Schriftsteller und Vertragsautor der Zeitung *Asahi shinbun*. Gilt zusammen mit Mori Ôgai als Klassiker der modernen japanischen Prosa. In deutscher Übersetzung liegt vor: *Kokoro* (Übers. O. Benl), Zürich 1979.

2 Mori Ôgai (1862-1922): Schriftsteller; Autor von Erzählungen, Dramen und literaturkritischen Schriften, daneben bedeutender Übersetzer. Von Beruf Militärarzt, bekleidete er höchste Posten in der japanischen Armee und in der Kultusbürokratie. In deutscher Übersetzung liegen vor: *Die Wildgans* (Übers. F. Vogelgsang), Frankfurt a. M. 1962, und: *Vita Sexualis* (Übers. S. Schaarschmidt), Frankfurt a. M. 1983.

3 Shikitei Sanba (1776-1822): Populärer Autor der späten Feudalzeit; Verfasser witziger Prosa, darunter *Ukiyoburo* (Die Welt im Bade) und *Ukiyodoko* (Die Welt beim Barbier).

4 Meirokusha: ein Klub aufklärerisch engagierter Intellektueller, die alle verschiedene westliche Wissenschaften studiert hatten. 1874 von zehn Leuten gegründet, traf sich diese Vereinigung zweimal im Monat, um über verschiedenste gesellschaftliche Themen zu diskutieren. Später Erweiterung des Kreises, der 1874/75 die *Meiroku zasshi* herausgab. In der ursprünglichen Form 1879 aufgelöst, bestand der Klub formal noch bis 1910 weiter.

Vgl. Braisted, R., tr. and ed.: *Meiroku Zasshi*, Cambridge, Mass. 1976; Huish, D. J.: *The Meirokusha: Some Grounds for Reassessment*, in: *Harvard Journal of Asiatic Studies* 32, 1972.

5 Fukuzawa Yukichi (1834-1901): bedeutendster Vertreter der japanischen Aufklärung in der Meiji-Zeit, legte größtes Gewicht auf die Frage der Herausbildung eines selbständigen Individuums als Träger der Zivilisation und verband dies mit der Möglichkeit der Unabhängigkeit der Nation.

Vgl. Blacker, C.: *The Japanese Enlightenment*, Cambridge 1964; Fukuzawa, Y. (tr. and intro. D. A. Dilworth): *An Encouragement of Learning*, Tokyo 1969; Fukuzawa Y. (tr. and ed. D. A. Dilworth and G. C. Hurst): *An Outline of a Theory of Civilization*, Tokyo 1973; Kiyooka, E., tr. and ed.: *The Autobiography of Fukuzawa Yukichi*, Tokyo 1960.

Vgl. auch *Denken in Japan*, Anm. 43, 44.

6 Nakae Chômin (1847-1901): Siehe *Denken in Japan*, Anm. 40.

7 Ôkawa Shûmei (1886-1957): wichtiger Wortführer der nationalistischen Bewegung, Vertreter des Asianismus und der Überlegenheit des »japanischen Geistes«. Philosophie-Studium an der Tôkyô-Universität, graduierte 1912 im Fachgebiet Indische Philosophie. Ab 1919 in der Forschungsabteilung der Südmandschurischen Eisenbahngesellschaft, im selben Jahr Mitbegründer des nationalistischen Zirkels Yûzonsha. Zeitweilig Zusammenarbeit mit Kita Ikki (siehe Anm. 8), Einfluß auf junge Beamte und Offiziere. Gefängnisstrafe wegen Beteiligung an Putschversuch vom 15.5.1932, vorzeitig entlassen, danach Geheimdienstaufträge. Nach 1945 als Kriegsverbrecher der Klasse A interniert, wegen »Geistesgestörtheit« nicht abgeurteilt.

Vgl. Lieberman, M. E.: *Ôkawa Shûmei and Japan's Divine Mission*, Ph. D. diss., Univ. of California, Berkeley 1956.

8 Kita Ikki (1883-1937): Nationalistischer Ideologe, ursprünglich Sozialist, scharfer Kritiker der zeitgenössischen Auslegungen des Dogmas vom japanischen »Staatsorganismus«. Beteiligung an der Chinesischen Revolution von 1911, Verfechter des Asianismus. Konvertierte zum Nichiren-Buddhismus. Entwarf mit dem Ziel einer Reform des gesell-

schaftlich-politischen Systems einen »Plan für den Neuaufbau Japans« (1919), Mittel sollte ein Militärputsch sein. Als »Drahtzieher« des Putschversuchs vom 26. 2. 1936 verhaftet, 1937 exekutiert.

Vgl. Tanin, O., and E. Yohan: *Militarism and Fascism in Japan*, London 1934; Wilson, G. M.: *Radical Nationalist in Japan: Kita Ikki, 1883-1937*, Cambridge, Mass. 1969.

9 Tao Yuanming (Tao Qian, 365-427): Chinesischer Dichter, der die für ganz Ostasien klassischen Formulierungen des »Rückzugs aufs Land« geschaffen hat. Das erwähnte Gedicht unter dem Titel *Nach Hause zurück* in: Tao Yuanming, *Der Pfirsichblütenquell*, (Übers. Karl-Heinz Pohl), Köln 1985, S. 195-199.

10 Tokutomi Sohô (1863-1957): Siehe *Denken in Japan*, Anm. 18.

11 Yamaji Aizan (1865-1917): ab 1899 Journalist bei verschiedenen Zeitungen, gründete er 1903 als eigene zeitkritische Zeitschrift *Dokuritsu Hyôron* (Unabhängige Kritik). Mit den sozialen Auswirkungen des Kapitalismus konfrontiert, forderte er deren Behebung durch staatliche Intervention. Gründete 1905 die Kokka shakaitô (Staatssozialistische Partei) und forderte die Entwicklung von Sozialpolitik.

12 Arishima Takeo (1878-1923): Schriftsteller; Autor von Romanen und Erzählungen. Geprägt vom protestantischen Christentum und den Gedanken Tolstois, verschenkte er seinen umfangreichen Grundbesitz an die Pächter und veröffentlichte 1922 das erwähnte *Manifest*, in welchem er den Glauben der linken Intelligenz jener Zeit, geistiger Führer der Arbeiterklasse sein zu können, heftig kritisierte und der Intelligenz (und sich selbst) gerade noch eine Rolle als »Mahner in der eigenen Klasse« zubilligte.

13 Shinjinkai (Gesellschaft des Neuen Menschen): 1918 gegründete Gruppe radikaler Studenten und Graduierter der Tôkyô-Universität. Diskussionen über die »Emanzipation der Menschheit« und die Reform der japanischen Gesellschaft. Die Mitglieder engagierten sich in Streiks und Arbeitskämpfen und waren in den Elendsvierteln aktiv. Ab 1921 Verbindungen zu illegalen kommunistischen Gruppen, 1928 von der Universitätsverwaltung verboten, 1929 aufgelöst.

Vgl. Smith, H. D.: *Japan's First Student Radicals*, Cambridge, Mass. 1972.

14 Benannt nach Fukumoto Kazuo (1894-1983), einem marxistischen Theoretiker, der u.a. in Deutschland bei Karl Korsch studiert hatte. Fukumotos Auffassung gewann ab 1925 die Oberhand in der 1922 gegründeten Kommunistischen Partei Japans.

Vgl. Beckmann, G. M. and G. Ôkubo: *The Japanese Communist Party, 1922-1945*, Stanford 1969.

15 Sano Manabu (1894-1953) und Nabeyama Sadachika (1901-1979): beide höchste Funktionäre der KPJ. Sano nahm an der Gründung der Shinjinkai (vgl. Anm. 13) teil und trat der KPJ 1922 bei. Daß gerade

diese wegen ihres öffentlichen Auftretens geachteten Führer sich vom Kommunismus lossagten, löste eine große Austrittswelle unter den Mitgliedern aus: die Parteiorganisation wurde entscheidend geschwächt.

Vgl. Mitchell, R.: *Thought Control in Prewar Japan*, Ithaca 1976; Tsurumi, K.: *Social Change and the Individual: Japan Before and After Defeat in World War II*, Princeton 1970.

16 Bis 1945 war der *kokutai* als in der Welt einmalig zu preisen. Erst seitdem konnte man über den japanischen Staat ohne Angst im Rahmen einer allgemein-universalen Theorie sprechen und lehren.

17 Nosaka Sanzô (geb. 1892): führendes Mitglied der KPJ. Während des Krieges im Exil in Yenan bei den chinesischen Kommunisten. Vertrat in seiner Rede auf der Begrüßungsfeier nach seiner Rückkehr am 26.1.1946 die Auffassung, die KPJ müsse eine »liebenswerte Kommunistische Partei« werden. Seit Jahren als Abgeordneter im Oberhaus.

18 Mit diesem auch im Japanischen eingebürgerten Ausdruck wird eine große Säuberungswelle bezeichnet, die zunächst Mitglieder und Sympathisanten der KPJ im Öffentlichen Dienst, dann aber linksorientierte Gewerkschafter in allen Bereichen erfaßte. Das Stichwort hatte im Sommer 1950 der amerikanische Oberkommandierende General MacArthur gegeben: es gelte, die Unternehmen von »destructive communist elements« zu säubern.

19 »Buraku« sind Wohngebiete der *burakumin* (wörtlich: *buraku*-Leute), einer sozial diskriminierten Minderheit (ethnisch nicht verschieden von den Japanern). Die Minderheit wird in der japanischen Gesellschaft als »outcasts« behandelt und auch heute noch in den Bereichen von Arbeit, Wohnen, Heirat etc. diskriminiert.

Vgl. Hane, M.: *Peasants,, Rebels, and Outcasts. The Underside of Modern Japan*, New York 1982.

20 Diese Bezeichnung umschrieb den verstärkt ab 1938 durchgeführten Versuch der herrschenden Kreise Japans, im Rahmen einer »Neuen Ordnung« einen Wirtschaftsblock in Ost- und Südostasien unter japanischer Hegemonie zu errichten. Der Versuch scheiterte am Widerstand Chinas und anderer Länder.

Vgl. Jones, J. C.: *Japan's New Order in East Asia*, London 1954; Lebra, J. C.: *Japan's Greater East Asia Co-Prosperity Sphere in World War II*, Kuala Lumpur 1975.

21 Als 1956 der Vorkriegs-Lebensstandard von 1936 wieder erreicht wurde, hieß es im Wirtschaftsweißbuch desselben Jahres, Japan befinde sich »bereits nicht mehr in der Nachkriegszeit«. Dieser Ausdruck, auf den Regierungsökonomen Gotô Yonosuke zurückgehend, wurde in der Folgezeit zum geflügelten Wort.

22 Siehe hierzu Max Weber: »Niemand weiß noch, wer künftig in jenem Gehäuse wohnen wird, und ob am Ende dieser ungeheuren Entwick-

lung ganz neue Propheten oder eine mächtige Wiedergeburt alter Gedanken und Ideale stehen werden, *oder* aber – wenn keins von beidem – mechanisierte Versteinerung, mit einer Art von krampfhaftem Sich-wichtig-nehmen verbrämt. Dann allerdings könnte für die ›letzten Menschen‹ dieser Kulturentwicklung das Wort zur Wahrheit werden: ›Fachmenschen‹ ohne Geist, Genußmenschen ohne Herz: dies Nichts bildet sich ein, eine nie vorher erreichte Stufe des Menschentums erstiegen zu haben.« (*Gesammelte Aufsätze zur Religionssoziologie*, 3 Bde., Tübingen 1920/21, Bd. 1, S. 204.)

23 Zhu Xi (auch Zhuzi, jap. Shushi, 1130-1200): Chinesischer Philosoph, führende Figur des »Neo-Konfuzianismus«. Seine Auslegung des Konfuzianismus galt während der Edo-Zeit als offizielle Staatsdoktrin.

24 Kogaku (»alte Schule«): Bezeichnung für nicht orthodoxe, gegen die Lehre Zhu Xis kritisch eingestellte konfuzianische Lehrmeinungen in der Edo-Zeit, welche durch das Studium der ältesten chinesischen Texte zur ursprünglichen Gestalt des Konfuzianismus zurückzukehren versuchten. Ausführlich hierzu vgl. M. Maruyama: *Studies in the Intellectual History of Tokugawa Japan*, Tokyo 1974.

25 Kokugaku: wörtl. »Nationale Wissenschaft«. Restaurative Bewegung im Bereich der literarischen Quellenerschließung und Interpretation in der Edo-Zeit. Wollte die Wurzeln des »japanischen Geistes« in den literarischen Zeugnissen des japanischen Altertums (Ursprungsmythen) finden und entwickelte von da ausgehend eine Kritik am vorherrschenden Neokonfuzianismus in der politischen Philosophie.

26 Diese meistens in buddhistischen Tempeln untergebrachten Schulen wurden *terakoya* genannt. Angehörige des buddhistischen Klerus oder amtlose Samurai vermittelten dort den sonst von Bildungsmöglichkeiten ausgeschlossenen Kindern von Bauern und Stadtbürgern (Handwerkern und Kaufleuten) Elementarunterricht in Lesen, Schreiben, Rechnen.

27 Uchimura Kanzô (1861-1930): Bedeutender religiöser Denker (protestantischer Christ); Pazifist und Vertreter eines betont nicht-kirchlichen Christentums. Studierte in den USA Theologie und löste 1891 mit seiner Weigerung, dem Text des »Kaiserlichen Erziehungserlasses« religiöse Verehrung zu bezeugen, eine heftige Kontroverse aus. Von seinen Schriften liegt in deutscher Übersetzung u. a. vor: *Wie ich ein Christ wurde* (Übers. W. Gundert), Stuttgart 1902. Vgl. auch J. F. Howes: *Uchimura Kanzô: The Bible and War*, in: N. Bamba and J. F. Howes, eds.: *Pacifism in Japan*, Kyoto 1978.

Was man ist und was man tut

»Wer auf seinen Rechten schläft«

Ich erinnere mich an folgende Erläuterung zur Institution der »Verjährung«, als ich in meiner Studienzeit eine Vorlesung über Zivilrecht bei Professor Suehiro Izutarô[1] hörte: Wer Geld leihe, es ausnütze, nicht gemahnt zu werden, und das Geld dann veruntreue, habe den Nutzen; der gutgläubige Verleiher aber, der da nicht hinterher sei, trage schließlich den Schaden davon. Das scheine eine recht unbarmherzige Bestimmung zu sein, aber ihr zugrunde liegender Gedanke sei, daß, wer lange auf seinen Rechten schlafe, des Schutzes des Zivilrechts nicht würdig sei. Mich überzeugte diese Erklärung, und zugleich hinterließ das Wort von »denen, die auf ihren Rechten schlafen«, einen seltsam nachhaltigen Eindruck in mir. Denke ich jetzt darüber nach, so scheint mir in der Argumentation, derzufolge man das Recht auf eine Schuldforderung schließlich verliert, wenn man sich einfach mit dem Status begnügt, Gläubiger *zu sein*, und insoweit man nicht die drohende Verjährung durch die *Handlung* des Einforderns der Schulden stoppt, ein höchst bedeutsamer Inhalt verborgen zu sein, der sich nicht allein auf den Rechtsgrundsatz eines Zivilrechts beschränkt.

Sehen wir uns z. B. Art. 12 der japanischen Verfassung an. Dort steht: »Freiheiten und Rechte, die dem Volke durch diese Verfassung garantiert werden, müssen durch unablässige Bemühungen des Volkes erhalten werden.« Diese Bestimmung entspricht der Proklamation des Art. 97, wonach die Grundrechte »das Ergebnis des langen Kampfes der Menschheit um Erlangung der Freiheit« sind. Man kann sagen, daß hier dieser historische Prozeß der Erlangung der Freiheit sozusagen auch auf die Zukunft hin projiziert wurde; und einen Geist herauslesen, der erstaunliche Gemeinsamkeiten hat mit dem, was wir gerade hinsichtlich der »Verjährung« gesehen haben, ist weder sehr abwegig noch schwierig. Liest man sich nämlich diese Bestimmung der Verfassung unter verschiedenen Gesichtspunkten durch, so ergibt sich daraus die Warnung: »Das Volk ist jetzt zum Souverän geworden; wenn es sich aber damit zufriedengibt, Souverän *zu sein* und die Ausübung seiner Rechte vernachlässigt, kann es geschehen, daß es eines Morgens

aufwacht und merkt, daß es nicht mehr der Souverän ist.« Dies ist
nun weder inhaltslose Einschüchterung noch eine Predigt in Lehr-
buchmanier, sondern es handelt sich um nichts anderes als eben
die historische Lehre, die uns der mit Blut befleckte Weg der europäischen Demokratien in den letzten hundert Jahren vom Staats-
streich Napoleons III. bis zur Machtergreifung Hitlers zeigt.

Der amerikanische Soziologe C. Wright Mills sagte: »Es ist
leicht, die Freiheit zu *preisen*. Sie zu *schützen* ist im Vergleich dazu
viel schwieriger. Aber noch schwieriger ist zu erreichen, daß die
Bürger sie täglich *ausüben*.« Auch hier liegt grundsätzlich dieselbe
Konzeption vor. Es heißt immer, unsere Gesellschaft sei frei, und
während wir dieses Frei-Sein preisen, ist gar nicht sicher, ob diese
Freiheit nicht unversehens ihrer Substanz beraubt wird. Freiheit *ist*
kein Dekorationsstück, sondern sie wird allein durch wirkliche
Ausübung erhalten. Mit anderen Worten: Dadurch, daß einer täglich etwas *tut*, um frei zu werden, kann er erst frei *sein*. In diesem
Sinne können wir etwa die Freiheiten und Rechte der modernen
Gesellschaft eine sehr lästige Angelegenheit für jene Leute nennen,
die die Trägheit des Lebens mögen. Lästig dürften sie auch für die
sein, die glauben, sie könnten die Beurteilung der Verhältnisse anderen überlassen, wenn sie nur ihr tägliches Leben so oder so un-
gestört führen können, und für den Menschenschlag, der von seinem Temperament her lieber tief in seinen Armsessel versinken
will, als daß er sich daraus einmal erhebt.

Auffassungen über die Institutionen in der modernen Gesellschaft

Man hört häufig den Ausdruck »ein freier Mensch«. Aber es ist
nicht selten, daß Menschen, die von sich glauben, sie seien frei,
tatsächlich überaus unfrei sind von den Vorurteilen, die sich in ihnen festsetzen, wegen ihrer Neigung, die fortwährende Prüfung
und Beobachtung ihres Bewußtseins und ihres Verhaltens zu ver-
nachlässigen. Umgekehrt hat der, der sich seines »Erfaßtseins«
schmerzlich bewußt ist und immerfort sein eigenes »Bedingtsein«[2]
im Blick hat, durch das Bemühen, die Verhältnisse *freier* erkennen
und beurteilen zu wollen, die Chance, *relativ* frei zu werden. Eine
vergleichbare Beziehung wie die hier für Personen angeführte existiert auch in bezug auf Institutionen.

Demokratie kann erst dann zu etwas Lebendigem werden, wenn das Volk ständig vor der den Institutionen eigenen Tendenz zur Verselbständigung, zur Fetischisierung, auf der Hut ist. Dies gilt vor allem für die Institution, die als »Demokratie« *bezeichnet* wird. Denn genau wie für Freiheit besteht auch für Demokratie das Charakteristische darin, daß sie nur durch fortwährende Demokratisierung allererst Demokratie sein kann. Dies ist der tiefere Sinn der Behauptung, demokratisches Denken lege das Schwergewicht weniger auf Begriffsbestimmungen und Schlußfolgerungen als auf den Prozeß der Demokratisierung. So gesehen, kann die Argumentation, derzufolge die Schuldforderung, erst indem man sie *stellt*, eine solche *sein* kann, zu einer »Philosophie« erweitert werden, die überhaupt Institutionen und sittliche Normen der modernen Gesellschaft, und überdies die Art und Weise der Beurteilung von Verhältnissen entscheidend bestimmt.

Es gibt das bekannte Wort »Den Geschmack des Puddings lernt man nur durchs Essen kennen«. Ob jemand der Ansicht ist, im Pudding sei sozusagen der Geschmack als sein »Attribut« immer schon *enthalten*, oder aber meint, mittels der realen Handlung des Essens werde *jedesmal* erst erwiesen, ob er gut schmeckt oder nicht – das sind meines Erachtens die beiden die Extreme bildenden Denkweisen bei der Beurteilung des Werts von gesellschaftlichen Organisationen, zwischenmenschlichen Beziehungen oder Institutionen. Die Dynamik des modernen Geistes, die die Ständegesellschaft zerstört, die Lehre von der Existenz der Begriffe, den Begriffsrealismus, in den Nominalismus umkehrt, alle möglichen Dogmen erst einmal durch das Sieb des Experiments filtert, die Autoritäten, die in den verschiedenen Bereichen wie Politik, Wirtschaft, Kultur als »angeborene« gelten, auf ihre reale Funktion und ihre Wirkung hin »befragt« – diese Dynamik entstand durch die Verlagerung des *relativen* Schwerpunkts von einer Logik, die davon ausgeht, *»was man ist«*, von Werten des *Seins*, auf eine Logik, die davon ausgeht, *»was man tut«*, auf Werte des *Tuns*. Wenn für die Menschen des Hamlet-Zeitalters die Hauptfrage *»to be or not to be«* gewesen war, könnten wir sagen, daß für die Menschen der modernen Gesellschaft eher die Frage *»to do or not to do«* zum wichtigsten Anliegen wurde.

Das heißt natürlich nicht, daß Organisationsformen und Werturteile, die auf dem, »was man *ist*«, basieren (z. B. blutsverwandtschaftliche Beziehungen oder rassisch bestimmte Gruppen), in

Zukunft gänzlich verschwinden werden, und der Grundsatz, es komme nur darauf an, »was man *tut*«, in allen Bereichen unterschiedslos gepriesen werden könnte. Aber indem wir von diesen beiden Schemata ausgehen, besitzen wir einen Maßstab, mit dessen Hilfe wir den Grad des Fortschritts an *substantieller* »Demokratisierung« in Politik, Wirtschaft und den übrigen Bereichen der Gesellschaft eines konkreten Landes und die Kluft zwischen Institutionen und Denkgewohnheiten ausloten können. Damit nicht genug: diese Schemata könnten auch einen Schlüssel bieten, Probleme des gegenwärtigen Japan, das in einigen Aspekten äußerst *prä*modern ist, während es in anderen wiederum furchtbar *super*modern ist, zu reflektieren.

Am Beispiel der Tokugawa-Zeit

Um den Kontrast der erwähnten Gesellschaftstypen zu verdeutlichen, werde ich im folgenden die Gesellschaft der Tokugawa-Zeit als Beispiel heranziehen. Man braucht nicht eigens zu betonen, daß dort Faktoren wie Geburt, Abstammung oder Alter in den sozialen Beziehungen eine entscheidende Rolle spielen und eine Bedeutung besitzen, die wir durch unsere realen Handlungen nicht verändern können. In einer solchen Gesellschaft wird sowohl in den Machtbeziehungen als auch im Bereich der sittlichen Normen und der Vorstellungen über allgemeine Erscheinungen das, »was man *ist*«, ein wichtigerer Maßstab für Werturteile sein als das, »was man *tut*«. Nach dem Verständnis dieser Zeit besaßen Daimyô und Samurai[3] nicht deshalb Herrschaftsrechte über Bauern oder Städter, weil sie ihnen irgendeinen Dienst erwiesen; vielmehr galt der Grundsatz, daß sie wegen ihrer standesmäßigen »Zugehörigkeit«, also als Daimyô oder Samurai, natürlicherweise – angeboren – Herrschaft ausübten. Seien es die Institutionen der »erblichen Vasallen«[4], der »Zünfte«[5] oder des »iemoto«[6] – stets handelt es sich um einen Wert in diesem Sinne des »etwas sein«, und es war keineswegs so, daß dieser Wert erst durch einen konkreten Dienst oder Beitrag nachgewiesen werden mußte.

Auch Verhaltensweisen sowie Umgangsformen der Leute entspringen hier quasi natürlich der Gegebenheit, was einer *ist*. Die grundlegende Norm besteht darin, daß sich ein Samurai samuraigemäß, ein Städter so, *wie es sich* für ihn *gehört*, verhält. Weit entfernt von einem »Kampf ums Recht« (Jhering)[7] bildet dieses Sich-zufrieden-geben (anbun) mit der sozialen Stellung, die man einnimmt, für die Aufrechterhaltung der Ordnung einer solchen Gesellschaft ein lebenswichtiges Erfordernis. In dieser Gesellschaft werden die *schon feststehenden* Verhältnisse, wie z.B. die Zugehörigkeit zum gleichen Dorf, zur gleichen Familie oder zum gleichen Stand, zentral für zwischenmenschliche Beziehungen. Daß man *verschiedenartige* Beziehungen mit *Unbekannten* mittels beruflicher Tätigkeit oder zielbewußter Aktivitäten eingeht, kommt auch tatsächlich nicht allzu häufig vor, aber selbst für Beziehungen, die auf dem *»Tun«* beruhen, besteht die Tendenz, solche, die auf dem *»Sein«* beruhen, möglichst als Modell anzusehen und sich ihnen anzunähern.

Gesellschaft des *Seins* und Moral des *Seins*

In einer Gesellschaft wie jener der Tokugawa-Zeit bestimmt sich der Verhaltenstypus eines Daimyô oder eines Dorfschulzen von selbst aus der Tatsache, daß jemand Daimyô oder Dorfschulze ist. Erste Vorbedingung für die Entstehung von Kommunikation ist dementsprechend in dieser Gesellschaft die Möglichkeit, schon am Äußeren unterscheiden zu können, welchen Status das Gegenüber einnimmt, z.B. Samurai, Bauer oder Städter. Denn erkennt man nicht an Kleidung, Verhalten oder Sprache auf einen Blick, welchen Status der Partner besitzt, so bleibt völlig unklar, welche Etikette ihm gegenüber angemessen ist. Ist jedoch umgekehrt gegenseitig auszumachen, welchen Status man bei einem Zusammentreffen jeweils einnimmt, so pendelt sich in einer solchen Gesellschaft eine Unterhaltung, der Moral des »Angemessenen« (-rashiku) entsprechend, von selbst ein, auch wenn man Verfahren oder Regeln der Diskussion nicht eigens aufstellt oder einen sogenannten »Konferenz-Geist« entwickelt. Nebenbei: Es gab faktisch damals kaum Zusammenkünfte von einander unbekannten Leuten.

Mit anderen Worten: Verhaltensnormen, die unter völlig fremden Menschen gelten, sind hier nicht allzu weit entwickelt und müssen es auch nicht sein. Was man seit der Meiji-Zeit als öffentliche (public) Moral bezeichnet, besteht eben in diesen Verhaltensnormen unter einander völlig fremden Menschen, und diese Art von Normen gab es in Japan vor der »Modernisierung« nicht. Betrachten wir zum Beispiel die berühmten »Fünf ehrerbietigen Beziehungen«[8] des Konfuzianismus, die die grundlegenden Verhältnisse der Menschen untereinander regeln, so stellen wir fest, daß von den Beziehungen Herr/Untertan, Eltern/Kinder, Mann/Frau, ältere/jüngere Geschwister, Freund/Freund die ersten vier Beziehungen als vertikale Über-Unterordnungsbeziehungen und nur die Beziehungen zwischen Freunden als horizontales, gleichberechtigtes Verhältnis verstanden wurden. Eine horizontale Beziehung zwischen zwei einander unbekannten Personen, die über den Bereich von Freundesbeziehungen hinausgeht, findet in die fünf grundlegenden Beziehungen des Konfuzianismus keinen Eingang. Dies zeigt uns, daß die konfuzianische Moral eine typische Moral des »Seins«, und die Gesellschaft, die den Konfuzianismus hervorgebracht hat und in der ferner die konfuzianische Moral als Angelpunkt zwischenmenschlicher Beziehungen angesehen wird, eine typische Gesellschaft des »Seins« ist.

Wachsende soziale Geltung von Organisationsformen, die auf dem »Tun« beruhen

Wächst demgegenüber die Notwendigkeit von Beziehungen unter einander völlig fremden Menschen, so muß sich der Charakter von Organisationen und Institutionen verändern, und auch die Verhaltensnormen erweisen sich als ungenügend, sofern sie auf einer Moral des »Seins« beruhen. Während dieser Prozeß eine Arbeitsteilung zwischen verschiedenen gesellschaftlichen Funktionen hervorbringt – etwa politischen, ökonomischen und pädagogischen –, teilen sich zugleich Organisationen und Institutionen der jeweiligen Bereiche im Innern entsprechend den Aufgaben in bestimmte einzelne Ämter oder Abteilungen auf (»Abteilung für …«, »Amt für …«). Damit befindet sich ein und dieselbe Person gleichzeitig in verschiedenen Beziehungen, so daß sie je nach der Situation eine andere Rolle spielen muß, d.h., in dem Maße verändern sich die Beziehungen zwischen den Menschen zu jeweils bestimmten Rollenbeziehungen, sind nicht mehr *allumfassende*. Heutzutage nennen wir in Japan auch im Falle eines Besuchs bei einem uns bekannten Menschen zunächst unsere Rolle. Wenn man nicht voranschickt, »ich möchte mit dir heute *als Freund* sprechen«, oder »ich komme heute in Vertretung des Abteilungsleiters«, so ist dem

Partner nicht mehr verständlich, in welcher Angelegenheit, in welcher Eigenschaft man gekommen ist.

Ein Beispiel: Vor einigen Jahren, als Nishio Suehiro[9] Generalsekretär der Sozialistischen Partei Japans (SPJ) war, kam es zu Auseinandersetzungen über sein Verhalten in diesem Amt. Nishio verteidigte sich damals gegen die Vorwürfe mit den Worten: »Das habe ich persönlich als Generalsekretär getan«, und diese Erwiderung rief weitere Fragen hervor. Es erhoben sich nämlich Zweifel, ob es sich um einen Schritt handelte, den das Individuum Nishio Suehiro in privater Eigenschaft vollzogen hatte, oder ob er in seiner Rolle als SPJ-Sekretär gehandelt hatte. Hierzu brachte Nishio eine höchst komplizierte Rechtfertigung vor: er hätte zwar nicht rein als Privatmann gehandelt, aber gleichwohl auch nicht in seiner Eigenschaft als Sekretär der SPJ. Ich will an dieser Stelle nicht erörtern, um welche Affäre es damals ging, und auch nicht, ob Nishios Antwort eine Ausflucht darstellte. Warum jedoch jene Zweifel aufkamen und eine solch komplizierte Antwort gegeben wurde, hat mit dem hier behandelten Thema zu tun. Gerade daß für Nishio die Sache damit nicht erledigt war, lediglich als Herr Nishio, sozusagen »Nishio-gemäß« (-rashiku) gehandelt zu haben, bezeichnet das Problem.

Um noch kurz ein umgekehrtes Beispiel anzuführen: den in einer Zeitung veröffentlichten Roman *Eine Frau sein* von Kawabata Yasunari.[10] Bei der Lektüre werden uns feinste Gefühlsbewegungen von Frauen bis in ihre subtilen Verästelungen hinein mitgeteilt. Auch unabhängig von Kawabatas Roman verbinden sich für uns mit dem Attribut »Frau-sein« – denn selbstverständlich ist das Geschlecht ein Attribut des Menschen – verschiedene Vorstellungen von »Fraulichkeit« oder »fraulichen Verhaltensweisen«. Natürlich existiert auch das Wort »Männlichkeit« und ein damit verbundenes Image, aber es scheinen in dieser Hinsicht doch Unterschiede zwischen Mann und Frau zu bestehen. Zumindest haben wir das Gefühl, daß »Ein Mann sein« als Titel eines Romans unnatürlich und irgendwie komisch klingen würde. Dafür mag es verschiedene Gründe geben, doch üben jedenfalls eher die Männer in unserer Gesellschaft verschiedene Berufe aus, haben verschiedene Rollen, wohingegen die Frauen, zumal die nicht berufstätigen, großteils als Ehefrauen, als Mütter leben. Daß dementsprechend jene Aspekte vergleichsweise häufig sind, in denen die Verhaltensweisen der Frau quasi »natürlich« ihrem »Frau-sein« entspringen, bildet meines Erachtens den Hintergrund des Bildes von der Frau. Nehmen wir deshalb einmal an, es gäbe eine Gesellschaft, in der Frauen in genau demselben Maße wie Männer verschiedene soziale Rollen übernehmen: könnte man sich dort wirklich unter dem Attribut des Frauseins ein derart frauliches Benehmen, frauliches Verhalten, wie es in unserer japanischen Gesellschaft existiert, konkret vorstellen? Ich glaube, in einer solchen Gesellschaft würde es selbst Herrn Kawabata schwerfallen, als Titel eines Romans »Eine Frau sein« zu wählen.

Dieses Beispiel habe ich hier erwähnt, weniger um die Frage, ob eine solche Gesellschaft erstrebenswert ist oder nicht, zu erörtern, sondern zur Verdeutlichung unserer Fragestellung, welche Veränderungen in den Verhaltensweisen und in der Art, wie wir die anderen sehen, durch die Komplizierung der gesellschaftlichen Situation, in die die Menschen gestellt sind, hervorgerufen werden.

Wenn Leistung zum Maßstab wird

Der Übergang von der Logik des »Seins« zur Logik des »Tuns« ist keineswegs Ergebnis einer plötzlichen Änderung in den Auffassungen der Menschen. Er ist vielmehr nichts anderes als eine Seite des gesellschaftlichen Prozesses, in dem Institutionen und Beziehungen, die man mit dem Ziel, etwas Bestimmtes *zu tun*, und *begrenzt* auf dieses Ziel schafft, größeres Gewicht bekommen. Diese treten an die Stelle von zwischenmenschlichen Beziehungen, die auf ursprünglichen Gegebenheiten wie familiärer Rang oder Verwandtschaft beruhen, entsprechend der mit der Entfaltung der Produktivkräfte und des Verkehrs verbundenen Differenzierung und Komplizierung der sozialen Beziehungen. Die Organisationen der von den Soziologen als charakteristisch für die moderne Gesellschaft angesehenen sogenannten funktionalen Gruppen – etwa Firmen, Parteien, Gewerkschaften, Bildungsverbände – beruhen eigentlich alle auf dem Prinzip des »Tuns«. Und zwar deshalb, weil die raison d'être solcher Gruppen nur im Zusammenhang mit einer bestimmten Zielaktivität gedacht werden kann, und weil eine Aufteilung in Positionen und spezielle Fähigkeiten innerhalb der Gruppen aus den Notwendigkeiten der *Arbeit* entsteht. Anders als bei den Herrschern der Feudalgesellschaft entspringt die Vorherrschaft, das Ansehen des Vorgesetzten in einer Firma oder des Führers (leader) eines Verbandes nicht seinem Status als Vorgesetzter, sondern es sind immer seine *Leistungen und Verdienste*, die den Maßstab für seine Beurteilung abgeben.

Ein Samurai war, was er auch tat, stets Samurai und mußte es sein. Nicht so der Abteilungsleiter einer Firma: die Beziehungen zu seinen Untergebenen sind nicht allumfassende zwischenmenschliche Beziehungen, sondern sollten allein hinsichtlich des Bereichs »Arbeit« hierarchische sein. In amerikanischen Filmen sind manchmal Szenen zu sehen, wo man genau in dem Augenblick, wenn die Arbeit beendet ist, die Umwandlung der auf Befehlsgehorsam beruhenden Beziehungen eines Chefs zu seinen Angestellten und Sekretärinnen in normale, »zivile« Beziehungen zwischen Bürgern beobachten kann, und das ist bei hierarchischen Beziehungen, die darauf beruhen, »was man tut«, auch nur logisch.

Falls wir davon ausgehen, daß sich solche Beziehungen in Japan nicht unbedingt herausgebildet haben – und die dienstlichen Beziehungen in der Firma den Menschen in Bereiche *außerhalb* dem der Arbeit, wie Unterhaltung und Geselligkeit, gleichsam »nachfolgen« –, können wir sagen, daß insoweit die beruflichen Beziehungen »ständisch« geblieben sind.

Wie man aus diesen Beispielen ersehen kann, bewirken beim Übergang zur Gesellschaft des »Tuns« und zur Logik dessen, was einer »tut«, die Veränderungen der sozialen Beziehungen nicht quasi automatisch Veränderungen der Denkweise und des Wertebewußtseins, wie sich auch jener Übergang im Prozeß der konkreten historischen Entwicklung nicht auf allen Gebieten mit demselben Tempo vollzieht. Gerade aus diesem Gefälle zwischen den Bereichen und aus der Differenz zwischen der Logik einer Organisation und den Wertvorstellungen der Menschen im selben Bereich, die diese Organisation in der Wirklichkeit in Bewegung setzen, ergeben sich verschiedene Variationen dessen, was pauschal als »moderne Gesellschaft« bezeichnet wird.

In der Welt der Wirtschaft

So hat sich zum Beispiel im ökonomischen Bereich im allgemeinen der Wandel von statusbezogenen Organisationsformen des »Seins«

zu solchen einer leistungsbezogenen Gesellschaft des »Tuns«, von den Werten der *Zugehörigkeit* zu denen der *Funktion*, am frühesten gezeigt, und dieser Wandel hat das wirtschaftliche Leben auch am tiefsten durchdrungen. Es ist wohl nicht nötig zu betonen, daß sich diese Veränderungen in der ungeheuren Transformation vom feudalen Grundeigentum zum Eigentum an »Kapital« ausdrücken. Auch innerhalb des Kapitalismus entsteht, wenn er sich voll entwickelt, die Tendenz zu einer funktional bedingten Trennung des Managements vom Eigentum. Aktienbesitzer oder Kapitaleigner *zu sein* und einen Betrieb zu *führen*, müssen sich dann nicht mehr unbedingt decken. Gewöhnlich sind unter Bedingungen des hochentwickelten Kapitalismus diejenigen, die einen Betrieb führen, allesamt Angestellte (der Ausdruck »angestellter Direktor« hat im Falle Japans darüber hinaus noch eine besondere Bedeutung)[11], und top management wird immer mehr zu einer unabhängigen beruflichen Tätigkeit. Unfähige Reiche sind nicht so sehr das Problem, aber eine lebenswichtige Frage für ein Unternehmen ist, ob es fähige Manager bekommen kann. Auch wenn wir von einer Trennung von Eigentum und Betriebsführung sprechen, spielt sich diese natürlich innerhalb des Rahmens kapitalistischer Eigentumsverhältnisse ab. Man könnte auch sagen, daß sozialistische Konzeptionen aus dem Wunsch, diesen Rahmen zu zerbrechen und die Logik des »Tuns« in der Wirtschaftsorganisation durchzusetzen, entstanden sind. Aber an diesem Punkt taucht ein gravierendes Problem auf: verglichen mit der Wirtschaft ist nämlich im Bereich der Politik eine verzögerte Penetration der Logik und Werte des »Tuns« zu beobachten.

Wendete man das Prinzip des »Tuns« in der Politik an, so würde dies für die politischen Führer deren Bereitschaft bedeuten, dem Volk und der Gesellschaft kontinuierlich Dienstleistungen anzubieten; und für das Volk, daß es vor dem Mißbrauch der Macht durch die Führer jederzeit auf der Hut ist und eine Haltung der ständigen Überprüfung der Leistungen der Politiker einnimmt. Was würde sich wohl ergeben, wenn wir nach diesem Maßstab beurteilten, wie weit die Politik unseres Landes demokratisiert ist, statt einfach davon auszugehen, daß unsere Institutionen auf der Demokratie basieren? Wie vielen Politikern begegnen wir, die unabhängig davon, was sie leisten und wie effektiv sie ihre Arbeit durchführen, nur aufgrund von Beziehungen und durch ihre Fähigkeiten, Geld locker zu machen, oder nur weil sie bereits länger führende Positionen innehatten oder sich früher Verdienste erworben hatten, ihre Posten in der Politik behalten – vom Politiker auf nationaler Ebene im großen bis zu den Bossen der Dörfer im kleinen, von denen der Liberal-Demokratischen Partei auf der Rechten bis zu denen der Kommunistischen Partei auf der Linken! Auch Cliquen oder das Unwesen persönlicher Rücksichten in der Politik entstehen nämlich dort, wo man spezielle persönliche Beziehungen *als solche* zu einem Wert erhebt, anstatt daß Beziehungen von Fall zu Fall entsprechend dem, »was einer tut«, eingegangen oder aufgelöst werden.

Das hartnäckige Beharren auf den Werten des »Seins« in der Politik dürfte sich jedoch nicht einfach in diesem jedermann ersichtlichen Phänomen erschöpfen. Es hat seine Wurzeln vielmehr überall in Vorstellungen über das Politische, die den Menschen nicht leicht bewußt werden.

Beurteilung nur von der Fassade (tatemae) der Institutionen her

So ist zum Beispiel die Auffassung, die oben erwähnte Frage nach dem demokratischen Charakter der Politik in Japan *allein* von der Fassade der Institutionen her zu beurteilen, eigentlich nichts anderes als eine Variation des Prinzips des »Seins«. Ich schweife etwas ab, aber betrachten wir z.B. die Personen, die in den Stücken des Kabuki-Theaters oder in Büchern wie dem *Hakkenden*[12] vorkommen, so stellen wir fest, daß dort der Typ des »guten Menschen« meist zu hundert Prozent gute *Handlungen* vollbringt, der »Böse-wicht« aber fast ausschließlich schlechte. »Gutes« ist also notwendig die Emanation aus dem »guten Menschen«, »Schlechtes« dagegen diejenige aus dem »schlechten Menschen«. Das ist die sogenannte Ideologie des »Das Gute befördern, das Schlechte bestrafen«[13], aber man kann diese Ideologie nicht unbedingt als Produkt eines bewußten »Ismus« bezeichnen. Denn gerade weil die *Gesellschaft*, die solche Werke hervorbringt, auf allen Ebenen nach dem Prinzip des »Seins« organisiert ist, wurde diese Denkweise dominierend.

Mit der wachsenden Komplexität gesellschaftlicher Beziehungen und als Folge davon, daß ein und derselbe Mensch nach verschiedenen Seiten hin und in verschiedenen Rollen Beziehungen eingeht, wird es unmöglich, jemanden einfach als »gut« oder »schlecht« zu bezeichnen, ohne seine konkreten Handlungen in einer konkreten Situation zu betrachten. An Stelle des Maßstabs »guter Mensch« oder »schlechter Mensch« wird vielmehr der Maßstab guter und schlechter *Handlungen* immer wichtiger. Bei der Beurteilung politischer Institutionen ist dagegen die Vorstellung noch stark verbreitet, diese an sich als gut oder schlecht zu qualifizieren, ohne sie hinsichtlich ihrer tatsächlichen Funktionen ausreichend getestet zu haben. Außerdem ergibt sich noch eine Verstärkung dieser das »Sein« in den Mittelpunkt stellenden Denkweise durch die Tendenz, bei der Beurteilung der verschiedensten politischen Phänomene a priori eine Aufteilung in »freie Welt« und »totalitäre Welt«, in »Kapitalismus« und »Sozialismus« anzuwenden, was darauf zurückzuführen ist, daß die heutige internationale und nationale Politik Züge eines ideologischen Kampfes enthält.

Nun behaupte ich natürlich nicht, der Unterschied zwischen diesen »Ismen« sei völlig bedeutungslos. Aber wenn sich Denkmuster, denen zufolge aus guten Institutionen notwendig gute Handlungen, aus schlechten notwendig schlechte resultieren, verfestigen, so stellt dies nicht nur eine falsche Wahrnehmung dar, sondern führt auch in der Wirklichkeit zu *gefährlichen* Ergebnissen. Es mag dafür, daß Kommunisten und ihre Anhänger das vom Stalinismus hervorgerufene Unglück bis vor drei Jahren, als die »Kritik« am Stalinismus[14] einsetzte, hartnäckig leugneten, auch politische Motive gegeben haben; aber ist dieses Leugnen nicht Ergebnis einer tiefverwurzelten Auffassung, wonach nämlich Mißbrauch der Macht im großen Maßstab oder Verletzung der Menschenrechte im Grunde genommen nicht vorkommen können, da das System ein sozialistisches »ist«? Umgekehrt scheinen jedoch auch heutzutage die geistigen Verwandten jenes Dr. Eells[15] nicht gerade selten zu sein, der, einst beim General Head Quarter (GHQ) tätig, die lächerliche Behauptung aufgestellt hat, in einer Sklavengesellschaft wie der der Sowjetunion werde – je nach Gutdünken der Machthaber – auch 2 + 2 = 5 gerechnet. Die widersprüchliche Logik, die im allgemeinen den berufsmäßigen Antikommunisten in der ganzen Welt gemeinsam ist, besteht darin, daß sie einerseits die negativen Seiten von Ereignissen, die im kommunistischen Lager wirklich passiert sind, als notwendige Konsequenz der kommunistischen Ideologie erklären, während sie andererseits den Aspekt universaler Werte wie Humanismus und Demokratie, die in dieser Ideologie liegen, nur als Verbrämung realer Macht abtun.

Verabsolutierung des Idealzustandes

Jedenfalls bedeuten Stand, Familienabstammung und angeborene Begabung eines Menschen einen andauernden »Zustand« im ursprünglichen Sinn des deutschen Wortes.[16] In diesem Sinne sind die Überprüfung von Dienstleistungen und Effektivität selbst schon ein »Prozeß« und kein Zustand. Dementsprechend ist der hier behandelte Kontrast zwischen der Logik des »Seins« und der des »Tuns«, zwischen der Gesellschaft des »Seins« und der des »Tuns«, auch eine Differenz zwischen Hervorhebung des »Zustands«-Aspekts der Verhältnisse und Akzentuierung ihrer Bewegung und ihres Prozesses. Einer Betrachtungsweise, der zufolge aus »guten« Institutionen gute Resultate, aus »schlechten« notwendig schlechte erwachsen, werden eine ideale Gesellschaft und ideale Institutionen als »modellhafter« Zustand wie eine Blaupause statisch zugrunde gelegt. Folglich hält man die Mißstände der wirklichen Gesellschaft und Politik leicht für zufällige, vorübergehende Abweichungen vom Modell und glaubt, sie entstünden dort, wo Unruhestifter den ursprünglich schönen Garten *von außen* zerstörten. Immer wenn die formalen Grundsätze einer Institution oder eines Systems unabhängig von ihrer realen Funktionsweise zu etwas Heiligem erklärt werden, können wir mehr oder weniger eine Neigung zu solchem Denkschema bemerken. *Eine* geistige Quelle für die Theorie der »Konfliktlosigkeit«, die einst die sowjetischen Literaten beherrschte, oder für die extreme Furcht und die Warnungen vor »revisionistischen Tendenzen«, die selbst heutzutage für Kommunisten bezeichnend sind, scheint hierin zu liegen.

In Japan jedoch stoßen wir nicht bei solchen spezifischen Theorien oder politischen Lagern auf dieses Denken in »Zuständen«, sondern finden es mehr als allgemeine Stimmung vor – und eben deshalb uns umso weniger bewußt. Wenn nämlich Argumente wie »Da wir jetzt in einer demokratischen Zeit, in demokratischen *Zuständen* leben« oder »Weil Japan ein demokratisches Land *ist*, sind Bewegungen, die diese Ordnung zerstören ...« der Arbeiter*bewe-*

gung und der Massen*bewegung* entgegengehalten werden, dann liegt diesen Vorwürfen mehr oder weniger die erwähnte Konzeption zugrunde.

Danach wird Demokratie nicht Tag für Tag geschaffen, sondern ist der *bestehende* »Zustand«, und die Störung dieses »Zustands« wird quasi *automatisch* mit dem Etikett »antidemokratisch« versehen. Was bei den parlamentarischen Auseinandersetzungen um das »Polizeidienstgesetz« (1958)[17] fast einstimmig zur catch phrase wurde, womit man jede Diskussion abschnitt, war das Wort von der »*Normalisierung* des aus den Fugen geratenen Parlaments«. Da die Verlängerung jener Legislaturperiode sicherlich einen Eingriff in die Regeln parlamentarischer Politik bedeutete, war die Forderung nach »Normalisierung« insofern verständlich. Sehen wir aber etwas aufmerksamer hin, so erkennen wir in diesem Appell zur »Normalisierung« die Tendenz, einen bestimmten »Zustand« als heilig anzusehen und auf eine Störung dieses »Zustands« überempfindlich zu reagieren. In den Leitartikeln der Zeitungen, in Kommentaren und Leserbriefen lautete nämlich der zweite Satz regelmäßig: »Wir befürchten, daß sich eine Stimmung der Ablehnung des Parlamentarismus breitmacht.« Nun ist aber die Tatsache nicht zu übersehen, daß auf der Straße und am Arbeitsplatz Skepsis und Zweifel (»parlamentarische Politik funktioniert in Japan anscheinend doch nicht …«) laut wurden – wobei die *Stichhaltigkeit* der Begründung dahingestellt sei –, aber gerade deshalb wurden ja wohl die genannten *stereotypen* Redewendungen laufend wiederholt.

Wie können wir dann die *Entwicklung* und Festigung der parlamentarischen Politik in Japan erwarten, wenn wir nicht auf dem Weg voranschreiten, für die gegenwärtig in verschiedenen Formen auftretende, latente oder manifeste Kritik am Parlamentarismus öffentliche Foren zu schaffen – mag sie auch noch so destruktiv oder unvernünftig erscheinen –, damit sich durch offene Auseinandersetzung mit dieser Kritik und im Wettstreit der Argumente die Nation von der rationalen Basis der parlamentarischen Politik überzeugt? Was wir in der Tat »befürchten« müssen, ist nicht eine Strömung der Ablehnung des Parlamentarismus, sondern die Tatsache, daß ein Glaubensbekenntnis zu ihm als etwas Heiligem, das man nicht antasten darf, von oben erzwungen wird, anstatt daß man durch Gegenargumente geschult würde. Ein solcher Zwang wurde ja einst im Falle des »Staatsorganismus« (kokutai) der japanischen Staatsverfassung bis 1945 ausgeübt.

Es gibt überhaupt keine komischere Verkehrung von Demokratie als den Versuch, sie durch Tabus »bewahren« zu wollen. Durch Tabus die Ordnung aufrechtzuerhalten, ist nichts anderes als das traditionell wesentliche Merkmal jeder Stammesgesellschaft – des Prototyps der Gesellschaft des »Seins«. Bekanntlich sind wir im modernen Japan arm an Erfahrungen in bezug auf Institutionen, die wir aus unserer eigenen Lebenspraxis geschaffen haben. Auch historisch gesehen wurden die meisten modernen Institutionen als bereits fertige eingeführt, und diesem Rahmen entsprechend wurden unsere Lebensverhältnisse neu geregelt. Deshalb ist das Gefühl tief verwurzelt, daß Gesetze und Grundsätze von Institutionen zunächst *vorher* von alleine existierten, um dann sozusagen von oben in unser Leben einzutreten. Umgekehrt setzt sich in Japan ein Denken, die Schaffung bestimmter Gesetze und Institutionen aufgrund unserer Lebensverhältnisse und Erfahrungen zu fordern oder zu verändern, nicht leicht durch. Hinzu kommt, daß eine im Grunde bürokratische Denkweise diese Tendenz noch fördert. Die anläßlich der Kinpyô-Frage[18] vorgebrachte und die Gegenrede erstickende Phrase: »Was durch Gesetz festgelegt wurde, muß ausgeführt werden«, drückt diese bürokratische Logik aus. Es herrschte bewußt-unbewußt die Auffassung, daß aus den Bestimmungen des Gesetzestextes die konkreten *politischen Maßnahmen* in dieser Frage herausgedrückt würden – so wie aus der Tube die Zahnpasta herauskommt.

Eine Logik, die sich nur an die Grundsätze und Maximen eines Systems oder einer Institution hält, überspringt letztlich dadurch, daß sie »folgerichtig« reduziert: konkrete Politik – auf Ausführung der Gesetze – auf Mehrheitsbeschluß des Parlaments – diesen auf den Willen der Mehrheit der Bevölkerung –, die Aufgabe, die konkreten Resultate dort, wo diese Politik gemacht wurde, gründlich abzuwägen und fortwährend zu überprüfen.

Die Einstellung zu politischem Handeln

Nun sind Unterschiede im sozialen Verhalten, etwa im politischen Handeln oder in der ökonomischen Aktivität – um mit der Logik des »Tuns« zu sprechen –, selbstverständlich solche der Funktion und nicht solche zwischen Menschen und Gruppen. In modernen

Gesellschaften verteilen sich diese Funktionen quer durch die verschiedenen Bereiche auf alle möglichen Personen und Gruppen. Natürlich betätigen sich sogenannte politische Verbände oder Organisationen wie Regierungen oder Parteien *in der Hauptsache* politisch, und Wirtschaftsverbände wie Unternehmen oder Gewerkschaften *in der Hauptsache* ökonomisch. Wenn sich aber eine Partei an der Bodenspekulation beteiligt, übt sie eine ökonomische Aktivität aus, und andererseits sind bei Wahlen und anderen Anlässen selbst Gewerkschaften mit stark »ökonomistischen« Tendenzen wie die amerikanischen politisch sehr aktiv. In einer Gesellschaft jedoch, in der das statusbezogene Denken des »Seins« und die Moral des »dem Status Angemessenen« (-rashiku) bestimmend sind, werden häufig solche funktionalen Unterschiede so eingeschätzt, als ob sie ausschließlich denjenigen zwischen bestimmten Menschen oder Gruppen entspringen würden. Da z. B. kulturelle Aktivitäten jeweils auf »kulturelle Verbände« oder »Kulturträger«, politische auf politische Verbände oder Politiker zurückgeführt werden, kommt man leicht zu der Ansicht, kulturelle Verbände hätten, insofern sie solche *seien,* keine politischen Aktivitäten zu entfalten, oder Pädagogen dürften sich, »einem Pädagogen gemäß«, zu politischen Fragen nicht äußern.

Nimmt diese eben beschriebene Tendenz überhand, so wird politische Aktivität zum Alleinbesitz der »Welt der Politik«, d. h. der Gruppe der Berufspolitiker: Politik wird dann nur im Parlament geduldet, wird darin eingesperrt. Deshalb wird politische Aktivität im breiten Rahmen der Gesellschaft, außerhalb des Parlaments, die nicht von professionellen Politikern entfaltet wird, für eine Kompetenzüberschreitung oder für »Gewalttätigkeit« gehalten. Aber die Demokratie entwickelte sich – das muß wohl nicht besonders betont werden – als eine Bewegung, welche Politik aus dem Monopol bestimmter Stände befreit und den Bürgern in breitem Maße zugänglich gemacht hat. Nun geht aber der Großteil der die Demokratie tragenden Bürger (citoyens) in seinem täglichen Leben Berufen nach, die außerhalb der Politik liegen. Demnach wäre es keine Übertreibung zu sagen, daß – um eine etwas paradoxe Formulierung zu gebrauchen – »Demokratie« erst durch *politisches* Interesse *nicht*-politischer Bürger (d. h. Nicht-Berufspolitiker) sowie durch politische Stellungnahmen und politisches Handeln *außerhalb* der »Welt der Politik« gestützt wird.

Politik und Lebensverhältnisse der Bürger

Ich erinnere mich, anläßlich der Auseinandersetzungen um das Polizeidienstgesetz[19] 1958 folgendes in der Zeitung gelesen zu haben: Ein Schriftsteller, der mit anderen zusammen eine »friedliche Demonstration« angeführt hatte, äußerte dort: »Ich glaube nicht, in igendeiner Weise politisch aktiv gewesen zu sein. Ich habe nur das für einen Schriftsteller Selbstverständliche gemacht.« Dies dürfte nichts anderes als die natürliche Empfindung eines Menschen sein, der auch im Alltag im wörtlichen Sinne einen »friedlichen« Charakter hat. Mir scheint jedoch, daß hier in der japanischen Gesellschaft eine traditionelle Einstellung wirksam ist: Man sieht politische Aktivität als eine Aktivität an, die, vom Alltagsleben der Bürger völlig entfernt, nur von besonderen Menschen betrieben wird. Zweifellos ist die politische Aktivität eines Schriftstellers – bei einem Pädagogen wäre es ebenso – naturgemäß etwas anderes als die eines Berufspolitikers. Bei letzterem handelt es sich um eine Aktivität, die Macht *zum Ziel hat*, während im Falle dieses Schriftstellers Macht natürlich nicht das Ziel war und es sich wahrscheinlich auch nicht um eine aus irgendeinem politischen *Motiv* entsprungene Aktivität handelte. Warum aber soll nur die Aktivität, welche sich Macht zum direkten Ziel setzt, politische Aktivität sein? Warum darf es keine gleichsam *nur ungern ausgeübte* politische Aktivität geben, die auf an sich unpolitische Motive etwa künstlerischer oder wissenschaftlicher Art zurückgeht? Unverkennbar ist gerade die hier latent vorhandene Logik, Politik und Kultur quasi *räumlich*, also nach Gebieten, zu unterscheiden. Politik ist die Domäne der Politiker – darin besteht diese am »Sein« orientierte Politikauffassung. Solange sie nicht aufgebrochen wird, wird für die einmal in die Welt der Politik Eingetretenen tagtäglich[20] alles Handeln und Denken »politisch«, während im Gegensatz dazu die außerhalb jener Welt Stehenden eine von Politik völlig unberührte »Masse« bilden. Diese Haltung des »Entweder – Oder« erstreckt sich sowohl auf die Individuen als auch auf die Geschichte der Nation und wird zur Haltung des »Was soll's, das hat nichts mit mir zu tun«, wo man rasch allen politischen Problemen den Rücken zukehrt, nur um später wieder in einen unbegrenzten »Politizismus« zu verfallen. Daß beide abwechselnd ineinander umschlagen, ist unvermeidlich.

Japans rapide »Modernisierung«

»Diejenigen, die in den heutigen Zeiten Schwieriges *tun* (suru), nennt man hochstehende Leute; die Leichtes *tun*, niedrigstehende. Etwas Nützliches für die Menschen tun, indem man Bücher liest und nachdenkt, ist etwas Schwieriges. Dann beruht also der Unterschied zwischen hoch- und niedrigstehenden Menschen nur auf der Schwierigkeit der *Arbeit*, die sie *tun*. Es gibt deshalb heutzutage sehr viele Daimyô, Hofadelige, Samurai[21] und andere, die zwar prächtig aussehen, wenn sie zu Pferde sitzen und mit Kurz- und Langschwert daherkommen, aber im Innern fast leer sind, wie eine leere Tonne … sie verbringen ihre Tage ohne Mühe und Ziel. Da besteht kein Grund, solche Leute als hochstehend oder von gewichtigem Stand zu bezeichnen! Nur weil sie seit Generationen weitergereichtes Geld und Reis besitzen, geben sie sich so prächtig. Tatsächlich jedoch sind sie niedrigstehende Leute.« Dies ist ein Absatz aus *Lehren des Alltags*, die Fukuzawa Yukichi[22] für Kinder zur Zeit der Meiji-Reform geschrieben hat. (Hervorhebungen von M. M.) Hier wird in einfachen Worten die Bedeutung der historischen Umwälzung der Wertnormen von Werten des »Seins«, wie Familienabstammung und Besitz, zu Werten des »Tuns« anschaulich herausgearbeitet.

Es unterliegt keinem Zweifel, daß die Wendung hin zu den Werten des »Tuns« zum dynamischen »Aufschwung« des modernen Japan beitrug. Damit begann aber zugleich das »verhängnisvolle« Chaos der Moderne Japans dort, wo einerseits Werte des »Tuns« mit ungestümer Macht die Gesellschaft durchdrangen, während sich andererseits Werte des »Seins« zäh behaupteten, und wo darüber hinaus Organisationsgebilde, denen das Prinzip des »Tuns« zugrunde liegt, häufig durch die Moral einer Gesellschaft des »Seins« zementiert wurden.

Aber was geschieht, wenn die traditionellen »Stände« rasch zerfallen, andererseits zugleich freiwillige Gruppenbildung und selbständige Kommunikation verhindert werden, und damit die *gesellschaftliche* Basis von Zusammenkunft und Diskussion nicht reift?

Die nacheinander entstehenden »modernen« Organisationen und Institutionen bilden jeweils mehr oder weniger geschlossene »Dörfer«, in denen selbstgerecht ein Bewußtsein »drinnen (uchi) wohnender« Mitglieder und ein Kodex für ein »der Mitgliedschaft würdiges« (uchi-rashiku) Verhalten herrschen. Bewegt sich jemand einen Schritt nach »draußen«, so ist er auf Kontakte mit *völlig fremden Menschen* gefaßt, wo die Manieren der Gesellschaft des »Seins« mit ihren Ständen der Samurai, der Städter etc. nicht mehr gültig sind. Die Menschen stehen in Beziehung zu verschiedenen großen und kleinen Gruppen, »in-groups«; aber weil zugleich der Penetrationsgrad der Werte des »Tuns« je nach der Gruppe unterschiedlich ist, sieht sich ein und derselbe Mensch je nach Lage und Situation gezwungen, verschiedene Verhaltenweisen anzunehmen. Daß wir Japaner in diesem Hin und Her zwischen Verhaltensweisen des »Seins« und des »Tuns« mehr oder weniger Symptome einer Neurose zeigen, wurde bereits gegen Ende der Meiji-Zeit von Natsume Sôseki[23] mit großer Schärfe erkannt.

Verkehrung von Werten des »Tuns« und Werten des »Seins«

Diese Widersprüche wurden bekanntlich im Vorkriegs-Japan durch eine Reduzierung auf Verhaltensweisen, die unter der Bezeichnung »Der Weg der Untertanen«[24] kursierte, nur notdürftig verschleiert. Es dürfte deshalb auch nicht verwunderlich sein, daß nach dem Krieg, als der Pfeiler des »Staatsorganismus« (kokutai) demontiert wurde und sich außerdem Erscheinungen der sogenannten »Massengesellschaft« rasch ausbreiteten, die Problematik, die in Japan seit seiner Öffnung für die westliche Zivilisation[25] virulent ist, allerorts explosiv an die Oberfläche trat. Die Schwierigkeit besteht hierbei aber nicht einfach im hartnäckigen Fortdauern der »Vormodernität«. Sie liegt vielmehr darin, daß dort, wo eine auf Werten des «Tuns« basierende ununterbrochene Überprüfung am nötigsten ist, *außergewöhnliche* Mängel festzustellen sind – wie die erwähnten Beispiele aus der *Politik* zeigen; und daß andererseits in Bereichen, die sie nicht so dringend benötigen, und auf Feldern, hinsichtlich derer man in vielen Ländern das unaufhörliche Eindringen von Werten des »Tuns« kritisch zu betrachten beginnt, sich umgekehrt Effizienz und Leistungsprinzip in erstaunlichem Tempo und Umfang durchsetzen.

Dies gilt besonders für die Konsumkultur in den großen Städten. Die Veränderungen in unserem Wohnstil – Abschaffung der Empfangszimmer mit der Tokonoma-Ecke[26], in der sich das Prinzip des »Seins« symbolisiert hatte, und statt dessen Vordringen von Küche und Wohnzimmer vom Gesichtspunkt der »Benutzung« aus; die Funktionalisierung der Möbel oder die Tendenz, Gasthäuser im japanischen Stil (bekanntlich leitet sich in japanischen Gasthäusern das Recht auf Empfang von Mahlzeiten und alle möglichen Dienste aus dem Umstand her, daß man Gast in diesem Hause *ist*; vor allem, wenn man dort sehr vertraut ist) in Hotels nach westlicher Art umzuwandeln – haben wohl auf ihre Art einen Sinn. Wie steht es aber z. B. mit der Frage der »Feiertage« oder der »Freizeit«? Für die in den Städten beschäftigten Menschen und die Studenten sind die Feiertage schon nicht mehr Tage der Ruhe und Erholung, sondern gerade diese freien Tage wandeln sich zu solchen des »Tuns« in Eile und Hast – von der sonntäglichen Arbeit des Reparierens und Ausbesserns im Haus bis zur Fahrt mit dem Nachtzug ins Skigebiet. Vor kurzem sind die Ergebnisse einer Umfrage zum Thema »Wie nützen Sie Ihre freie Zeit?« bekannt geworden. Freizeit (leisure) ist demnach nicht Befreiung vom *Tun* oder Etwas-leisten-müssen, sondern zum Problem ist die Sorge geworden, die leisure-Zeit möglichst effektiv zu organisieren. Damit nicht genug. Sieht man sich die Situation in *Kunst und Wissenschaft* an, so stellt man fest, daß sich hier bereits Normen des populären Erfolgs und des handlichen, »praktischen Gebrauchs« breitmachen. Vor kurzem hat mir ein amerikanischer Bekannter sein Leid geklagt über diese Tendenz in Amerika: Dort hänge das Avancieren eines Forschers immer weniger vom Inhalt seiner Aufsätze und Bücher ab, als davon, wieviele Artikel[27] er in einer bestimmten Zeit publiziert habe. Die berühmt-berüchtigte Institution der »Professoren auf Lebenszeit« an japanischen Universitäten ist einerseits sicherlich Quelle wissenschaftlicher Sterilität, so daß man eine Überprüfung der Resultate wissenschaftlicher Arbeit in irgendeiner Form für erforderlich halten mag. Aber ironischerweise sind diese »ständischen« Elemente der japanischen Universitäten auch zu einer Art Wellenbrecher gegen die uneingeschränkte Überflutung durch das »Leistungsprinzip« geworden. Die Tendenz, Kultur in einem solchen Ausmaß in allgemeine *Unterhaltung* umzuwandeln, ist einfach unvorstellbar stark.

Die Bedeutung von Werten in Wissenschaft und Kunst

André Siegfried sagt in seinem Buch *Aspects du XXe Siècle* in diesem Sinne: »Wenn es aber um die Kultur geht, dann ändert sich der Gesichtspunkt vollständig. Dann kann nicht mehr die Rede davon sein, eine Funktion mit Hilfe geeigneter Instrumente und einer angemessenen Methode zu erfüllen; denn es geht um die Haltung eines jeden Einzelnen, hinsichtlich der Dinge, der Menschen, des Lebens selbst. Dann verlagert sich das Gewicht auf das Individuum, das danach trachtet, seiner selbst, seiner Beziehungen zur Gesellschaft, zur Natur und zum Universum bewußt zu werden.«[28]

Hierauf benutzt Siegfried genau die Wörter »sein« und »tun« und betont, daß die unersetzbare Individualität der Kultur nicht darin bestehe, was der Mensch tue, sondern darauf orientiert sei, was er ist und was er mit Bewußtsein sein will. Deshalb sind ihm zufolge Kunst und Bildung »eher Blüte als Frucht«, und ihr Wert liegt weniger in den Ergebnissen, die sie hervorbringen, als in ihnen selbst. Daher können solche kulturellen Wertmaßstäbe nicht durch den Geschmack der Massen oder durch Mehrheitsbeschluß bestimmt werden. Die Frage, warum die »Klassik« in der Welt von Wissenschaft und Kunst Bedeutung hat, hängt mit eben diesem Problem zusammen.

In den Institutionen und Aktivitäten von Politik und Wirtschaft gibt es nichts, was der »Klassik« in Kunst und Wissenschaft als einer Quelle schöpferischer Aktivität entspräche. Allenfalls gibt es »Präzedenzfälle« oder »Lehren aus der Vergangenheit«. Dies weist auf einen bedeutsamen Unterschied zwischen den beiden Bereichen Politik/Wirtschaft und Wissenschaft/Kunst hin: In der Politik finden wir keine Werte *als Werte an sich*. Politik muß in jedem Fall nach ihren »Früchten« oder Ergebnissen beurteilt werden. Für Politiker und Unternehmer stellt »Nichtstun« – zumal in der Gegenwart – keinen Wert dar und wird unvermeidlich mit »Unfähigkeit« assoziiert. Wie verhält es sich im Fall kulturellen Schaffens? Zwar hat auch hier das bloße »Müßiggehen« keine Bedeutung. Eine niedrige Produktion heißt, trotz der oben im Zusammenhang mit der Forschungstätigkeit in Amerika eher kritisch erwähnten quantitativen Steigerung wissenschaftlicher Arbeiten, durchaus nicht, daß jemand ein fähiger Wissenschaftler, ein großer Künstler ist. Aber andererseits bedeutet für geistige Aktivität im kulturellen Bereich eine Pause nicht unbedingt Faulheit. Hier zuweilen auftretende »Pausen« haben genau wie die Pausen in der Musik selbst eine »lebendige« Bedeutung. Mit gutem Grund werden seit alters Kontemplation und Ruhe in diesem Bereich hoch geschätzt, und ich denke, daß man dies nicht unbedingt eine unzeitgemäße, veraltete Vorstellung nennen kann. Für kulturelles Schaffen ist nicht das ständige Vorwärtsjagen und ununterbrochene Arbeiten in Hetze, sondern die *Akkumulation von Werten* von ausschlaggebender Bedeutung.

Für eine Wiederumkehrung der Verkehrung der Werte

Werden nicht in einem Zeitalter der »Politisierung« wie dem gegenwärtigen erst dann, wenn wir von Zuversicht in das tief im Innern Aufbewahrte gestützt werden, Äußerungen zur Politik und politisches Handeln vom Standpunkt der Kultur aus (das ist nicht derjenige der »Kulturträger«!)[29] wirklich Leben gewinnen? Ein Weg würde eröffnet, die Verkehrung der Werte des »Seins« und des »Tuns« – eine Verkehrung, durch die in den Bereichen, wo erstere eine schwerlich zu leugnende Bedeutung haben, letztere sich ausbreiten, und dort, wo doch letztere zum Kriterium werden sollten, erstere hartnäckig bestehen bleiben – *von neuem umzukehren.*

Falls sich jemand darüber wundert, daß meine Thesen beim Übergang von politischen Fragen zu Problemen der Kultur auf einmal »konservativ« wurden, bleibt mir nichts anderes übrig, als ohne Furcht vor Mißverständnissen folgendermaßen zu antworten: Ist nicht eine innere Verbindung von radikaler, d.h. an die Wurzel gehender, geistiger Aristokratie und radikaler Demokratie das, woran es den Intellektuellen des heutigen Japan tatsächlich fehlt und was von ihnen am dringendsten gefordert werden sollte? Bei Thomas Mann gibt es in einem nach dem Krieg geschriebenen Buch das bezeichnende Wort von einer Welt, in der »Karl Marx Friedrich Hölderlin liest«. Wenn ich diesen Wunsch Thomas Manns auf meine Art übersetze, gelange ich zu den hier vorgetragenen Überlegungen. Zumindest ist das meine ehrliche Meinung, wenn ich eine Diagnose der Gegenwart unter dem Blickwinkel des hier gewählten Themas vornehme.

1 Suehiro Izutarô (1888-1951): Rechtsgelehrter (Zivilrecht); übte entscheidenden Einfluß auf die Bildung einer soziologischen Rechtswissenschaft aus; Begründer des japanischen Arbeitsrechts. Seit 1921 Professor an der Tôkyô-Universität, 1946 aufgrund der Säuberungswelle im öffentlichen Dienst Rücktritt als Professor. 1945 maßgeblich an der Ausarbeitung der »Drei grundlegenden Arbeitsgesetze« beteiligt, 1947-1950 als Vorsitzender des Zentralen Arbeitsausschusses (Chûrôi) mit der Schlichtung großer Arbeitskämpfe betraut. Kritiker der traditionellen »Begriffsjurisprudenz« vom Standpunkt des »lebendigen Rechts« (Eugen Ehrlich, 1862-1923) aus.

2 Im politischen Sprachgebrauch bedeutet dieser Begriff auch »Abweichung« (z.B. »ökonomistische Abweichung« in der Gewerkschaftspolitik). Hier ist jedoch allgemein das eigene Bedingtsein im materialistischen Sinne von Marx gemeint. (Erläuterung von Maruyama)

3 Daimyô: Territorialherren im japanischen Feudalismus; nach 1600 begrenzt auf die Gruppe jener 260-270 Lehnsleute des Shôgun, die Landbesitz mit einem jährlichen Einkommen von mehr als 10.000 koku (1 koku = 180 Liter; Hohlmaß) Reis hatten; 1869 Rückgabe ihrer Territorien an den Tennô.

4 Jap. fudai no shin: Vasallen, die in einem engen Loyalitätsverhältnis zur Tokugawa-Familie standen.

5 Jap. kabu-nakama: Handwerkszünfte mit jeweils unveränderlicher Mitgliederzahl, aber veräußerbarem Mitgliedschaftsrecht (kabu), die eine Abgabe für die Verleihung von Monopolrechten an die Daimyô zahlten.

6 Iemoto bezeichnet den Vorstand der nach Analogie der feudalen Familien aufgebauten Lehrer-Schüler-Hierarchien in bestimmten traditionellen Künsten wie Musik, Teezeremonie und Ikebana.

7 Rudolf v. Jhering (1818-1892): deutscher Rechtslehrer, einer der Begründer der jüngeren historischen Rechtsschule. Im Gegensatz zur älteren betonte Jhering den praktischen Endzweck der Rechtswissenschaft. Werke u.a. *Geist des römischen Rechts* (1852-65), *Der Kampf ums Recht* (1872), *Der Zweck im Recht* (1877-83).

8 Chin. wu lun, jap. gorin: die Lehre der zu befolgenden Gebote in den fünf zwischenmenschlichen Beziehungen im staatsreligiösen Konfuzianismus besonders seit der Han-Dynastie (206 v.-220 n.u.Z.), der Überlieferung nach von dem Meng-zi (Mencius) genannten chinesischen Philosophen und Nachfolger des Konfuzius im dritten Band des siebenteiligen Werkes *Meng-zi* begründet.

9 Nishio Suehiro (1891-1981): sozialdemokratischer Politiker und Gewerkschaftsführer; ab 1919 im ersten japanischen Gewerkschaftsverband Yûaikai, danach in der Nachfolgeorganisation »Gesamtverband

der japanischen Gewerkschaften«, 1926 Mitbegründer der Sozialen Massenpartei. Als Abgeordneter nahm Nishio eine ambivalente Haltung gegenüber den Kriegsvorbereitungen Japans ein. 1945 Mitbegründer der SPJ und anschließend deren Generalsekretär, bis er nach Spaltung und zwischenzeitlicher Wiedervereinigung der SPJ 1960 die Demokratisch-Sozialistische Partei (DSP) als rechte sozialdemokratische Partei gründete. 1972 Rückzug aus der aktiven Politik. – Maruyama spielt hier auf die Annahme von Geldgeschenken von Bauunternehmern 1948 an, wobei sich die Frage Partei- oder Privatspende stellte. Nishio wurde wegen dieser Affäre zeitweise aus der SPJ ausgeschlossen.

10 Kawabata Yasunari (1899-1972): gilt als der »Klassiker der modernen japanischen Literatur«, nahm Elemente des Sensualismus aus Europa auf und pflegte zugleich einen von der klassischen Literatur der Heian-Zeit kultivierten lyrischen Stil. 1968 Nobelpreis.

11 Jap. sarariman jûyaku. Maruyama zufolge ist dieser Ausdruck erst in den Jahren nach Kriegsende gebräuchlich geworden. Im Zuge der von der Besatzungsmacht USA vorgenommenen »Säuberungen« (purges) auch im Unternehmerlager mußten viele Eigentümer ihre Firmen verlassen. Nicht wenige gewöhnliche Angestellte avancierten daraufhin zu Direktoren, waren es aber nicht gewohnt, Unternehmen zu führen und Befehle zu erteilen. Sie wurden spöttisch als »angestellte Direktoren« bezeichnet, da sie ihre Rolle nicht meisterten. (Erläuterung von Maruyama)

12 *Hakkenden*: Abkürzung für *Nansô Satomi hakkenden* (Die Geschichte der acht Hunde aus dem Hause Satomi in Nansô), zwischen 1814 und 1841 von Takizawa Bakin (1767-1848) verfaßtes längstes Werk der japanischen Erzählprosa.

13 Jap. kanzen chôaku: konfuzianischer Leitsatz in der Literatur, vor allem in der Edo-Zeit (1600-1867), wie auch in der Geschichtsschreibung wirksam.

14 Dies geschah seitens der KPdSU mit Chruschtschows Rede auf dem XX. Parteitag der KPdSU 1956. Vgl. hierzu Maruyamas Essay *A Critique of De-Stalinization* (1956), engl. Übersetzung in: M. Maruyama, *Thought and Behaviour in Modern Japanese Politics*, Oxford 1963, S. 177-224.

15 Walter C. Eells, in der Abteilung »Civil Information and Education« beim General Head Quarter der US-Besatzungsverwaltung (GHQ) beschäftigt, unternahm 1949/50 Vortragsreisen in mehrere japanische Universitätsstädte mit dem Ziel, »communist thought« in Schulen und Universitäten zu eliminieren. Seinem von Demonstrationen begleiteten Auftreten folgten zunächst repressive Einschränkungen der politischen Aktivität von Professoren und Lehrern, bis im Sommer 1950 »the Red Purge«, gerichtet gegen »destructive communist elements« (Mac-

Arthur), in einer Welle der antikommunistischen Hysterie Tausende in die Gefängnisse brachte. In den Universitäten und Colleges selbst waren jedoch dank der heftigen Proteste von Professoren und Studenten lediglich zwei Professoren von dieser Säuberung betroffen.

16 Maruyama verwendet hier im Original den deutschen Begriff »Zustand«.

17 Die Auseinandersetzungen um das erwähnte Gesetz entzündeten sich an seiner Revision. 1948 erlassen, bestimmt es die Maßnahmen für politisches Verhör, für Schutz, Betreten fremden Geländes, Waffengebrauch. Nach den schlimmen Erfahrungen mit dem 1900 erlassenen ersten Polizeigesetz wurden im neuen Gesetz die Befugnisse für Polizisten eingeschränkt. 1958 lockerte das Kabinett Kishi diese Beschränkungen und brachte einen Gesetzentwurf ein, der die polizeilichen Kompetenzen entschieden ausweitete. Dieser scheiterte aber am Widerstand der Oppsition.

18 Abkürzung für kinmu-hyôtei, zu Deutsch etwa »Leistungsmessung«: nur teilweise erfolgreicher Versuch der Schulbehörde Ende 1956, unter Anwendung eines entsprechenden Gesetzes für die öffentlichen Bediensteten, auch bei den Lehrern eine Leistungsbewertung vorzunehmen. Schlechte Ergebnisse führten für die Betroffenen zu schlechter Behandlung. Der Abwehrkampf der gewerkschaftlich organisierten Lehrer weitete sich zu Aktionen gegen die Einschränkung politischer Betätigung von Lehrer aus.

19 Siehe Anm. 17.

20 Maruyama verwendet hier absichtlich den Ausdruck gyôjû-zaga (»Gehen, Bleiben, Sitzen, Schlafen«: das alltägliche Leben), der heute altmodisch geworden ist. In früheren Zeiten benutzte man diesen Ausdruck, wenn man das jeweilige Alltagsverhalten des Samurai, des Priesters oder des Höflings im ganzen beschreiben und dabei besonderes Gewicht auf den Aspekt der öffentlichen Moral legen wollte. (Erläuterung von Maruyama)

21 Siehe auch Anm. 3. »Samurai« (»Krieger«) hat dieselbe Bedeutung wie »bushi«. »Kuge« bezeichnet also die Adligen am Kaiserhof in Kyôtô, im Gegensatz zu »buke« = »Kriegsadel«, der im Zusammenhang mit dem im 12. Jahrhundert gebildeten Shôgunat (Bakufu) in Kamakura als politische Elite den Hofadel von seiner Position verdrängte.

22 Fukuzawa Yukichi (1834-1901): bedeutendster Vertreter der japanischen Aufklärung in der Meiji-Zeit; legte größtes Gewicht auf die Frage der Herausbildung eines selbständigen Individuums als Träger der Zivilisation und verband dies mit der Möglichkeit der Unabhängigkeit der Nation.

23 Natsume Sôseki (1867-1916): großer Romanschriftsteller des modernen Japan, der in seinen Werken gegenüber dem damals vorherrschenden Naturalismus das Problem des Egoismus in den Vordergrund rückte.

24 Jap. »Shinmin no michi«; dies war zugleich der Titel einer Broschüre des Erziehungsministeriums aus dem Jahre 1941, die zur »Zerstörung der egoistischen und eigennützigen Ideen, die aus dem Westen nach Japan eingesickert sind, beitragen« sollte. Der Dienst für den Staat wurde als wichtigste Aufgabe des Untertanen dargestellt.

25 Jap. bunmei-kaika: bezeichnet die Frühphase der Meiji-Zeit, sodann auch »Zivilisation und Aufklärung« im weiteren Sinne.

26 Die Tokonoma-Ecke (Bildnische) diente seit dem 15. Jahrhundert im traditionellen japanischen Haus der ästhetischen Repräsentation eines einzelnen Kunstwerks.

27 Das aus dem Deutschen entlehnte Wort arubaito (»Arbeit«), welches Maruyama an dieser Stelle benutzt, hat hier die Bedeutung von »Arbeiten für das Vorankommen (achievement) der Wissenschaftler«. Sonst wird es auch häufig für »Jobs« oder »Nebenarbeiten« von Studenten verwendet.

28 A. Siegfried: *Aspekte des 20. Jahrhunderts* (dt. Übersetzung von W. Lenz), München 1956, S. 208 f.

29 Jap. bunkajin. Dieser Ausdruck – wörtlich eigentlich »Kulturmensch« – ist in Japan erst nach 1945 besonders populär geworden. Er wurde auf jene Intellektuellen (chishikijin) angewendet, die mit der raschen Entwicklung der modernen Massenmedien Entertainer-Funktionen in diesen übernahmen. Der Ausdruck wird nicht von den Betreffenden selber, sondern stets von anderen, und zwar im pejorativen Sinne, benutzt. Zu diesem Ausdruck und der ebenfalls abfällig-spöttisch verwendeten Spezifikation shinpoteki bunkajin (etwa: »fortschrittliche Intellektuelle«) sowie dem sachlichen Inhalt beider hat sich Maruyama in dem in diesem Band enthaltenen Aufsatz *Die japanischen Intellektuellen* geäußert.

Über den Autor

Maruyama Masao wurde 1914 in Ôsaka als Sohn des Journalisten Maruyama Kanji geboren. Nach dem Besuch des »1. Gymnasiums« in Tôkyô begann er 1934 an der Juristischen Fakultät der Tôkyô-Universtität mit dem Studium der Geschichte der politischen Ideen. 1937 Abschluß des Studiums, anschließend Assistent an der Tôkyô-Universität; 1940 Assistenzprofessor, während des Krieges in Hiroshima stationiert. 1950 wurde Maruyama Professor für Politische Wissenschaft an der Tôkyô-Universität, 1971 emeritiert. Gastprofessuren in Harvard (1961/62), Oxford (1962/63) und Princeton (1975/76). Wichtigste Veröffentlichungen: Nihon seiji shisôshi kenkyû (Studien zur Geschichte der politischen Ideen in Japan), 1952; Seiji no sekai (Die Welt der Politik), 1952; Gendai seiji no shisô to kôdô (Denken und Verhalten in der Politik der Gegenwart), 2 Bde., 1956/57; Chûsei to hangyaku (Loyalität und Rebellion), 1960; Nihon no shisô (Denken in Japan), 1961; Rekishi ishiki no kosô (Alte Geschichten des Geschichtsbewußtseins), 1972; Senchû to sengo no aida (Zwischen Kriegs- und Nachkriegszeit), 1976; Kôhei no ichi kara (Aus der Position der Nachhut), 1982; Fukuzawa Yukichi: Bunmeiron no gairyaku. Kaishaku (Fukuzawa Yukichis »Umriß einer Zivilisationstheorie« – ein Kommentar), 3 Bde., 1986.

JAPAN
Literatur, Kultur, Religion, Gesellschaft
in den Verlagen Insel und Suhrkamp

Literatur

Kobo Abe: Die Frau in den Dünen. Roman. Aus dem Japanischen von
   Oscar Benl und M. Osaki. BS 856
– Die vierte Zwischeneiszeit. Roman. Aus dem Japanischen von
   Siegfried Schaarschmidt. st 756
Peter Crome: Der Tigergrill. Ein satirischer Roman aus Japan. Gebun-
   den
Yasushi Inoue: Die Eiswand. Roman. Aus dem Japanischen von Oscar
   Benl. st 551
– Eroberungszüge. Gedichte. Aus dem Japanischen und mit einem
   Nachwort von Siegfried Schaarschmidt. BS 639
– Die Höhlen von Dun-Huang. Roman. Aus dem Japanischen von
   Siegfried Schaarschmidt. Leinen
– Das Jagdgewehr. Erzählung. Aus dem Japanischen von Oscar Benl.
   BS 137
– Meine Mutter. Erzählungen. Aus dem Japanischen von Oscar Benl.
   Leinen
– Der Stierkampf. Aus dem Japanischen von Oscar Benl. st 944
– Das Tempeldach. Ein historischer Roman. Aus dem Japanischen
   und mit einem Nachwort von Oscar Benl. BS 709
Das Ise-monogatari. Kavaliersgeschichten aus dem alten Japan. Aus
   dem Original übertragen, kommentiert und mit einem Nachwort
   von Siegfried Schaarschmidt. Mit Illustrationen nach einer japani-
   schen Ausgabe des frühen 17. Jahrhunderts und Erläuterungen zu
   den Bildern von Irmtraud Schaarschmidt-Richter. Leinen
Yoshida Kenko: Betrachtungen aus der Stille. Tsurezuregusa. Aus
   dem Japanischen und mit einem Nachwort von Oscar Benl. Leinen
   und st 1227
Yukio Mishima: Nach dem Bankett. Roman. Aus dem Japanischen
   von Sachiko Yatsushiro. BS 488
Ogai Mori: Vita Sexualis. Erzählung. Aus dem Japanischen und mit
   einem Nachwort von Siegfried Schaarschmidt. BS 813
– Die Wildgans. Aus dem Japanischen und mit einem Nachwort von
   F. Vogelgsang. BS 862
Kenzaburo Oe: Eine persönliche Erfahrung. Roman. Aus dem Japanischen von Siegfried Schaarschmidt. Leinen
Sei Shonagon: Das Kopfkissenbuch der Dame. Auswahl und Nachwort von Helmut Bode. Illustrationen von Irmtraud Schaarschmidt-Richter. IB 998

JAPAN
Literatur, Kultur, Religion, Gesellschaft
in den Verlagen Insel und Suhrkamp

Kultur, Religion

Ikebana. Meisterwerke japanischer Blumenkunst. Mit 16 Farbtafeln. Textbeiträge von Siegfried Schaarschmidt. IB 745

Keiji Nishitani: Was ist Religion? Vom Verfasser autorisierte deutsche Übertragung von Dora Fischer-Barnicol. Broschierte Sonderausgabe

Nō-Spiele. Die geheime Überlieferung des Nō. Aufgezeichnet von Meister Seami. Aus dem Japanischen von Oscar Benl. Leinen

– Vierundzwanzig Nō-Spiele. Ausgewählt und aus dem Japanischen übertragen von Peter Weber-Schäfer. Leinen

Kakuzo Okakura: Das Buch vom Tee. Aus dem Japanischen und mit einem Nachwort von H. Hammitzsch. it 412

Alan Watts: Vom Geist des Zen. Aus dem Amerikanischen von Julius Schwabe. st 1288

Zen. Aussprüche und Verse der Zen-Meister. Auswahl und Nachwort von P. Weber-Schäfer. IB 798

Zen-Buddhismus und Psychoanalyse. Erich Fromm, Daisetz Teitaro Suzuki, Richard de Martino. Aus dem Amerikanischen von Martin Steipe. st 37

Gesellschaft

Takeo Doi: Amae – Freiheit in Geborgenheit. Zur Struktur japanischer Psyche. Mit einem Vorwort von Elmar Holenstein. Aus dem Englischen von Helga Herborth. es 1128

Chie Nakane: Die Struktur der japanischen Gesellschaft. Aus dem Japanischen von Jobst M. Spannagel und Heide Günther-Spannagel. es 1204

edition suhrkamp
Eine Auswahl

3/9/6.87